KB059736

퀏
QUIT

자주 그만두는 사람들은 어떻게 성공하는가

퀏
Quit

애니 듀크 지음
고현석 옮김

세종

"《큇Quit》은 훌륭하고 재미있는 책입니다. 우리 행동과 결정의 주요한 결점으로 작용하는 '그만두기에 대한 잘못된 편견'을 매우 독특한 시각으로 다뤘습니다. 나도 '그만두기'에 대한 설득력 있는 이야기와 건설적인 충고에서 많은 것을 배웠습니다. 분명 독자들도 그럴 수 있을 것입니다.

대니얼 카너먼 | 노벨 경제학상 수상자, 《생각에 관한 생각》 저자

"거의 모든 경영대학원에는 새로운 사업을 시작하는 과정이 있지만 적절한 때 사업을 중단하는 과정이 없습니다. 이 책은 그 틈을 새로운 통찰력과 환상적인 이야기로 채워줍니다. 지금 하던 일을 그만두고 당장 이 책을 읽기 시작하십시오."

리처드 탈러 | 노벨 경제학상 수상자, 《넛지》 저자

"인생에서 버텨야 하는 시점과 박수칠 때 떠나야 하는 시점을 아는 것보다 더 소중한 지혜는 없습니다. 애니 듀크는 제때 적절한 방식으로 그만두는 방법에 관해 풍부한 지식을 제공합니다."

애덤 그랜트 | 펜실베이니아대학 와튼스쿨 교수, TED 팟캐스트 <WorkLife> 진행자, 《기브 앤 테이크: 주는 사람이 성공한다》 저자

"매력적이고 중요하며 과학에 기반을 둔 《큇Quit》은 세상을 더욱 더 효과적으로 탐색할 수 있게 해주는 보석 같은 책입니다."

케이티 밀크먼 | 《슈퍼 해빗》 저자

"당신은 살면서 '이 책이 내 인생을 바꿨다'라고 말할 때가 많지는 않을 겁니다. 애니 듀크의 《큇Quit》은 분명 그런 책 가운데 하나입니다."

세스 고딘 | 《보랏빛 소가 온다》 저자

"《큇Quit》은 페이지가 술술 넘어갈 정도로 재미있고 흥미진진합니다. 그리고 중요한 가치를 전하는 희귀한 책이기도 합니다. 지금까지 '그만두기'를 탁월한 경쟁력으로 생각한 적이 없었습니까? 그럼 이제 새로운 사실을 깨달을 준비를 하세요."

데이비드 엡스타인 | 《늦깎이 천재들의 비밀Range》 저자

"애니 듀크는 최고의 포커 플레이어입니다. 오직 이런 사람만이 비즈니스, 투자, 인간관계 그리고 우리 인생에서 불리한 판을 언제 접어야 하는지 알려주는 고전적인 책을 쓸 수 있습니다."

라이언 홀리데이 | 미디어 전략가, 《데일리 필로소피》 저자

"애니 듀크는 위기관리와 의사결정 부문에서 세계 정상 수준의 사상가입니다. 이 책을 '판도를 바꾸는 전략서'로 강력하게 권합니다."

셰인 패리쉬 | 파남 스트리트Farnam Street 설립자, <지식 프로젝트> 팟캐스트 진행자

"위대한 미덕의 반대말 역시 위대한 미덕입니다. 그런 의미에서 '끊기'의 《큇 Quit》은 '끈기'의 《그릿Grit》에 대한 완벽한 변증법적 보완입니다. 이 두 가지 미덕을 당신의 성품에 엮어서 지금보다 훨씬 더 충만한 삶을 사십시오."

필립 E. 테틀록 | 펜실베이니아대학 와튼스쿨 교수, 《슈퍼 예측, 그들은 어떻게 미래를 보았는가》 저자

"'제때 그만두기'는 단순한 예술이 아니라 과학이기도 합니다. 애니 듀크만큼 나와 톰 그리피스를 잘 가르칠 특별한 사람은 지금껏 보지 못했습니다."

브라이언 크리스천 | 2009 뢰브너 프라이즈 수상자, 《알고리즘, 인생을 계산하다》 저자

"<갬블러The Gambler>로 유명한 가수 케니 로저스(Kenny Rogers) 이후로, 언제 버티고 또 언제 접고 떠나야 하는지 더없이 명확하게 알려주는 전문 스토리텔러는 애니 듀크가 처음입니다. 이 책의 '그만두기'는 무책임하게 도망치기가 결코 아닙니다. 오히려 이기기 위해 제때 그만두는 현명한 전략입니다."

데이빗 맥레이니 | 윌리엄 랜돌프 허스트상 수상자, 《착각의 심리학》 저자

"일단 이 책을 읽기 시작하면 중간에 멈출 수 없을 겁니다. 이 중대한 교훈은 당신 삶에 유용한 도구가 되어 언제까지고 기억에 남을 것이기 때문입니다."

돈 A. 무어 | 《판단과 결정》 저자

차례

**1부
박수 칠 때 떠나는 방법**

**2부
빠르게 그만두라는 신호들과
중단 기준 정하기**

3부
미래를 향한 불안과
실패에 대한 두려움 이겨내기

4부
어쩔 수 없이 그만둘 때
발견하는 새로운 기회들

* 본문의 주석과 참고문헌 등은 QR코드 또는
링크를 통해 전자파일로 내려받을 수 있습니다.
https://naver.me/Fyx13wWP

우리는 어째서 '그만두겠다'는 말을 망설이는가?

1974년 10월, 무하마드 알리 Muhammad Ali가 결국 조지 포 먼 George Foreman을 링 위에 쓰러뜨렸다. 알리는 '정글의 혈 전 Rumble in the Jungle'이라는 이름이 붙은 이 경기에서 스포츠 역 사상 가장 위대한 승리를 거뒀다. 이 승리로 알리는 프로복싱 헤비급 세계 챔피언 자리를 되찾았다. 알리는 이 경기가 열리 기 10년 전인 1964년에 소니 리스턴 Sonny Liston을 꺾고 처음 헤 비급 세계 챔피언 벨트를 차지했다.

알리는 이 역사적인 승리를 거둘 때까지 엄청난 역경을 겪 었다. 1967년에 베트남전쟁 징병을 거부한 후 챔피언 지위를 박탈당한 알리는 복싱에서 최전성기를 누릴 수 있었던 3년 반

동안 경기 출전을 정지당했다. 포먼과의 경기는 출전 정지가 풀리고 나서도 4년이 지난 시점에 성사된 것이었다. 이 경기 당시 알리는 통산 46회 프로 경기 경력을 가진, 33세가 다 돼 가는 노장이었다.

정글의 혈전은 사실 당초 포먼의 압도적인 우세가 예상됐던 시합이었다. 포먼은 알리보다 젊고 강했고, 한 번도 져본 적이 없었던 선수였기 때문이다. 사람들 대부분은 포먼을 이길 수 있는 선수는 없을 거라고 생각했다. 게다가 알리는 이 경기 전에 열렸던 조 프레이저Joe Frazier와의 시합에서 판정패를 당했고 켄 노튼Ken Norton과 두 번 맞붙어 한 번 판정패를 당했다. 프레이저와 노튼은 포먼과의 경기에서 2라운드를 넘기지 못하고 KO패를 당한 선수들이었다.

알리는 포먼을 이김으로써 "역대 최고의 선수the Greatest of All Time"라는 위치를 굳혔다. 무하마드 알리는 끈기의 상징이 됐다. 모든 부정적인 예상에도 불구하고 알리는 역경을 극복했고 포기하지 않았으며 결국 다시 챔피언이 됐다. 꿈을 추구할 때 끈기와 인내가 얼마나 큰 역할을 하는지 알리의 챔피언 등극보다 더 적절한 사례는 없을 것이다.

제때 그만두지 못한 대가

하지만 알리의 이야기는 여기서 끝나지 않았다.

이런 끈기는 포먼과의 경기 이후로도 알리가 7년을 더 버티게 만들었다. 1975년부터 1981년까지 알리는 '복싱을 그만둬야 한다'는 확실하고 반복적인 신호에도 불구하고 계속 시합을 이어나갔다. 이미 알리의 친구들과 기자들이 그의 육체적·정신적 퇴화가 시작됐다는 지적을 하던 상태에서 1977년에는 테디 브레너Teddy Brenner도 그의 은퇴를 종용했다. 브레너는 알리가 여덟 번의 경기를 진행한 뉴욕 매디슨 스퀘어 가든(맨해튼에 있는 유명한 경기장 - 옮긴이)의 프로복싱 매치메이커였다.

알리는 주저했다.

그러자 브레너는 매디슨 스퀘어 가든에서 다시는 알리의 경기를 열지 않겠다고 공식적으로 발표하면서 "나는 어느 날 알리가 내게 찾아와 '당신 이름이 뭐였더라?'라고 묻기를 원하지 않는다. 복싱의 묘미는 적절한 시기에 물러나는 데 있다. 알리는 어젯밤 어니 셰이버스Earnie Shavers와의 경기 15라운드가 끝났을 때 복싱을 그만두었어야 했다"라고 말했다. 알리는 1977년 9월 29일에 열린 어니 셰이버스와의 경기에서 심판 전원일치 판정패를 당한 터였다.

그로부터 일주일 뒤 알리의 주치의 퍼디 파체코Ferdie Pacheco
도 알리에게 은퇴를 권했다. 셰이버스와의 경기 직후 실시한
검진에서 알리의 신장 상태가 좋지 않다는 결과가 나왔기 때
문이었다. 알리가 은퇴 권고를 무시하자 파첸코는 주치의를
그만뒀다.

1978년에 알리는 레온 스핑크스Leon Spinks와의 경기에서 패
배해 챔피언 자리를 빼앗겼다. 스핑크스는 프로복싱 통산 전
적이 8회에 불과한 신인이었다. 알리는 1980년에는 간신히 사
전 의료진단을 통과하고 당시 챔피언이던 래리 홈즈Larry Holmes
와 네바다주에서 시합을 벌였다. 알리는 이 경기에서 홈즈에
게 너무 많이 맞았고 평소 알리를 존경하던 홈즈는 시합이 끝
난 뒤 알리의 모습 앞에서 울음을 터뜨렸다.

그날 밤 경기를 직접 본 실베스터 스탤론은 마지막 라운드
가 "살아있는 사람을 부검하는 것 같았다"라고 말했다. 알리는
홈즈와의 경기에서 10라운드에 TKO패했다. 하지만 그는 여
전히 포기하지 않았다. 알리는 자신이 포기하지 않은 덕분에
포먼을 이겼고 역사상 최고의 선수가 됐다고 생각했기 때문
이었다.

1981년이 되자 무하마드 알리는 더 이상 미국에서 경기를

할 수 없게 됐다. 알리의 시합으로는 관객을 모을 수 없었다. 미국 내 모든 주의 권투위원회가 알리에게 경기를 허가하지 않았다. 사람들은 알리에게 "이제 글러브를 벗고 은퇴하라"는 야유를 보냈다. 하지만 알리는 바하마로 가서 다시 시합을 하기 시작했다.

알리는 이 경기에서 또 비참하게 패배했다. 게다가 경기 주최 측은 시합 준비를 엉망으로 했다. 경기장 메인게이트가 잠겨 있는 상태여서 진행요원들은 열쇠를 찾느라 시간을 허비했다. 또한 알리가 경기 중 사용할 글러브를 두 세트밖에 준비하지 않아 트레이너들은 선수들의 글러브 줄을 가위로 자르지 못하고 손으로 풀었다 다시 묶어야 했고 그때마다 경기가 지연됐다. 주최 측은 라운드 시작과 끝을 알리는 데 사용할 벨도 준비하지 못해 급하게 소몰이에 쓰는 종을 구해 사용하는 추태를 보이기도 했다.

무하마드 알리는 거의 40세가 될 때까지 계속 경기를 했고 그 대가를 크게 치렀다. 알리가 경기를 할 때 쯤에는 이미 신경손상이 진행되고 있었다. 알리는 포먼을 이긴 이후로 수많은 펀치를 맞았다. 그 펀치들이 결국 1984년에 알리의 파킨슨병 진단을 이끌었던 게 분명했다. 그 후로 알리의 육체적·정신적 건강은 급속도로 나빠지기 시작했다.

끈기로 버티는 것이 항상 최선의 선택은 아니다

전후 상황을 생각하지 않고 끈기만으로 버티는 것은 더더욱 최선의 선택이 아니다. 상황은 계속 변하기 때문이다.

알리의 실패는 그를 위대한 챔피언, 적수가 거의 없는 가장 존경받는 챔피언으로 만든 바로 그 끈기가 치명적인 원인이었다. 알리는 밖에서 그를 보는 사람들에게는 너무나 명백했던, 그가 그만두어야 한다는 신호를 무시했기 때문에 실패했다.

끈기의 아이러니한 점이 여기에 있다. 끈기는 가치가 있는 어려운 일을 계속하게 만들 수 있지만, 더 이상 가치가 없는 어려운 일까지 계속하게 만든다.

문제는 가치 있는 일과 가치 없는 일을 어떻게 구별할 수 있는가에 있다.

사람들은 끈기와 끊기를 반대되는 개념으로 생각한다. '일'이란 계속하거나 혹은 그만두거나, 둘 중 하나라고 생각하기 때문이다. 그 둘을 동시에 할 수는 없으며 둘 사이에서 갈등할 때 사람들은 거의 언제나 '일을 계속하기'를 선택한다.

사람들은 끈기는 긍정적으로 생각하지만 끊기, 즉 그만두기는 부정적으로 생각한다.

전설적인 성공을 거둔 사람들의 충고는 대부분 "계속해서 꾸준히 하다보면 성공할 것이다"라는 말로 요약된다. 예를 들어, 토머스 에디슨은 "우리의 가장 큰 약점은 포기하는 것이다"라고 말했다. 약 100년 후에 전설적인 여자축구선수 애비 웜백Abby Wambach도 "경쟁력만큼 중요한 것은 어떤 상황에서도 절대 포기하지 않는 능력이다"라고 말했다.

전설적인 야구선수 베이브 루스Babe Ruth나 미국 프로 미식 축구 사상 가장 위대한 감독으로 손꼽히는 인물인 빈스 롬바르디Vince Lombardi와 베어 브라이언트Bear Bryant 그리고 잭 니클라우스Jack Nicklaus, 마이크 디트카Mike Ditka, 미국의 유명한 미식축구 선수들인 월터 페이턴Walter Payton, 존 몬태나Joe Montana와 여자 테니스의 별이 된 빌리 진 킹Billie Jean King도 "절대 포기하지 말라"는 충고를 하곤 한다. 시대를 막론하고 콘래드 힐튼Conrad Hilton, 테드 터너Ted Turner, 리처드 브랜슨Richard Branson 같은 전설적인 사업가들도 그만두지 말고 계속 전진하라는 말을 했다.

이 모든 유명한 사람들이 남긴 말들을 한마디로 요약하면 "그만두는 사람은 이길 수 없고, 이기는 사람들은 그만두지 않는다"이다.

유명한 사람들이 남긴 말 중에서 포기하는 것을 긍정적인 시각에서 바라본 말은 거의 찾기가 힘들다. W. C. 필즈(W. C. Fields, 미국의 전설적인 코미디언 - 옮긴이)가 "처음에 성공하지 못하면 다시 계속 시도하라. 그래도 안 되면 포기하라. 바보처럼 계속 한 가지 일에 매달려봐야 아무 소용없다"라는 말을 했다고 알려져 있기는 하다.

필즈는 사람들이 닮고 싶어 했던 유형은 아니었다. 그는 술을 좋아하고, 어린이와 개를 혐오하고, 사회의 주변부에서 힘겹게 살아가는 사람들을 소재로 코미디를 한 사람이었다. 하지만 그가 그랬다고 해서 포기를 옹호하는 말을 했다고 볼 수는 없다(게다가 필즈는 실제로 그런 말을 하지도 않았다).

성공한 사람이란 어떤 일을 포기하지 않고 꾸준히 한 사람이라고 정의되곤 한다. 이 정의는 사실에 대한 기술, 즉 결과적으로 볼 때 참이다. 하지만 이번엔 과정을 보자. 어떤 일을 계속한다고 해서 반드시 성공한다고 확신할 수 있을까?

어떤 일을 계속하면 성공할 수 있다는 말은 맞는 말도, 좋은 충고도 아닐 가능성이 높다. 사실 "포기하지 말라"는 말은 매우 큰 해를 끼치기도 한다.

예를 들어, 당신이 노래를 잘 못한다면 노래 연습을 아무리 오래 해도 아델Adele 같은 가수가 될 수는 없다. 당신의 나이가 50세라면 아무리 끈기를 가지고 노력을 해도 올림픽 체조선수가 될 수는 없다. 그렇지 않을 것이라고 생각하는 것은 억만장자들이 새벽 4시에 일어난다는 것을 알고 난 뒤 당신도 그 시간에 일어나면 억만장자가 될 수 있다고 생각하는 것과 마찬가지로 어처구니없는 생각이다.

사람들은 충분히 오래 어떤 일을 하면 성공할 수 있다는 생각에 기초해 자신이 성공을 거둘 수 없는 일을 계속하거나, 성공하는 사람은 절대 포기하지 않기 때문에 자신도 계속해야 한다고 생각하곤 한다. 이 두 경우 모두 사람들은 성공하기 위해서는 포기하지 않아야 한다는 충고에 문제가 있는 것이 아니라 자신에게 문제가 있다고 생각해 자신을 질책하곤 한다.

성공은 일을 포기하지 않고 계속한다고 해서 거둘 수 있는 것이 아니다. 성공은 계속할 수 있는 적절한 일을 선택하고 나머지 일은 포기할 때 거둘 수 있다.

모든 사람이 당신에게 어떤 일을 포기하라고 할 때 당신은 그 사람들이 보지 못하는 어떤 것, 즉 다른 모든 사람이 포기했을 때도 그 일을 계속하는 게 옳다고 느끼게 만드는 어떤 것을 볼 수도 있다. 하지만 모든 사람이 하나같이 포기하라고 목소리를 높여 말할 때 그 말을 듣지 않으면서 끈기를 가지고 계속하는 것은 바보짓일 수 있다.

우리는 이제 그만두라는 말에 귀를 기울이지 않는 경우가 너무 많다. 그 이유 중 하나는 포기라는 말이 거의 항상 부정적인 뜻으로 사용된다는 데에 있을 것이다. 포기하는 사람이라는 말을 들을 때 그 말이 칭찬이라고 생각하는 사람은 없을 것이다.

포기한다는 말은 실패·굴복·패배 같은 말을 연상케 한다. 포기한다는 말은 인격 부족을 의미하기도 한다. 포기하는 사람은 패배자라는 인상을 준다(물론 술·마약·소모적인 인간관계 같은 나쁜 것들을 포기하는 것, 즉 끊는다는 말을 할 때는 예외다).

영어라는 언어 자체도 끈기라는 개념을 선호하는 언어이다. "can-do(할 수 있는)", "unwavering(흔들림 없는)", "steadfast(꿋꿋한)", "resolute(결연한)", "daring(대담한)", "audacious(호기로운)", "undaunting(굴하지 않는)", "gutsy(기세 좋은)", "hardy(강인한)" 같은 긍정적인 말은 모두 어떤 일을 꾸준하고 지속적으로 하는 사람들을 나타낼 때 쓰는 말이다. "backbone(기개)", "pluck(담력)", "mettle(패기)", "tenacity(집요함)", "stick-to-itiveness(끈질김)" 같은 말도 마찬가지이다.

위와 같은 말들은 구준함을 연상시키지만, 포기하는 사람은 실패자이며 존경할 만한 사람이 아니라는 부정적인 생각을 하게 하는 말들도 있다. "backtracker(생각을 쉽게 뒤집는 사람)", "chickens(겁쟁이)", "defeatist(패배주의자)", "deserter(탈영병)", "dropout(중퇴자)", "shirker(기피자)", "wimp(무기력한 사람)", "wuss(무능력자)" 같은 말들이다. 이런 단어들로 표현되는 사람들은 포기하거나 회피하는 사람, 주저하거나 멈칫거리는 사람이다.

우리는 이런 사람들에게 "aimless(목표가 없는)", "capricious(변덕스러운)", "craven(겁쟁이)", "erratic(이상한 사람)", "fickle(변덕쟁이)", "weak-willed(의지박약)", "undependable(불성실한)", "unreliable(믿을 수 없는)", "untrustworthy(신뢰가 가지 않는)" 같은 말을 쓴다. 이런 사람들의 정치적 입장 변화에 대해서 말할 때는 "flip-flopper(변절자)"라는 말을 쓰기도 한다.

물론 끈기와 관련된 부정적인 단어도 있긴 하다. "rigid(융통성 없는)", "obstinate(완고한)" 같은 단어이다. 그리고 포기와 관련된 긍정적인 단어도 있다. "agile(기민한)", "flexible(유연한)" 같은 말이다. 하지만 이런 단어들을 찾다보면 결과적으로 끈기와 관련된 말에는 긍정적인 단어가, 포기와 관련된 말에는 부정적인 단어가 훨씬 많다는 것을 알게 될 것이다.

끈기와 관련된 단어는 꾸준함을 나타내는 긍정적인 단어가 부정적인 단어보다 많은 반면에, 포기와 관련된 단어는 부정적인 단어가 긍정적인 단어보다 많다. 실제로 포기와 관련된 긍정적인 단어는 별로 없다. 영어사전에 "quittiness(포기하는 성향)"이라는 말이 없다는 사실만 생각해도 알 수 있다.

영어가 포기보다 끈기를 선호한다는 증거 중 하나로 "끈기"의 동의어가 "heroism(영웅적인행동)"으로 실려 있다는 사실을 들 수 있다. 끈기의 다른 동의어로 "bravery(용기)", "courage(용감함)", "fearlessness(겁이 없음)" 등이 실려 있다.

우리는 죽음의 문턱에서 위험에 맞서 싸우는 불굴의 영웅, 다른 사람들이 포기할 때 계속 버티면서 싸우는 영웅의 모습을 보면서 인내라는 말을 떠올린다.

우리는 포기하는 사람은 겁쟁이라고 생각한다.

인내가 명예와 성공으로 이르는 길이라고 생각되는 세상에서 끈기는 스타로 대접받는다. 하지만 '포기하기'는 (물리쳐야 하는) 악당이나 '행인3', '겁에 질린 병사2' 같은 단역으로 여겨진다.

우리는 어째서 '그만두겠다'는 말을 망설이는가?

2019년 2월, 세계에서 가장 유명한 운동선수 중 한 명인 스키 선수 린지 본 Lindsey Vonn이 은퇴를 발표했다. 그녀는 인스타그램을 통해 "내 몸은 더 이상 고칠 수 없을 정도로 망가져 내가 꿈꾸어왔던 파이널 시즌 경기에 참가할 수 없게 됐습니다. 내 몸은 이제 그만해야 한다고 내게 소리치고 있습니다. 이제 그 말을 들어야 할 때입니다"라고 선언했다.

(이전에는 밝히지 않았던) 은퇴 발표 전까지 겪고 있던 부상, 수술, 재활에 대해 자세히 언급한 후 본은 "나는 항상 '절대 포기하면 안 돼!'라고 말해왔습니다. 그리고 내게 계속하라고 격려의 메시지를 보내준 팬들에 나는 포기하는 것이 아니라고 말하고 싶습니다. 나는 새로운 장을 막 열기 시작한 겁니다."

본은 은퇴 발표문 처음 부분에서 스키 경기에는 더 이상 참가하지 않을 것이라고 분명히 밝혔다. 즉, 평생 해왔던 스키를 "그만둔다"는 말이었다. 하지만 그 다음 부분에서 본은 자신이 포기하는 것이 아니라는 것을 밝히면서, "새로운 장을 연다"라는 말로 에둘러 말해 자신의 의지를 표현했다.

본은 패기나 끈기가 없어서 그만두는 것이라는 의심으로부터 자유로웠으며, 당당하게 그만둔다고 말할 수 있는 사람 중 하나다. 심각한 부상을 여러 차례 극복하고 돌아와 다시 경기장에 선 본의 이야기는 그녀의 우승 이야기만큼이나 감동적이다. 본은 2006년 토리노 동계올림픽에서 심각한 부상을 당해 병원으로 실려 갔지만 이틀 후 의사의 만류를 뿌리치고 다시 경기장에 나왔다.

2013년에는 무릎 전방십자인대와 내측 측부인대 파열 그리고 또 다른 골절상으로 수술을 받은 뒤 힘겨운 재활치료를 하고 있는 상태에서 다시 그 두 인대를 다치기도 했다. 본은 2014년 소치 동계올림픽 경기와 그 해에 열린 대부분의 경기에는 거의 참가할 수 없었지만, 다시 부상을 극복해내고 2014년 말부터 2018년 초까지 열린 월드컵 경기에 23회나 출전했고 같은 해 평창동계올림픽에서 동메달을 거머쥐었다.

이런 린지 본도 그만둔다는 말은 하기 힘든 말이다. 하물며 우리 같은 보통 사람이 그만둔다는 말을 하기란 어쩌면 더욱 더 힘들지 않을까? 그만둔다는 말을 한다는 것은 쓴 약을 먹는 것과 비슷하기 때문에 우리는 다른 말로 에둘러 하곤 한다. 이렇게 에둘러 하는 말 중에 대표적인 것이 '피봇pivot(선회)'이라는 말이다.

대형 인터넷 서점들을 검색하다보면 이 선회이라는 말이 제목에 포함된 책들을 꽤 많이 볼 수 있다. "거대한 선회", "위대한 선회", "목적이 있는 선회", "이기기 위한 선회", "성공하기 위한 선회" 같은 제목이 붙은 책들이 수없이 많다.

　이런 책들을 비난하는 것이 아니다. 하지만 "선회", "다음 장으로의 이동", "전략적 재배치" 같은 말은 사실 모두 "그만둔다"는 뜻이다. 부정적인 뉘앙스를 걷어낸다면 그만두기는 시작했던 일을 중단하는 선택을 가리킨다.

　우리는 그만둔다는 것을 다른 긍정적이고 부드러운 단어들로 에둘러 표현해야 한다는 생각을 버려야 한다. 그만두는 것이 적절한 선택인 수많은 상황이 있을 수 있기 때문이다. 그만두어야 한다고 모든 사람이 말하는 때, 알리의 경우에서처럼 신장이 망가지기 시작하는 때, 현재 하고 있는 일을 할 수 없을 정도의 부상을 입은 때가 그런 상황이다. 결혼생활이 비참해지거나 일을 하면서 더 이상 극복할 수 없는 장애물에 부딪힌 상황, 선택한 전공에 도저히 적응할 수 없게 되는 상황 역시 그만둬야 하는 때이다.

　그만둔다는 말이 왜 이렇게 기피해야만 하는 말이 돼버렸을까?

　사람들이 동네 정육점에서 고기를 사던 시절에는 정육점 주인의 저울질에 관한 농담이 유행했다. 미국의 유명한 코미디언 밀턴 벌Milton Berle이 한 농담 중에 이런 게 있다. "우리 동네 정육점 주인의 저울질이 정확하지 않은 것 같아. 지난번에 고기 무게를 잴 때는 파리 한 마리가 저울 위 앉았는데 1킬로그램이나 무게가 더 나갔다고."

밀턴 벌은 당시 뉴욕주 북부에서 돌던 정육점 주인들의 저울 '조작' 이야기를 소재로 농담을 한 것이었다. 그 지역에서는 정육점 주인들이 손님 몰래 엄지손가락으로 저울을 눌러 고기 무게를 더 나가는 것처럼 보이게 하곤 했다. 유원지의 '휠 오브 포춘(회전식 수레바퀴 모양의 도박 장치)'도 주인에게 항상 유리하도록 특정 포인트에서 멈추도록 조작됐고, 어두운 도박장의 룰렛 장치도 비슷한 방식으로 조작되곤 했다. 주사위 게임에서 사용하던 주사위도 마찬가지였다.

'그만두다'에 연관된 개념들도 위와 비슷한 방식으로 조작되어 왔다. 무하마드 알리, 린지 본, 성공하는 사람은 그만두지 않는다는 경구들, 영어의 단어들, 에둘러 말하기는 모두 끈기를 가지고 계속하는 것이 그만두는 것보다 더 중요하게 보이도록 저울이 조작돼 있다는 것을 보여준다.

'그만두기'를 회피하는 과학적 근거가 있다

저울이 끈기 쪽으로 기울어 있으며 우리가 어떤 사람을 영웅으로 존경하는지 생각해볼 때, 앤절라 더크워스Angela Duckworth의 《그릿Grit》, 말콤 글래드웰의 《아웃라이어Outlier》('1만 시간의 법칙'이 언급된 책이다 - 옮긴이)처럼 인내의 힘을 다룬 책이 인기를 얻는 것은 그리 이상한 일이 아니다. 이런 책들에 열광하는 독자들이 엄청나게 많다는 사실은 인간의 본성이 인내와는 거리가 멀다는 것을 보여주는 반증이다.

하지만 《그릿》은 전후 상황을 고려하지 않고 무조건 인내해야 한다고 주장하는 책이 아니다. 더크워스는 "꾸준히 계속 일을 하면 성공하게 된다"라고 말하는 게 아니다. 그는 계속하고 싶은 일을 발견하기 위해서는 (많은 일들을 포기하면서) 다양한 일을 시도하는 것이 중요하다는 취지의 글을 쓴 사람이다. 인내의 중요성을 강조했지만 언제 그만둘지 아는 능력이 개발할 가치가 있는 능력이라는 데도 분명히 동의할 것이다.

끈기는 많은 사람들이 중요하다고 생각하는 자질이지만, 더 일찍 그만두고 더 자주 그만두는 것도 가치가 있다는 주장 또한 근거가 충분하다.

역경에 부딪혔을 때 너무 오래 인내하는 인간의 경향에 대한 연구는 경제학, 게임이론, 행동심리학 등의 분야에서 매우 다양하게 이뤄지고 있다. 이런 연구들은 매몰비용-sunken cost, 기회비용-opportunity cost, 현상유지 편향-status quo bias, 손실 회피loss aversion, 몰입상승 효과escalation of commitment, 인지편향cognitive bias 등의 주제를 다루고 있다.

- 매몰비용: 어떤 일을 계속하기 위해 돈·시간·노력 등의 자원을 더 쏟아 부을지 결정을 해야 할 때, 이미 쏟아부은 자원들을 고려하는 체계적인 인지오류.
- 기회비용: 여러 가능성 중 하나를 선택했을 때 그 선택으로 인해 포기해야 하는 가치를 비용으로 환산한 것.
- 현상유지 편향: 그동안 걸어온 길 또는 그동안 사용해온 방식에서 벗어나지 않으려는 성향.
- 손실 회피: 손실이 현실화되는 것을 회피하기 위해 계속 버티는 성향.
- 몰입상승 효과: 분명히 잘못된 결정이나 실패할 것이 확실한 일에 고집스럽게 집착하는 심리.
- 인지편향: 사람이나 상황을 비논리적으로 추론하여 결과적으로 잘못된 판단을 내리는 경향.

지나치게 인내하는 경향, 특히 그렇게 인내하게 되는 상황 그 자체에 심층적인 연구를 한 대표적 학자로는 대니얼 카너먼Daniel Kahneman과 리처드 탈러Richard Thaler를 들 수 있다. 카너먼은 2002년, 탈러는 2017년에 각각 노벨경제학상을 탔다. 노벨상 수상자 두 명이 같은 주제에 대해 연구를 했다면 이 주제는 주목할 만한 주제일 것이다.

과학은 정도의 차이가 있긴 하지만 우리 모두가 무하마드 알리처럼 행동하고 있다는 것을 보여준다. 그만두어야 한다는 신호가 감지되는데도 사람들은 너무 오래 인내하면서 계속 하나의 일에 몰두한다는 뜻이다.

이 책은 무엇을 그만두고, 언제 그만두어야 할지에 대한 현명한 선택에 방해가 되는 요인들을 다룬다. 그리고 독자가 그만두기를 주저하는 상황들을 명확히 파악하도록 돕는다. 또한 이 책은 그만두기에 대해 긍정적으로 생각해 더 나은 의사결정을 할 수 있도록 도움을 주고자 한다. 이 책은 크게 4개의 부와 11개의 장 그리고 3개의 '그만둔 사람들의 에필로그'로 구성돼 있다.

1부에서는 그만두는 능력이 개발할 가치가 있는 능력이라는 사실을 독자에게 증명할 것이다. 1장에서 중점적으로 다룰 것은 그만두기가 불확실한 상황에서 의사결정을 내리는 데 최고의 도구인 이유이다. 그만두기는 새로운 정보가 드러났을 때 우리가 경로를 바꿀 수 있게 해준다. 또한 그만두겠다는 선택을 가치 있게 만드는 불확실성이 한편으로는 그만두지 못하게 만드는 원인이 된다는 점도 설명할 것이다.

2장은 적절한 시점에 그만두는 것임에도 불구하고, 마치 너무 일찍 그만두는 것처럼 느껴지는 이유에 대해 탐구할 것이다. 그만두기는 결국 예측의 문제다. 그만두는 시점은 미래에 대한 두려움과 관련된 문제이지 현재에 대한 두려움과 관련된 문제가 아니라는 뜻이다. 현실이 장밋빛이면 그만두고 떠나기는 쉽지 않다.

3장은 우리가 끈기와 그만두기 사이에서 제대로 저울질을 하지 못하고 있다는 증거를 제시하면서 그만두기의 과학에 대해 깊게 탐구할 것이다. 특히 주변의 모든 사람이 우리가 너무 오래 인내하고 있다고 경고할 때는 그만두지 않으면서 좋은 소식을 들으면 너무 쉽게 그만두는 상황에 대해 깊게 살펴볼 것이다.

2부에서는 그만두기라는 결정을 할 때, 현재 자신이 이기고 있는지 아니면 지고 있는지 판단하는 것이 어떤 영향을 미치는지 자세하게 살펴볼 것이다. 4장에서는 몰입상승 효과의 개념에 대해 살펴볼 것이다. 몰입상승 효과는 실패하고 있는 일에 더 몰입함으로써 나쁜 소식에 반응하는 현상을 말한다. 5장에서는 매몰비용 개념을 중심으로 실패에 대한 두려움, 이미 우리가 투자한 돈, 시간, 노력 등이 앞으로 나아가겠다는 결정에 어떤 부정적인 영향을 미치는지 자세하게 다룰 것이다.

6장에서는 언제 그만두어야 하는지에 관해 더 나은 결정을 하는 방법, 일의 가장 어려운 부분부터 해결해야 하는 이유, 벤치마크·판단기준·신호 같은 폐기 기준을 찾아내는 방법에 대해 다룰 것이다. 폐기 기준을 세우는 이유는 인내를 가지고 계속하는 것이 더 이상 도움이 되지 않을 때 빠르게 그만둘 수 있기 때문이다.

3부에서는 그만두기를 방해하는 다양한 인지편향을 더 깊게 다룰 것이다. 7장은 사물과 아이디어에 대한 소유 의식이 경로 변경을 어떻게 힘들게 하는지 그리고 동시에 현상 유지에 얼마나 집착하게 만드는지 살펴볼 것이다. 불확실성에 대한 두려움과 경로 변경으로 인한 실패의 두려움 때문에 우리는 새로운 길을 찾지 못하게 된다.

8장은 우리의 정체성 그리고 정체성 유지 욕구가 그만두기에 어떻게 방해가 되는지, 몰입상승이 어떻게 위험한 선택을 낳는지 살펴볼 것이다.

9장에서는 우리가 그만두고 떠나는 것을 어렵게 만드는 인지편향들을 해소하는 전략에 대해 살펴볼 것이다. 그만두기를 도와주는 코치, 즉 외부에서 우리 상황을 보면서 우리가 적절한 시점에 경로를 변경할 수 있도록 도움을 주는 사람을 찾는 방법도 살펴볼 것이다.

4부에서는 기회비용이라는 문제를 깊이 다룰 것이다. 우리는 특정 활동에 전념하면 그 외의 다른 것들에는 자연스럽게 관심을 두지 않게 된다. 더 나은 것을 선택하기 위해 다른 것을 언제 버려야 하는지 어떻게 알 수 있을까? 10장은 우리가 어쩔 수 없이 어떤 일을 그만두어야 하는 상황에서 얻을 수 있는 교훈들 그리고 그 교훈들을 선제적으로 적용하는 방법에 대해 다룰 것이다.

11장은 '목표'의 부정적인 측면, 즉 더 이상 가치가 없는 일들에 집착하게 만드는 상황과 그 부작용에 대해 살펴볼 것이다. 성공 혹은 실패라는 두 가지 속성밖에 가지고 있지 않은 목표는 유동적이고 가변적인 현실 세계와 양립하기 힘들다. 또한 목표를 달성하고자 하는 욕구는 우리가 다른 경로나 기회를 모색하는 것을 방해한다. 그리고 왜 모든 목표에 부작용이 수반되는지와 목표 달성 과정에서 진전을 나타내는 지표들에 대해서도 다룰 것이다.

독자들은 이 책에서 그만두기 능력이 중요한 이유와 그 능력을 개발하는 방법, 그만두기 능력으로 인생에서 더 가치 있는 일을 찾아내는 수단과 선택하기의 지대한 가치를 발견할 수 있다. 이에 덧붙여, 그만두기 능력을 이용해 더 나은 결정을 함으로써 지금 하고 있는 작업·직업·경영·연애·결혼 등 인생의 거의 모든 일을 더 잘할 수 있게 될 것이다. 궁극적으로는 빠르게 변화하는 세상에 발맞춰서(또는 세상보다 더 빠르게) 스스로 변화하고 발전하는 방법을 찾아내게 될 것이다.

물론 세상에는 끈기를 가지고 계속할 가치가 있는 어려운 일들이 많으며, 그 경우 끈기와 회복탄력성은 도움이 될 것이다. 어렵다는 이유만으로 그만둔다면 성공할 수 없다. 하지만 성공은 가치가 없는 어려운 일을 계속한다고 해서 이룰 수 있는 것도 아니다.

중요한 것은 언제 끈기를 가지고 계속해야 할지, 언제 그만두어야 할지 알고 결정하는 능력이다. 이 책은 그러한 그만두기 능력을 개발하는 데 필요한 도구를 제공할 것이다.

자, 이제 뛰어들어보자. '그만두기'가 가진 힘에 대해 다시 생각할 시간이다.

1부

박수 칠 때
떠나는 방법

1장

위대한 덕목의 반대말 또한 위대한 덕목이다

끈기에 관한 이야기, 적어도 두 발로 어딘가를 오르는 일에 관한 이야기에 가장 많은 소재를 제공할 수 있는 곳은 에베레스트산 정상 부근일 것이다. 그곳의 환경은 살아남는 것 자체가 엄청난 인내를 필요로 한다. 정상은 말할 것도 없다. 한두 번쯤은 이런 이야기를 들어봤을 것이다.

하지만 이런 환경을 가진 에베레스트는 끊기의 미덕에 관한 책의 처음을 장식하기에도 좋은 소재다.

지금부터 할 이야기는 스튜어트 허친슨 Stewart Hutchison, 존 태스크 John Taske, 루 카시슈케 Lou Kasischke라는 세 사람의 에베레스트 등반 과정에서 있었던 일이다. 아마 못 들어본 이야기일 것이다. 이들은 1990년대에 세계적으로 명성을 떨치던 상업 등반가이드 업체 어드벤처 컨설턴트Adventure Consultants가 가이드 세 명, 셰르파 여덟 명, 고객 여덟 명으로 구성한 에베레스트 등반대의 일원이었다.

등반대원들은 캠프4에 도착해 날씨를 관찰하면서 정상 등정을 준비하기 전까지 몇 주 정도를 기후에 적응하고 장비를 위로 옮기면서 조금씩 위쪽으로 등반을 한다. 허친슨, 태스크, 카시슈케는 베이스캠프(해발 5,364m)에서 캠프4(해발 7,925미터)까지 같이 오르면서 친해진 사이였다.

어드벤처 컨설턴트 같은 업체는 비교적 경험이 적은 등반가들도 세계 최고봉에 오를 수 있도록 도움을 주는 회사다. 7만 달러 정도의 비용, 네팔에서 몇 달을 지낼 수 있을 정도의 시간적 여유 그리고 건강만 갖추면 이런 업체들의 도움을 받아 에베레스트 등반을 할 수 있다. 물론 건강이 좋다고 반드시 등반에 성공하거나 안전하게 하산할 수 있다고 장담할 수는 없다. 해발 약 7,600미터 이상의 고도에서는 공기가 너무 희박해 인간이 오랫동안 생존하기 힘든 데다, 등반 시즌 동안의 평균기온도 영하 26℃에 이르기 때문이다. 정상(또는 정상 근처)까지 오르려면 대부분의 사람들은 견디기 힘든 환경에서 버틸 수 있는 능력이 있어야 한다.

당시 베이스캠프에서 등반대장은 반환시간 turnaround time을 반드시 지켜야 한다고 강조했다. 반환시간이란 중간 캠프나 정상에 오르다 목표 지점에 도착하지 못하더라도 반드시 하산을 시작해야 하는 시간을 말한다. 등반대원이 그날의 목표 지점에 도착하지 못하더라도 반환시간을 넘기면 등반을 멈추고 캠프로 되돌아와야 한다. 즉, 반환시간은 등반대원이 하산할 때 위험에 빠지지 않도록 보호하기 위해 설정한 시간이다. 일반적으로 산은 올라갈 때보다 내려올 때 더 많은 스킬을 필요로 한다. 정상 등반 당일 베이스캠프에서 등반대장이 정한 반환시간은 오후 1시였다.

반환시간을 지키지 않고 너무 오랫동안 등반을 계속해 정상에 오른 다음 하산하는 경우, 등반대원들은 어둠 속에서 피로·저산소증·동상·날씨변화·방향감각 상실, 크레바스로 인한 추락 등의 위험을 겪을 수 있다. 날이 어두워지고 몸이 피곤해지면 실수를 할 확률이 몇 배로 높아져 좁은 남동릉 루트 Southeast Ridge에서 발을 헛디딜 위험도 높아진다. 남동릉 루트에서 발을 잘못 디디면 약 2,500미터 아래의 티벳 지역 또는 3,700미터 아래의 네팔 지역으로 추락해 사망하게 된다.

실제로 에베레스트산에서는 올라갈 때 사망하는 사람보다 내려올 때 사망하는 사람이 여덟 배나 많다.

온갖 고생을 다해 에베레스트 정상 바로 직전까지 올라갔다 등정을 포기하고 내려오고 싶은 사람은 아무도 없을 것이다. 특히 아마추어 등반가들이 정상 코밑에서 정상 정복의 유혹을 떨쳐내는 것은 극도로 어려운 일이다. 등반대 가이드들은 정상 정복 횟수를 늘려 자신의 능력을 입증해야 하고, 등반대장들은 다른 상업 등반가이드 업체들과의 경쟁에서 우위를 차지하기 위해 고객을 정상으로 올려야 한다. 셰르파들도 이런 경쟁에서 예외가 아니다. 그들도 등반대의 선택을 받기 위해서는 정상 등반 횟수를 늘려야 하기 때문이다.

반환시간은 세 가지 사실을 강조함으로써 등반대원들이 정상 바로 밑에서 계속 올라가겠다는 무리한 결정을 내리지 못하도록 만들기 위한 장치다. 첫 번째 사실은 계속 버티면서 올라가는 것이 항상 미덕은 아니라는 것이다. '계속 올라가기'가 현명한 일인지 아닌지는 등반 환경과 등반가들의 상태에 의해 결정된다. 환경과 상태라는 두 조건이 만족되지 않으면 중간에 그만두고 내려오는 것이 현명한 일이다.

두 번째 사실은 실제로 그만두고 내려와야 한다는 결정을 내려야 하는 상황에 직면하기 훨씬 전에, 언제 그만둘지 미리 계획을 세워야 한다는 것이다. 대니얼 카너먼은 최악의 결정 시점이란 "그 안에 있을 때"라고 지적한다. 에베레스트 정상이 바로 눈앞에 온 시점, 그곳까지 가기 위해 수많은 희생을 치른 시점이야말로 "그 안에 있을 때"라고 할 수 있다. 그만두고 내려와야 하는 반환시간을 실제로 그만둘지 결정해야 하는 시점보다 훨씬 전에 설정하는 이유가 바로 여기에 있다.

가장 중요한 것은 에베레스트 등반의 진짜 목적은 정상 정복이 아니라는 명백한 진실이다. 에베레스트 정상 등반은 수많은 사람들의 관심이 집중되는 일이지만, 더 넓은 의미에서 현실적인 시각으로 보면 궁극적인 목표는 베이스캠프로의 무사귀환이다.

세계의 정상에 서 있는 보이지 않는 사람들

허치슨, 태스크, 카시슈케가 소속된 등반대 외에도 같은 날 정상에 오르기로 계획한 등반대가 두 팀 더 있었고, 정상으로 가는 루트에는 평상시보다 사람이 더 많았다.

등반 예정일 전날 저녁, 이 세 팀의 등반대장 중 가장 경험이 적은 등반대장은 다음 날 등반을 시도하지 않겠다고 결정했다. 하지만 자정(정상 등반 당일)이 됐을 때 결국 이 등반대도 캠프4에서 함께 출발한 다른 등반대와 마찬가지로 정상으로 오르기 시작했다. 결과적으로 동시에 서른네 명이나 되는 인원이 정상을 향해 출발했다. 이는 매우 드문 일이었다.

허치슨, 태스크, 카시슈케는 일렬로 정상으로 오르는 무리 중 비교적 뒤쪽에 속했으며 자신들 뒤에도 몇 명 정도가 있었다. 이렇게 하나의 고정된 로프에 의존해 사람들이 일렬로 정상에 오르는 상황에서는 등반 속도가 떨어질 수밖에 없었다. 앞에 있는 사람들을 제치고 가기도 쉽지 않았다. 물론 숙련된 등반가는 속도가 빠른 등반가들이 자신을 추월할 수 있도록 간격을 벌리는 법을 알고 있었다.

어드벤처 컨설턴트 등반대의 등반대장도 그 긴 행렬 안에서 움직이지 못하고 있었고 허치슨은 등반대장에게 정상까지 얼마나 남았는지 물어봤다.

등반대장은 세 시간 정도 남았다고 대답한 뒤 행렬의 앞쪽에 있는 사람들을 제치고 더 빠르게 올라가기 시작했다.

허치슨은 잠시 움직임을 멈추고 태스크와 카시슈케와 대화를 시도했다. 시계는 거의 오전 11시 30분을 가리키고 있었다. 등반을 시작한 지 거의 12시간이 지난 시간이었다. 이 세 사람은 등반대장이 정상 등반 당일 오후 1시가 반환시간이라고 말했던 것을 떠올렸다.

허치슨은 아무리 빨라도 오후 1시가 훨씬 넘은 시간에 정상에 도착하게 될 것 같다고 말했다. 이들 세 명은 모두 반환시간이 하산할 때의 위험으로부터 등반대원들을 보호하기 위해 설정됐다는 것을 잘 알고 있었다. 해발 8,000미터가 넘는 극한의 환경에서 앞서 언급한 여러 위험에 빠지면 목숨을 잃을 가능성이 높다.

태스크는 되돌아가자는 제안에 동의했지만, 카시슈케는 망설였다. '7대륙 최고봉 Seven Summits' 중 여섯 개에 올랐던 카시슈케는 마지막으로 세계 최고봉인 에베레스트 정상 정복을 앞두고 있었기 때문이다. 7대륙 최고봉을 모두 오르려면 상당한 시간과 돈이 드는 데다, 그 중 일부는 접근하기 매우 힘든 외진 곳에 있다. 예를 들어 남극대륙에서 가장 높은 산인 빈슨산 Mount Vinson은 7대륙 최고봉 중 적도와 가장 멀리 떨어져 있다. 그러니 이번에 포기한다면 카시슈케는 적어도 1년은 기다려야 다시 정상에 도전할 수 있었다.

하지만 허치슨과 태스크는 결국 카시슈케를 설득했고, 오전 11시 30분에 이 세 명은 하산을 시작해 안전하게 캠프4로 돌아와 에베레스트를 떠났다.

독자들은 이 이야기가 왜 잘 알려지지 않았는지 이제는 이해할 것이다. 이 이야기는 극적인 요소가 전혀 없다. 이 이야기의 등장인물들은 에베레스트산 정상까지 3시간도 남지 않은 지점에서 규칙에 따라 정상 도전을 포기했다. 이들은 정상 정복을 그만뒀기 때문에 죽음의 문턱에 접근하지 않고 돌아서 살아남은 사람들이다.

좀 김이 빠지는 이야기라고 생각될 수도 있다. 영화로 만들기에도 적당하지 않다.

하지만 에베레스트산 등정에 관한 책이나 영화를 한 번이라도 본 적이 있는 사람이라면 허치슨, 태스크, 카시슈케의 이름은 한 번쯤은 분명히 봤을 것이라고 나는 확신한다.

다만 그들의 이름을 기억하지 못하는 것뿐이다.

이들 세 명은 존 크라카우어 John Krakauer가 1997년에 쓴 《희박한 공기 속으로 Into Thin Air》, 1998년에 제작된 다큐멘터리 《에베레스트》, 2015년에 개봉한 영화 《에베레스트》에서 다룬 1996년 에베레스트 등반대의 일원이었다. 이 등반대 대장은 세계적으로 가장 성공한 등반가 중 한 명인 롭 홀 Rob Hall이었다. 허치슨, 태스크, 카시슈케가 정상 코앞에서 포기하고 하산하던 그날 홀과 이 등반대의 다른 대원 네 명은 정상까지 올랐다가 캠프4로 하산하는 길에 모두 사망했다.

홀은 등반대원들 맨 뒤에서 정상으로 오르면서 정상까지 세 시간이 남았다고 말한 그 등반대장이었다. 그리고 등반 중에 속도를 내지 못하고 있던 행렬 앞쪽 사람들을 제치고 먼저 올라간 그 등반대장이었다.

베이스캠프에서부터 오후 1시 반환시간의 중요성을 강조한 사람이 바로 홀이었다. 홀은 정상 전의 수많은 중간 지점까지 오를 때에도 반환시간을 설정하고 계속 그 중요성을 대원들에게 강조했다. 홀은 직전 해에는 정상을 약 90미터 앞에 두고 더그 핸슨Doug Hansen이라는 등반대원과 함께 등반을 그만두기도 했다.

홀은 사실 1995년에 전문성을 발휘해 핸슨의 생명을 구한 사람이기도 했다. 당시의 다른 가이드 중 한 명은 핸슨이 "올라갈 때는 문제가 없었지만 내려오기 시작하면서 몸과 정신이 모두 무너져 좀비 같은 상태로 변했다. 핸슨은 힘이 모두 소진된 사람 같았다"라고 말했다.

롭 홀은 그 후 핸슨에게 계속 연락을 하면서 등반 비용을 할인해주겠다고 제안을 했고, 결국 그는 1996년 에베레스트 등반대에 핸슨을 다시 포함시키는 데 성공했다.

홀이 몇몇 다른 등반대원들과 함께 정상에 도착한 것은 오후 2시쯤이었다. 시간이 너무 지체됐다고 판단한 이 등반대원들은 모두 서둘러 하산을 시작했지만, 롭은 핸슨이 곧 정상에 도착할 것이라고 생각해 그를 기다렸다.

핸슨은 오후 4시가 돼서야 정상에 도착했다. 그때 핸슨은 너무 지쳐 수직에 가까운 힐러리 스텝 Hillary Step(에베레스트 정상 직전에 나타나는 약 12m 높이의 난코스 - 옮긴이)을 다시 내려갈 수 없는 상태였다. 홀은 핸슨을 데리고 내려올 수도 그를 포기할 수도 없었다.

결국 이 둘은 모두 사망했다.

홀의 이런 결정에 영향을 미친 요인들에 대해서는 뒤에서 다시 다룰 것이다. 지금은 반환시간이 합리적인 그만두기 결정에 도움이 되는 것은 사실이지만 모든 경우에 도움이 되는 것은 아니라는 정도만 짚고 넘어가자.

사람들은 그날 에베레스트산에서 일어났던 비극은 기억하지만 규칙에 따라 중도에 하산한 허치슨, 태스크, 카시슈케의 이름은 기억하지 못한다. 이들이 유명하지 않아서가 아니다. 이들은 눈에 띄는 행동을 하지 않았기 때문이다.

이들은 보이지 않는 사람들이었다.

현명한 하산 결정을 한 이 세 명을 기억하는 사람이 왜 거의 없을까? 크라카우어가 책에서 이들의 이야기를 다루지 않았기 때문은 아니다. 크라카우어는 이 책에서 "어려운 결정을 해야 하는 그날의 상황에서 이들은 적절한 결정을 한 몇 안 되는 사람들 중 일부였다"라고 쓰기까지 했다.

우리는 역경에 대한 인간의 반응 가운데 어느 한 측면만을 생각하는 경향이 있다. 우리는 "도전하는 사람들"만을 생각한다. 계속 산을 오르는 사람들은 이야기가 비극이든 아니든 영웅으로 기억된다. 우리가 관심을 가지는 사람들은 반환시간을 지키지 않고 계속 버티면서 정상에 오른 사람들이다.

정상에 오르다 포기하고 하산한 사람들의 이야기는 기록되기는 하지만 기억되지는 않는다.

그만두기가 중요한 의사결정 스킬이라는 데에는 의심의 여지가 없다. 적절한 결정을 내리는 능력은 생사의 문제를 결정할 수도 있다. 에베레스트에서의 상황이 그랬다. 하지만 우리는 이렇게 삶과 죽음이 엇갈리는 상황에서 그만두겠다는 결정을 한 사람들을 전혀 기억하지 못한다.

문제는 우리가 우리 자신의 경험을 통해서든 다른 사람들의 경험을 지켜보는 것을 통해서든, 경험으로부터 무엇인가를 배운다는 데 있다. 또한 경험으로부터 배우는 우리의 능력은 그 경험에 대해 우리가 얼마나 많은 것을 기억하고 있는지에 의존한다.

그만두기에 관한 결정으로부터 배우는 것도 역시 자기 기억에 의존한다.

우리는 그만둔 사람들에게 관심을 갖지 않는다. 따라서 그들을 기억하지도 못하며 그들의 결정으로부터 배울 수도 없다. 게다가 그들을 기억한다고 해도 그들에 대한 부정적인 시각을 가지고 있다면, 그들이 존경을 받을 만한 사람이 아니라는 생각을 가지고 있다면, 그들이 겁쟁이라고 생각한다면, 그들로부터 무엇을 배울 수 있겠는가?

"겁쟁이"라는 말은 지금은 좀 의미가 퇴색했지만, 한때 이 말은 "중도에 포기하는 사람"과 동의어였고, 생사의 결투를 유발할 수 있을 정도로 모욕적인 말이었다. 1806년에 앤드루 잭슨 Andrew Jackson은 자신을 두고 찰스 디킨슨 Charles Dickinson이 겁쟁이라고 불렀다는 사실이 신문에 실리자 디킨슨에게 결투를 신청했다. 잭슨은 이 결투로 디킨슨을 죽였지만 1829년에 미국의 대통령이 되는 데 아무 문제도 되지 않았다.

중도에 포기하는 사람이라고 말했다는 이유로 그 사람을 죽이는 것이 합리화되는 세상에서, 그만두고 떠나는 능력이 얼마나 중요한 능력인지 사람들이 이해해주기를 바라는 것은 지나친 기대일 것이다.

끊기는 의사결정 도구다

사람들은 끈기와 끊기가 서로 반대편에 위치해 있다고 생각한다(여기서 끊기는 그만두기와 같은 의미이다 - 옮긴이). 하지만 사실 끈기와 끊기는 동일한 결정의 서로 다른 두 측면이다. 어떤 것을 끊어야 할지 결정하려면 동시에 다른 어떤 것을 계속하겠다는 결정을 해야 한다. 또한 어떤 것을 계속해야 할지 결정하려면 동시에 다른 어떤 것을 끊어야 한다.

다시 말하면, 하나를 선택하는 결정은 동시에 다른 하나를 버리는 결정이라고 할 수 있다.

우리가 앞에서 다룬 세 등반대원의 이야기는 끈기와 끊기 사이에서 어떤 결정을 해야 하는지 잘 보여주는 예다. 끈기를 선택하면 계속 정상을 향해 올라야 하고, 끊기를 선택하면 중간에 포기하고 하산해야 했다. 사실 애초에 산에 오르겠다는 결정에는 중간에 오르기를 포기하고 하산할 수도 있다는 가능성이 포함돼 있었다.

최후의 결정을 내려야 하는 상황, 어떤 결정을 내리든 평생 그 결정의 결과를 받아들이면서 살아야만 하는 상황을 상상해보라. 어떤 일을 시작하겠다고 결정하기 전에 어느 정도의 확신을 가져야 하는지 가늠해보라. 평생의 배우자를 만나기 위해 데이트 상대 한 명을 결정해야 하는 상황을 가정해보라.

환경 자체가 계속 변화하는데 경로를 바꾸거나 마음을 바꿀 수 없는 상황은 매우 위험할 수 있다. 산을 올라가고 있다고 생각했는데 결국 그 산이 빙하였고 녹기 시작한다면 어떨까? 빙하가 녹아 없어지기 전에 그 빙하를 타고 내려와야 하는 상황이라면 어떨까?

사람들이 더 나은 의사결정을 할 수 있도록 훈련을 시킬 때 가장 중요한 스킬을 고르라고 한다면 나는 끊기 능력, 즉 그만둘 수 있는 능력을 제일 먼저 꼽을 것이다. 그만두겠다는 선택을 할 수 있어야 환경에 적응할 수 있기 때문이다.

모든 결정은 어느 정도 불확실한 상태에서 이뤄진다. 그 불확실함의 원인은 두 가지이며, 우리가 하는 결정의 대부분은 저 두 가지 원인에서 비롯되는 불확실성에 영향을 받는다.

첫 번째 원인은 세상이 확률적이라는 사실이다. 세상이 확률적이라는 말은 세상이 적어도 단기적으로는 어떻게 변화할지 예측하기 힘들다는 말이다. 우리는 확실성이 아니라 확률에 기초해 움직인다. 우리에게는 미래를 말해주는 수정구슬 같은 것이 없다. 예를 들어, 어떤 선택이 80% 정도의 확률로 성과를 낼 것이라고 생각할 때, 그 선택이 성과를 내지 못할 확률은 20% 정도일 것이다. 의사결정이 힘든 이유는 그 20%에 해당하는 결과가 언제 발생할지 예측할 수 없다는 데 있다.

두 번째 원인은 우리가 모든 사실을 완벽하게 고려해 결정을 내릴 수 없다는 사실이다.

우리는 모든 것을 다 알 수 없기 때문에 부분적인 정보에만 기초해 선택을 해야 한다. 이 정도의 정보는 우리가 완벽한 결정을 내리기에는 턱없이 부족한 정보다.

그렇다면, 특정한 행동들을 시작하고 난 뒤에 새로운 정보가 나타날 수 있다. 그리고 그 새로운 정보는 매우 결정적인 피드백이 될 수 있다.

그 새로운 정보는 새로운 사실일 수도 있다. 이미 가지고 있는 데이터나 사실들에 대한 다른 시각을 제시할 수도 있으며, 자신은 몰랐던 자신의 선호에 대해 알려주기도 한다. 또한 그 새로운 정보 중 일부는 좋은 미래와 나쁜 미래 중 어떤 미래를 관찰하게 될지 알려주는 정보일 수도 있다.

이 모든 불확실성의 측면을 고려하다보면 의사결정은 어려워질 수밖에 없다. 이 어려운 의사결정 과정에서 도움을 주는 것이 바로 '끊기'다.

"내가 지금 알고 있는 것을 과거 그때 알았다면 다른 선택을 했을 텐데"라고 생각해보지 않은 사람은 없을 것이다. 끊기는 새로운 정보를 알게 됐을 때 그 "다른 선택"을 하게 만들어주는 도구다. 끊기는 세상의 변화, 나의 지식 상태 변화 또는 나 자신의 변화에 반응할 수 있게 해준다.

끊기 스킬을 키우는 것의 중요성이 바로 여기에 있다. 끊기라는 선택을 통해 우리는 자신이 내린 모든 결정에 영원히 갇히거나 불확실성 때문에 움직일 수 없게 되는 상황을 피할 수 있기 때문이다.

실리콘밸리는 "빠르게 움직여 틀을 파괴하라move fast and break things", "최소 기능 제품 MVP, minimum viable product(고객이 사용해보고 창업자의 아이디어에 피드백을 줄 수 있을 정도의 최소한의 기능을 담은 제품 - 옮긴이)" 같은 개념이 지배하는 곳이다. 이런 유형의 민첩성 전략agile strategy은 끊기, 즉 그만두기라는 선택을 할 수 있을 때만 효과를 낼 수 있는 전략이다. 최소 기능 제품은 기업이 제품을 완전히 포기할 수 있는 능력이 없다면 내놓을 수 없는 제품이다. 이 경우 가장 중요한 것은 정보의 신속한 확보다. 그래야 효과가 없는 제품을 빨리 포기한 뒤 더 큰 효과 또는 가치가 있는 새로운 제품을 개발할 수 있기 때문이다.

끊기는 불확실성이 큰 환경에서 기업이 빠른 속도로 실험을 진행해 효율성을 극대화하게 해준다. 빠르게 움직이면 불확실성이 커질 수밖에 없다. 움직이기 전에 정보를 수집하고 분석할 시간이 적어지기 때문이다. 최소 기능 제품은 어떤 움직임에 너무 많은 시간과 노력을 투입하기 전에 그만두거나 변화를 줌으로써 현명한 의사결정에 핵심적인 정보 수집 과정의 속도를 높이기 위한 것이다.

1970년대 중반에서 1980년대 초반까지 세계 최고의 스탠드업 코미디언이었던 리처드 프라이어Richard Pryor도 이런 방식으로 새로운 코미디 소재를 개발했다. 요즘 사람들은 잘 모를 수 있지만 프라이어는 후세대 코미디언들에게 미친 영향, 코미디의 경계를 허무는 다양한 시도 면에서 코미디 역사상 가장 중요한 코미디언으로 평가된다. 프라이어가 스탠드 코미디를 그만둔 지 20년이 지난 후에 코미디 센트럴Comedy Central(미국의 코미디 전문 케이블 채널 - 옮긴이)은 프라이어를 역대 최고의 코미디언으로 선정했으며, 프라이어가 세상을 떠나고 10여 년이 지난 2017년에는 《롤링스톤Rolling Stone》도 그를 최고의 코미디언으로 선정했다. 제리 사인펠드Jerry Seinfeld, 데이브 셔펠Dave Chapelle, 에디 머피Eddie Murphy, 데이비드 레터먼David Letterman, 짐 캐리Jim Carrey, 크리스 록Chris Rock, 로빈 윌리엄스Robin Williams 등 프라이어 이후의 거의 모든 코미디언들도 그를 최고로 꼽았다.

전성기의 프라이어는 코미디언 외에도 영화배우와 문화 아이콘의 역할을 했다. 그러던 어느 날 프라이어는 할리우드 서쪽의 번화가 선셋 스트립Sunset Strip에 있는 스탠드업 코미디 공연장 겸 클럽 코미디 스토어Comedy Store와 공연 계약을 맺었다. 코미디 스토어는 작은 클럽이었지만, 어떤 코미디언이든 이 무대에서 인정을 받아야 〈투나잇 쇼The Tonight Show〉 같은 인기 TV 쇼에 나갈 수 있을 정도로 영향력이 큰 클럽이었다. 코미디언이라면 누구나 이 무대에 서고 싶어 했다.

프라이어는 이 선망의 무대에 언제든지 설 수 있을 정도로 거물이었다. 실제로 프라이어가 이 무대에 오른다는 소식이 전해지면서 사람들은 기대에 가득 차 그의 공연을 기다렸다. 프라이어의 공연 소식은 LA 전체를 넘어 엔터테인먼트 업계 전반에 빠르게 확산됐다. 사람들은 그의 공연 티켓을 사기 위해 코미디 스토어가 있는 블록을 가득 메웠다. 그가 무대에 올랐을 때의 분위기는 마치 헤비급 복싱 챔피언 결정전이 시작될 때의 분위기 같았다.

객석은 프라이어의 공연에 대한 기대로 한껏 부풀어 있었다.

공연 첫날에 프라이어는 "아이디어 몇 개" 또는 "농담 한두 개" 정도만 준비해 무대에 올랐다. 관객들은 프라이어가 공연 전에 낸 코미디 앨범에 나오는 농담들을 해달라며 그에게 환호를 보냈다. 프라이어가 관객들의 요청을 들어주지 않자(그리고 딱히 재미있는 농담도 하지 않자) 환호성은 줄어들기 시작했다. 프라이어는 30분 정도를 어색한 농담을 던지면서 버티다 무대에서 내려왔고, 당황한 관객들은 침묵으로 응답했다.

그 다음 날 프라이어는 관객들이 반응하지 않은 모든 농담을 때려치우고(실제로 관객들은 전날 그의 공연 내용 중 거의 어떤 것에도 반응하지 않았다) 무슨 수를 쓰든 관객을 웃길 수 있는 농담을 하려고 시도했다. 이런 식으로 거의 한 달 동안 공연을 하면서 프라이어는 40분 동안 관객들을 계속 웃게 만들 수 있는 내용을 만들어냈다. 이 내용으로 프라이어는 그래미상 코미디 앨범후보에 아홉 번이나 연속으로 지명돼 그 중 다섯 번을 수상한 앨범들을 만들어냈다.

프라이어의 최소 기능 제품이 바로 이것이었다. 프라이어는 작은 클럽에서 공연을 하면서 실제로 관객들이 어떤 부분에서 웃음을 터뜨리는지 파악하고, 때로는 공연 현장에서 자신이 하는 농담을 관객들에게 맞게 즉석에서 수정했다. 관객 반응을 관찰해 계속 최소 기능 제품을 버리고 다시 만드는 작업을 했던 것이었다. 제리 사인펠드, 크리스 록을 비롯한 유명한 코미디언들도 이런 방식으로 공연을 진행했다. 이들은 관객에게서 피드백을 수집함으로써 웃기지 않는 농담들은 버리고 실제로 관객을 웃길 수 있는 농담을 개발해낸 사람들이었다.

이런 전략은 실리콘밸리 사람들이나 유명한 코미디언들만 사용할 수 있는 것이 아니다. 뭔가를 시도한 뒤 포기할 수 있는 능력은 우리 모두가 삶을 살아가는 데 반드시 가져야 할 능력이다.

예를 들어, 우리가 흔히 하는 데이트도 최소 기능 제품의 개념으로 생각할 수 있다. 우리는 그냥 한번 데이트하는 사람에 대해서는 결혼을 생각하고 있는 상대만큼 많은 것을 알려고 하지 않는다. 데이트를 하고 마음에 들지 않을 경우 다시는 만나지 않으면 되기 때문이다. 게다가 가벼운 데이트들을 통해 우리는 우리 자신의 선호에 대해 더 잘 알 수 있게 되고 장기적으로 만날 사람을 결정하는 데 도움을 받을 수 있다.

그만둘 수 있는 능력은 하고 있던 일이 잘못됐다는 사실을 발견했을 때 떠날 수 있게 해준다. 그 능력은 에베레스트산 정상을 바로 코앞에 두고 있어도 날씨가 변하면 뒤돌아서 하산할 수 있게 해주는 능력이다. 신장이 손상됐다고 주치의가 말했을 때 복싱에서 은퇴할 수 있는 능력이 바로 그 능력이다.

전공이나 직장의 문제, 사람들과의 관계 문제, 피아노 연습을 계속할지의 문제, 심지어는 영화 선택 같은 사소한 문제에서도 그만둘 수 있는 능력은 필수적인 능력이다.

확실성, 그 유혹의 언어

그만두기는 불확실한 상황에서 현명한 결정을 내리는 데 가장 중요한 도구이긴 하지만, 불확실성은 그만두겠다는 현명한 결정을 내리는 데 걸림돌이 되기도 한다. 그만두겠다는 결정 자체가 불확실한 상황에서 내려지는 결정이기 때문이다. 어떤 행동을 하기 위한 결정을 했을 때, 그 결정이 미래에 어떤 결과를 가져올지 100% 확신할 수는 없다. 마찬가지로 어떤 행동을 그만두기 위한 결정을 했을 때, 그 결정이 미래에 어떤 결과를 가져올지도 100% 확신할 수는 없다.

허치슨, 태스크, 카시슈케가 에베레스트산에 오르기로 처음 결정했을 때 그들은 어떤 결과가 발생할지 몰랐을 것이다. 그들은 베이스캠프에서도 등반이 어떻게 끝날지 알 수 없었고, 자정에 캠프4를 떠나 정상으로 향할 때 역시 결과를 알 수 없었다. 그날 오전 11시 30분에 하산 결정을 할 때도 그랬다.

우리는 결혼을 하겠다고 결정할 때도 그 결정의 결과에 대해 알 수가 없다. 이혼을 결정할 때도 마찬가지다. 전공을 선택하거나 바꾸겠다고 결정할 때, 일을 시작하거나 그만두겠다고 결정할 때, 프로젝트를 시작하거나 포기하겠다고 결정할 때도 그렇다.

어떤 일을 그만둘지 계속할지 고민할 때 우리는 그 결정의 결과에 대한 확신을 할 수 없다. 그 결과는 확률에 의존하기 때문이다. 하지만 이 두 가지 선택 사이에는 핵심적인 차이가 존재한다.

하나의 선택, 즉 계속하겠다는 선택만이 결국 그 답을 알게 해주기 때문이다.

확실성에 대한 욕구는 우리가 어떤 일을 계속하도록 만드는 유혹의 노래다. 일을 계속해야만 계속하기의 끝에서 어떤 결과가 나올지 알 수 있기 때문이다. 그만두기로 결정한다면 우리는 항상 "만약 계속했다면?"이라는 의문을 안고 살게 된다. 신화에서 뱃사람들이 세이렌의 노래에 유혹을 당하듯이, 우리도 결과를 알고 싶기 때문에 계속해야 한다는 유혹에 지배당한다. "만약 계속했다면?"이라는 질문에서 벗어날 수 있는 방법은 계속하는 것밖에는 없다.

문제는 이런 세이렌의 노래에 유혹당해 결국 배가 암초에 부딪혀 부서지는 결과가 발생할 수 있다는 데 있다. 에베레스트 정상 바로 아래에서 이런 유혹에 굴복한다면 목숨을 잃을 수도 있다.

사실 그만두어야 한다는 확신을 100% 가질 수 있는 때는 이미 그만두겠다는 결정이 의미가 없어진 때다. 그때는 이미 끝없는 낭떠러지로 떨어지기 시작한 때다. 그때는 그만두는 것밖에는 다른 선택이 없다. 에베레스트산 정상 바로 밑에서 올라가고 있는 등반대원의 입장이 한번 돼보자. 시간과 돈 그리고 노력을 모두 소진한 상태에 있다고 상상해보자. 당신이 정상에 오르기 위해 당신 자신과 가족들이 한 희생을 상상해보자. 정상이 불과 몇 백 미터 남아 있다. 몇 시간만 더 가면 정상에 오를 수 있는 상황이다.

가족들과 자신이 그 모든 희생을 치른 상황에서, 성공에 대한 확신이 없다고 뒤돌아 하산할 수 있을까? "만약 그때 그만두지 않았다면?"이라는 의문을 평생 안고 살아갈 수 있을까?

이런 상황에서 대부분의 사람들은 하산 결정을 내리지 못했다. 허치슨, 태스크, 카시슈케는 하산 결정을 내렸지만, 이런 상황에서 수많은 사람들은 계속 올라야 한다는 유혹을 떨쳐내지 못했고, 그들 대부분은 사망하거나 죽음의 문턱까지 갔다 겨우 살아났다.

슈퍼볼, 기업들의 무덤

어떤 산을 오를 것인지 결정하는 데는 스킬이 필요한 것처럼 언제 산에서 내려올지 결정하기 위해서도 스킬이 필요하다.

세상은 변화한다. 그리고 우리는 그 변화하는 세상에서 더 이상 사람들이 원하는 일이 아니게 된 것, 더 이상 우리가 원하는 일이 아니게 된 것은 그만두어야 한다. 우리는 상황을 살피면서 언제 그런 일들을 그만두어야 할지, 언제 우리의 관심을 더 나은 어떤 것으로 돌려야 할지 알아내야 한다.

높은 산에 있을 때 또는 입지가 불안할 때만 그런 결정을 해야 하는 것이 아니다. 하고 있는 일에서 정상의 위치에 근접해 있을 때도 그런 결정을 해야 한다. 2021년 슈퍼볼에서 톰 브래디Tom Brady가 팀을 우승으로 이끌었을 때 사람들은 그의 놀라운 실력 외에도 그렇게 오랫동안 전설적인 미식축구 선수로 정상의 위치를 차지하고 있다는 사실에 감탄을 금치 못했다. 브래디가 슈퍼볼 경기에 처음 참가한 것은 그로부터 19년 전인 2002년이었다. 브래디는 그동안 슈퍼볼 경기에 광고를 협찬한 수많은 기업들보다 더 오랫동안 슈퍼볼에서 살아남았다. 슈퍼볼에 광고를 협찬한 기업으로는 AOL(아메리카온라인), 블록버스터Blockbuster, 서킷시티Cirquit City, 콤프USA CompUSA, 게이트웨이Gateway, 라디오쉑RadioShack, 시어스Sears 등이 있었다.

슈퍼볼 경기에 엄청난 규모의 광고를 협찬했던 이 기업들의 이름을 한 번씩 훑어보기만 해도 변화하는 세상에서 성공적으로 살아남기 위해서 왜 그만두기를 잘해야 하는지 알 수 있을 것이다. 2002년 당시 30초짜리 방송 광고에 200만 달러 (현재는 30초 광고비용이 500만 달러가 넘는다)를 슈퍼볼 중계 방송사에 지불할 수 있었던 기업은 말 그대로 엄청난 기업이었다. 그 기업들이 그 이후로도 계속 성장세를 유지할 수 있었다면 지금쯤은 그때보다 훨씬 더 엄청난 기업이 돼 있었을 것이다.

당시 저 기업들은 매우 성공한 기업들이었고 그 성공을 위해 현명하게 행동해왔다. 이 기업들은 당시의 상황을 매우 정확하고 정밀하게 파악할 수 있는 자원과 자금력을 보유하고 있었다. 하지만 세상은 변화했고 이 기업들은 모두 각각의 상황에서 제대로 그만두기를 하지 못해 지금은 사람들에게 잊힌 기업이 됐다.

블록버스터의 사례를 살펴보자. 새로운 기술(스트리밍 기술)이 개발되기 시작하면서 넷플릭스 같은 새로운 경쟁기업들이 성장했다. 블록버스터는 넷플릭스 인수 제안을 받았지만 거절했다. 엔터테인먼트 콘텐츠를 동네 비디오 가게에서 비디오테이프 같은 물리적인 형태로 고객들에게 대여해 수익을 추구하는 기존의 방식을 계속 유지했다.

현재 우리는 블록버스터와 넷플릭스가 각각 어떻게 됐는지 잘 알고 있다.

블록버스터를 비롯해 그동안 슈퍼볼 경기 중계에 광고를 냈던 기업들을 살펴보면 개개의 사람만 그만두기를 과소평가하는 것이 아니라 기업들도 마찬가지라는 사실을 잘 알 수 있다. 별로 놀랄 일은 아니다. 어차피 기업은 개인의 집합체이기 때문이다.

어떤 시점까지 유효했던 특정한 전략 또는 비즈니스 모델을 계속 유지하는 것은 기업이 수익을 계속해서 낼 수 있는 유일한 방법이라고 할 수 없다. 기업은 비즈니스 환경의 변화를 연구하고 그 변화에 대응해야 살아남을 수 있다. 개인도 마찬가지다. 수많은 경구들이 충고하는 것과는 달리, 현재 하고 있는 일을 무턱대고 계속해서는 행복에 이를 수 없다. 우리가 행복을 극대화하기 위해서는 우리 주변에서 어떤 일이 일어나는지 파악해 할 수 있는 모든 일을 해야 한다.

이는 더 많이 어떤 일들을 그만두어야 한다는 뜻이다.

> "계속해야 할 때와 접어야 할 때가 있다.
> 하지만 대부분은 접어야 한다."

미국의 유명한 컨트리 가수 케니 로저스Kenny Rogers가 부른 〈갬

블러The Gambler)라는 노래 가사 중에 이런 부분이 있다. "언제 계속해야 할지, 언제 접어야 할지, 언제 떠나야 할지, 언제 도망쳐야 할지 알아야 한다네."

이 가사에서 말한 네 가지 행동 중 세 가지는 그만두는 행동이다. 케니 로저스는 포커 판에서 돈을 덜 잃을 수 있는 방법을 알고 있었다.

포커 판은 끊기의 장점에 대해 배울 수 있는 매우 좋은 곳이다. 아마추어와 프로를 구분할 수 있는 가장 중요한 스킬이 바로 최적의 끊기 스킬일 것이다. 실제로, 판을 포기할 수 있는 선택이 없다면 포커는 바카라(baccarat, 두 장의 카드를 더한 수의 끝자리가 9에 가까운 쪽이 이기는 게임 - 옮긴이)와 별로 다를 것이 없다. 바카라는 일단 카드가 주어지면 새로운 결정을 할 수 없기 때문에 스킬과는 전혀 무관한 게임이다.

최고 수준의 포커 플레이어들은 여러 가지 면에서 아마추어들보다 끊기를 잘하는 사람들이다. 최고 수준의 플레이어들의 가장 큰 장점은 언제 판을 접어야 할지 아는 능력을 가지고 있다는 것이다.

포커 플레이어에게 가장 중요한 결정은 자신이 가진 패가 게임을 계속 진행할 가치가 있는 패인지 판단하는 것이다. 프로들은 그 결정을 잘하는 사람들이다. 프로들은 텍사스 홀덤 포커 게임에서 처음에 카드 두 장을 받은 뒤 15~20%의 경우에만 게임을 계속 진행한다. 이에 비해 아마추어들은 계속 게임을 진행하는 경우가 50%를 상회한다.

게임을 계속할지 접을지 결정하는 과정에서 아마추어들은 대부분 계속하는 쪽을 선택하지만 프로들은 대부분 접는 쪽을 선택한다. 게임을 계속할지 접을지 결정하기 위해 고민할 때 아마추어들은 마지막까지 게임을 계속해야 자신에게 판돈을 휩쓸어 올 기회가 있는지 알 수 있다고 생각하는 것 같다.

포커 판에서는 "어떤 카드 두 장을 쥐더라도 이길 수 있는 확률은 반드시 있다(Any two cards can win)"라는 말을 가끔 하곤 한다. 자신이 가진 패가 아무리 나쁜 패라고 해도 계속 게임을 하다보면 아무리 적더라도 승산이 있다는 뜻이다.

하지만 불행히도 사람들은 저 말 뒤에 "하지만 그렇게 되기에는 시간이 충분하지 않다"는 말이 숨어 있다는 것을 알지 못한다.

수많은 포커 게임을 하면서 나는 내 옆에 있는 사람이 자신이 중간에 접지 않았다면 판돈을 다 가져올 수 있었다며 아쉬워하는 것을 수없이 봤다. 이런 말을 들을 때면 좀 어처구니없다는 생각이 들 때도 있다. 예를 들어, 처음에 7카드와 2카드를 받아 게임을 포기한 사람이(이 두 장의 카드는 가장 승산이 낮아 플레이어 대부분이 게임을 포기하게 만든다) 판에 깔린 커뮤니티 카드 다섯 장에 7카드, 2카드, 2카드가 포함된 것을 보면서 자기가 이길 수 있었다고 믿는 경우다. 이런 말을 하는 사람은 아쉬워 하면서 "내가 7-2 카드를 버리다니. 풀하우스가 될 수도 있었는데 말이야"라고 말한다.

그러면 나는 그런 사람들에게 이렇게 말한다. "방법이 있긴 해요."

"어떤 방법이지요?"

"끝까지 접지 않고 버티는 거지요."

내가 한 말도 사실 어처구니없는 말로 들릴 수 있다. 하지만 내 말의 의도는 이길 가능성이 있는 특정한 패를 접을 수 있는 능력이 포커에서 이길 수 있는 능력의 핵심이라는 것이었다. 포커에서 승률을 높이려면 과감하게 패를 접을 수 있어야 한다. 모든 게임을 끝까지 계속하는 것은 가진 돈을 모두 잃는 지름길이다. 장기적으로 볼 때, 돈을 딸 수 없는 게임들을 너무 많이 하게 되기 때문이다. 그렇게 포커 게임을 계속하다 보면 포커는 바카라와 비슷해진다. 포커에서 가장 중요한 스킬은 접는 스킬인데도 말이다.

처음에 카드를 받고, 두 판 중 한 판에 게임을 계속하는 것조차 매우 위험하다. 하지만 그렇게 함으로써 마음이 편해지긴 할 것이다. 접지 않고 계속 게임을 할 경우, 중간에 포기했는데 결국 이길 수 있는 패였다는 것을 나중에 알았을 때의 쓰라림을 훨씬 더 적게 겪을 수 있기 때문이다. "만약 접지 않았다면?"이라는 의문 때문에 나중에 괴로워할 필요가 없다. 중간에 패를 던진 후 막판에 자신보다 훨씬 못한 패를 가진 사람이 엄청난 판돈을 쓸어 담는 것을 지켜보면서 마음의 쓰라림을 겪지 않아도 되는 것이다.

플레이어 대부분에게 마음의 평화는 강력한 동인이 된다. 그러나 이는 또 다른 형태의 사이렌의 노래다. 아마추어들이 패를 접지 않고 그렇게 많은 게임을 하는 이유 중 하나가 바로 여기에 있다.

아마추어들은 게임 초반에 접는 것도 힘들지만, 판돈이 올라갈수록 더 접기가 힘들어진다. 다음번 베팅으로 판돈을 가져올 수 있는 가능성과는 상관없이, 이미 베팅한 돈을 지키고 싶다는 욕구를 누르기 힘들기 때문이다.

게임을 하는 동안의 불확실성 때문에(다른 플레이어들이 가진 패를 볼 수 없고 다음에 어떤 카드가 판에 깔릴지 알 수 없기 때문에) 플레이어는 그 판이 어떻게 흘러갈지 알 수가 없다. 이 불확실성 때문에 대부분의 플레이어들은 게임을 그만둠으로써 손실을 줄이는 선택을 하지 않는다. 그리고 계속한다면 희망이 있을 거라고 생각하면서 패를 접지 않고 계속 게임을 한다. 플레이어들은 패를 접는다면 확실하게 돈을 잃을 것이고 그때까지 베팅한 돈을 되찾을 수 있는 가능성도 없어진다고 생각해 계속 게임을 진행하는 것이다.

일반적으로 플레이어들은 처음에 카드 두 장을 받은 뒤 끝까지 게임을 지속한다면 이길 수도 있는 패를 접었다는 후회를 하지 않게 될 것이라고 생각한다.

그렇게 게임을 계속하다보면 결국 가진 돈을 모두 잃게 된다. 최고의 포커 플레이어들은 이 덫을 피할 수 있는 사람들이다.

노련한 플레이어들은 언제 그만두고 일어나야 할지 아는 사람들이다. 포커 전문가들은 언제 게임 상황이 자신에게 불리해지는지, 언제 게임이 자신의 뜻대로 풀리지 않는지 다른 플레이어들보다 훨씬 잘 인식한다. 또한 전문가들은 이런 상황을 인식하면 대부분 게임을 접는다.

포커 게임을 그만두겠다는 결정은 불확실성이 수반되는 결정이다. 어째서 게임에서 지고 있는지 분명하게 알 수 없기 때문이다. 게임은 자신의 생각대로 잘 풀릴 수도 있고 그렇지 않을 수도 있다. 하지만 그 두 경우 모두 돈을 잃을 수 있다. 운이 작용하기 때문이다.

다시 말하면, 운이 나빠 돈을 잃었다고 생각해 계속 게임을 한다면 다른 어떤 이유로도 계속 게임을 할 수 있다는 뜻이다. 대부분의 플레이어들에게 게임을 그만두는 것은 다른 플레이어들보다 자신이 잘하지 못한다는 것, 게임에 소질이 없다는 것을 인정하는 것과 같다. 자존심에 상처를 입기 싫어 계속 게임을 하는 것이다.

게임을 접으면 확실하게 돈을 잃는다. 잃고 있을 때 게임을 접으면 베팅한 돈을 다시 찾지 못할 것이 확실해진다. 잃고 있을 때 접기가 어려운 이유가 바로 여기에 있다.

포커 전문가들은 접겠다는 결정을 완벽하게 할 수 있을까? 아니다. 사실 프로 포커 선수들도 완벽하게 이런 결정을 내리지는 못한다. 하지만 프로들이 상대적으로 이런 결정을 잘 내리는 것만은 사실이다. 이기는 데 필요한 결정은 바로 이런 결정이다.

가만히 생각해보면 우리의 모든 결정은 같은 종류의 불확실성을 포함한다. 직장을 그만두어야 할까? 전략을 바꿔야 할까? 프로젝트를 포기해야 할까? 뒤돌아서 하산해야 할까? 사업을 접어야 할까? 이 모든 결정은 같은 종류의 불확실성을 포함하는 결정이다.

이 문제는 간단한 문제가 아니다. 우리는 모든 것을 알고 있지도 않으며, 미래를 알려주는 수정 구슬을 가지고 있지도 않기 때문이다. 우리가 할 수 있는 일은 불확실하고 변화하는 환경에 대한 정확한 평가를 하는 것과 상황이 불리할 때 그만두고 떠날 수 있는 스킬을 갈고닦는 것밖에는 없다.

끈기와 끊기에 대한 근본적인 진실은 "위대한 덕목의 반대말 또한 위대한 덕목이다"이라는 말로 요약할 수 있다.

1장에서
이것만은 꼭 기억해두기!

- 대부분의 사람은 끈기 있게 노력하여 위기를 극복하려는 사람을 긍정적으로 생각한다. 하지만 그만두는 사람에게는 관심을 기울이지 않는다.

- 그만두는 사람들의 의사결정 과정에 주의를 기울이지 않는다면, 그들의 지혜를 배울 수도 없다.

- 어떤 행동을 그만두는 것은 장기적으로 승리할 수 있는 최선의 방법이다. 포커 판에서 어느 액수만큼 돈을 잃을 경우 게임을 그만두겠다고 결정하거나 정상을 코앞에 두고 하산하겠다는 결정은 제때 그만두기의 좋은 예이다.

- 끊기와 끈기는 같은 결정의 서로 다른 두 측면이다.

- 현실에서의 의사결정은 정보가 완전하지 않은 상태에서 이뤄진다. 따라서 그만두기는 우리가 어떤 결정을 내린 후에 비로소 알게 되는 새로운 정보에 반응할 수 있게 해준다.

- 어떤 행동의 결과를 알 수 있는 유일한 방법은 그 행동을 그냥 계속하는 것이다. 그만두기는 어떤 결과가 나올지 몰라도 된다고 생각할 때만 할 수 있다.

- 그만두기 능력을 갖추면 더 많은 것들을 탐구하고 배울 수 있다. 궁극적으로는 계속해야 할 최적의 일을 찾아낼 수 있다.

2장

제때 접는 것은 너무 일찍 접는 것처럼 느껴진다

스튜어트 버터필드Stewart Butterfield가 인터넷을 처음 접한 것은 대학교 1학년 때인 1992년이었다. 당시 그는 인터넷이 지리적인 경계를 초월해 사람과 사람의 상호작용을 가능하게 만들 수 있는 잠재력을 가지고 있다는 사실에 매료됐다.

그로부터 10년 후 버터필드는 MMORPG(대규모 다중 사용자 온라인 롤플레잉 게임) 제작 업체를 공동 설립했다. 게임의 콘셉트는 '네버엔딩Neverending', 즉 플레이어들이 협력해 완전한 세계를 만들면서 오브젝트(object; 사람, 자동차, 적, 공, 집, 빛 등등 콘텐츠 안에서 실제적으로 보이는 각각의 물건 또는 물체 - 옮긴이)를 축적한다는 개념이었다. 수천 명의 플레이어들이 이 게임의 프로토타

입에 열광했지만, 닷컴 붕괴 직후였던 당시는 투자를 받기가 매우 힘들었다. 버터필드는 "당시에는 인터넷과 관련된 비즈니스에 투자하려는 사람이 거의 없었다. 특히 사람들은 인터넷 게임이 경박스러운 것이라고 생각해 투자를 더 꺼렸다"고 내게 말했다.

2004년, 투자를 유치하지 못한 버터필드의 회사는 자금이 바닥났다.

버터필드는 마지막 노력으로 게임의 기능 중 하나를 살려보기로 했다. 플레이어들이 모아놓은 오브젝트들을 사진 보관 상자 형태로 모으는 기능이었다. 이 사진 보관 상자가 바로 최초의 사진 공유 웹사이트 중 하나인 플리커Flickr가 됐다. 1년이 채 지나지 않아 버터필드와 그의 공동창업자들은 플리커를 2,500만 달러를 받고 야후에 매각했다.

스튜어트 버터필드는 2008년에 야후를 떠나 플레이어들이 협력해 세계를 구축하는 개방형 온라인 게임을 다시 개발하기 시작했다. 버터필드는 플리커 개발자 일부와 함께 타이니 스펙Tiny Speck이라는 게임 개발 회사를 차렸고, 첫 제품으로 〈글리치Glitch〉라는 게임을 개발했다. 기존의 온라인 게임과 차별화되는 새로운 개념의 게임이었다.

글리치를 개발할 당시 컴퓨터의 정보 처리 속도는 버터필드가 처음 게임을 기획할 때보다 수십 배 이상 향상되었고 개발자들도 능력과 경험을 상당히 쌓은 상태였다. 게다가 이 개발자들은 플리커 개발로 능력을 인정받은 사람들이었기 때문에 투자 환경도 매우 우호적이었다. 쉽게 벤처 투자를 유치할 수 있었던 타이니 스펙은 안드레센 호로위츠Andreessen Horowitz 와 액셀Accel 같은 벤처 투자회사로부터 총 1,750만 달러의 투자금을 유치했다.

글리치는 2011년 9월 27일에 공식 출시됐다. 이 게임은 스토리라인이 매우 풍부한 놀라운 게임이었고, 게임 이용자들과 전문가들은 이 게임이 "몬티 파이튼의 기발함과 수스 박사의 동심이 결합된 작품"이라고 극찬했다(몬티 파이튼Monty Python은 1960년대 말부터 1980년대 초까지 활동했던 영국의 전설적인 코미디 그룹이다. 슬랩스틱, 말장난, 기괴한 풍자와 부조리한 상황 설정으로 기상천외한 상상력과 유머가 넘치는 코미디를 선보였다. 수스 박사Dr. Seuss는 환상의 세계에서 튀어나온 것 같은 그림으로 대중의 사랑을 받았던 미국의 아동만화가이다. 기이한 상상력, 허를 찌르는 유머와 재치가 넘치는 독특한 작품 세계를 창조했다 - 옮긴이).

2012년 11월이 되자 〈글리치〉를 일주일에 최소 20시간 이상 플레이하는 충성도 높은 플레이어의 수가 5,000명 정도로 늘어났다. 문제는 무료 등록 이용자가 10만 명이었지만 그 가운데 월 구독료까지 결제하는 이용자는 5%가 채 되지 않는다는 것이었다.

전체 이용자의 95% 이상을 차지하는 신규 무료 이용자들은 7분 이하의 시간 동안만 게임에 접속한 뒤 다시는 이 게임에 접속하지 않았다.

버터필드와 공동창업자들 그리고 투자자들은 모두 이 문제를 인식하고 있었다. 타이니 스펙은 신규 무료 이용자 95~100명 중 한 명만이 유료 이용자로 전환되는 문제를 해결해야 했다. 회사는 더 공격적으로 고객을 확보하기 시작했다. 저자세로 홍보를 펼쳤고 입소문을 퍼뜨리는 전략을 사용했다. 마케팅을 강화하고 광고를 늘리면서 게임에 관련된 네트워크들을 이용해 더 많은 사람들을 신규 이용자로 끌어들이려는 노력을 펼쳤다.

회사가 새로운 마케팅 전략을 펼치자 효과가 나기 시작했다. 회사는 주말이었던 11월 10~11일 이틀 동안에는 집중적으로 홍보를 진행해 1만 명의 신규 이용자를 확보하는 데 성공했다. 그 이전 15주 동안 매일 접속하는 사용자의 수가 7% 이상 늘어난 상태에서 추가로 신규 이용자가 1만 명이 늘어난 것이었다. 일주일에 적어도 5일 이상을 접속하는 광팬들의 숫자도 매주 6% 이상씩 늘고 있었다.

하지만 이렇게 이용자가 급증하던 주말이 거의 끝날 무렵인 일요일 밤, 정작 스튜어트 버터필드는 스트레스로 잠을 이룰 수가 없었다. 그러던 중 버터필드는 한순간 무언가를 깨달았고 그 깨달은 바를 다음 날인 11월 12일 아침에 실행에 옮겼다.

버터필드는 투자자들에게 다음과 같은 내용의 이메일을 보냈다. "오늘 아침에 잠에서 깨면서 〈글리치〉는 이제 끝났다는 확신이 들었습니다."

다른 공동창업자들과 투자자들은 몹시 당황했다. 모든 면에서 〈글리치〉는 잘나가고 있었기 때문이다. 실제로 〈글리치〉는 잘나가는 수준을 넘어선 상태였다. 회사 계좌에는 아직 투자받은 돈이 600만 달러나 남아 있었다. 하지만 버터필드는 그들에게 이제 〈글리치〉를 접겠다고 말하면서 남아 있는 투자금을 반환하겠다고 말했다.

좋은 소식들이 밀려들어오고 있는 상황에서 버터필드는 왜 잠을 이루지 못했을까? 버터필드는 왜 회사를 접기로 결정했을까?

그 답은 스튜어트 버터필드가 미래를 내다볼 수 있었기 때문이다. 그는 다른 사람들이 보지 못한(또는 보고 싶지 하지 않았던) 것들을 볼 수 있었다. 버터필드는 〈글리치〉의 미래를 여러 각도에서 분석한 결과 결국 돈을 끝없이 잡아먹는 밑 빠진 독이 될 가능성이 높다고 판단한 것이다.

새로운 이용자들이 창사 이래 가장 빠른 속도로 늘고 있었지만 버터필드는 그 후로 31주 동안 한 주에 7%씩 성장한다고 해도 손익분기점을 겨우 맞추는 수준에 이를 것이라고 판단했다. 또한 그 7%의 성장세 예측은 회사가 확보한 신규 무료 이용자들이 유료 사용자로 전환하는 비율이 신규 사용자 증가 비율과 같다는 전제하에서 이뤄진 것이었다. 하지만 버터필드는 그 두 비율이 같아지기는 힘들다고 판단했다. 더 많은 신규 이용자들이 생긴다는 것은 그 신규 사용자들이 게임에 집중하게 될 가능성이 더 낮아진다는 뜻이었기 때문이다. 실제로 새로 확보한 1만 명의 신규 이용자들은 게임 초창기에 비해 확보하는 데 비용이 훨씬 더 많이 들었음에도 불구하고 게임에 대한 집중도는 떨어졌다.

설상가상으로 시간이 지나면서 유료 광고는 이미 〈글리치〉에 한 번 접속했다 떠난 수십만 명이 보는 효과 없는 광고로 변해갔다. 유료 광고가 핵심적인 게임 이용자들에게 외면을 받으면서 유료 광고는 온라인 게임을 해본 적이 거의 없거나 온라인 게임에 거의 관심이 없는 사람들을 신규 이용자로 끌어와야 하는 지경에 이르렀다. 그에 따라 유로 이용자로의 전환 비율도 더 낮아졌다. 〈글리치〉가 성장할 수 있는 유일한 방법은 신규 이용자를 대거 확보하는 수밖에 없었다.

이 모든 성장지표들을 고려하면 아무리 그때까지 성장세가 이어지고 있었다고 해도 타이니 스펙은 8개월을 더 마케팅에 돈을 쏟아부어야 겨우 손익분기점을 맞출 수 있었다. 타이니 스펙이 수익을 내려면 유로 이용자가 수십 만 명 이상 확보되어야 했다. 하지만 그렇게 되려면 수천만 명을 신규 이용자로 확보해야 했고 그러기 위해서는 끊임없이 돈을 써야 했다. 또한 그렇게 신규 이용자를 확보한다고 해도 충성도 높은 유료 이용자로 전환될 가능성은 점점 떨어질 것으로 예상되었다.

도저히 답이 나오지 않는 계산이었다.

스튜어트 버터필드는 〈글리치〉의 미래에 대해 자신이 내다본 것들을 부정하거나 무시할 수도 있었다. 〈글리치〉는 매우 훌륭한 게임이었고 창업자들의 비전을 창의적으로 표현한 게임이었기 때문이다. 충성도 높은 글리치 이용자들의 커뮤니티도 형성돼 있었고 신규 이용자도 늘고 있었다.

이런 벤처기업의 창업자라면 본능적으로 계속하고 싶다는 생각이 들었을 것이다. 4년 동안 노력해 개발한 게임이었다. 또한 버터필드는 게임을 접었을 때 자기 평판이 무너질 것이라고 생각했을 것이다. 버터필드는 2017년 리드 호프먼(Reid

Hoffman, 세계 최대 인맥 관리 사이트인 링크드인LinkedIn의 공동창업자 - 옮긴이)이 진행하는 팟캐스트 〈마스터 오브 스케일Master of Scale〉에 출연해 이렇게 말했다. "투자자들, 언론, 직원들 그리고 고객들을 설득해야 했습니다. 〈글리치〉 프로젝트에 관계된 수많은 사람들에게 일을 중단하라고, 그만하라고, 회사의 주식을 팔아 적은 돈이라도 받으라고 설득해야 했습니다."

버터필드는 이런 모든 일들을 해야 했지만, 그만두는 것이 옳은 결정이라는 것을 알고 있었다. 그는 투자자들에게 "6주 전에 이 모든 것을 알았지만 나는 부정을 하는 것이 현명한 행동이라고 잘못 생각했습니다. 우리가 너무 일찍 그만두는 것이 아닌지 걱정했기 때문입니다. 하지만 계속 부정하기에는 너무나 많은 요인들이 게임을 접어야 한다고 말하고 있었습니다."

다른 사람들이 보기에 버터필드의 결정은 너무 이른 결정이었을 것이다. 하지만 미래를 내다봤던 버터필드는 오히려 반대로 더 일찍 그만뒀어야 한다고 생각했다.

다른 사람들에게 글리치 프로젝트를 접는 이유에 대해 설명한 뒤 버터필드가 더 구체적으로 자신의 생각을 다른 사람들에게 말했는지는 확실하지 않다. 하지만 그건 별로 중요하지 않다. 일단 버터필드가 프로젝트에서 손을 떼면 그 사업을 계속하는 것은 의미가 없었기 때문이다.

버터필드와 비슷한 상황에서 대부분의 사람들은 버터필드처럼 행동하지 않았다. 몇 년 동안 정성을 기울였던 프로젝트, 호전되기 시작한 결과, 공동창업자들과 투자자들의 기대, 자신의 처음 결정을 뒤집어야 한다는 부담감, 직원들에 대한 죄책감에도 불구하고 버터필드는 사업을 계속하는 더 쉬운 선택 대신 접겠다는 결정을 했다.

이 이야기가 해피엔딩이라고 보이지는 않을 것이다. 버터필드는 10년 동안이나 멀티플레이어 온라인 게임 개발에 열정을 쏟아부은 상태였다. 버터필드는 두 번이나 자신의 꿈을 실현 직전에 접은 사람이다.

하지만 상황에 맞춰 효과적으로 접는 행동이야말로 해피엔딩이라고 정의할 수 있다. 우리가 그만두기를 해피엔딩이라고 보지 않는 이유는 그만두기·접기·끊기가 곧 실패라고 생각하기 때문이다.

스튜어트 버터필드는 실패하고 있다는 것을 미리 알고 타이니 스펙의 투자금이 바닥나기 전에 사업을 접었다. 그는 회사가 600만 달러의 투자금을 날리는 것을 막으면서 성공 가능성이 있는 다른 사업에 그 돈이 사용될 수 있도록 만들었다. 또한 그는 타이니 스펙의 직원들이 실패한 기업에 어쩔 수 없이 남지 않도록 회사 문을 닫기 전에 주식을 팔아 조금이라도 현금을 챙길 수 있게 만들었다.

버터필드의 이런 행동은 자신과 투자자들 그리고 공동창업자들과 직원들 모두를 생각한 현명한 행동이었다. 이 정도면 해피엔딩이라고 봐야 하지 않을까?

버터필드의 이런 행동은 그만두기에 관한 소중한 교훈을 준다. 그만두는 것은 실제로 생사를 결정하기도 한다. 허치슨, 태스크, 카시슈케는 그만두고 하산하는 것을 선택해 살아남았다. 포커 플레이어들이 게임을 포기하는 것은 더 승산이 높은 판에서 게임을 할 수 있는 돈을 남겨두기 위해 손실을 줄이는 행동이다. 게임이 잘되지 않을 때 포커 판에서 일어나면 가진 돈을 모두 잃지 않을 수 있고, 남은 돈으로 다른 게임을 할 수 있게 된다.

버터필드는 〈글리치〉를 접음으로써 다른 제품을 개발할 수 있는 자유를 얻었다고 할 수 있다. 실제로 그렇게 되었다. 〈글리치〉를 접은 직후 버터필드는 개발 과정에서 개발자들이 소통을 위해 사용하던 프로그램을 생산성 향상 도구로 업그레이드시켜 단독 제품으로 만들었다. 이 도구는 이메일, 메신저, 문자 등을 통합해 직원들이 실시간으로 의사소통을 할 수 있게 해주고 문서 파일 등을 공유하게 해주는 어플리케이션이다.

직원들은 모두 이 앱을 좋아했고, 직접 사용해본 사람들도 마찬가지였다. 〈글리치〉를 접은 지 이틀 만에 개발팀은 이 새로운 앱을 업그레이드하기 시작했고, 투자자들은 이 새로운 제품으로 투자금을 돌렸다.

이 앱은 타이니 스펙에서 사용될 때는 이름조차 없었다. 2012년 11월 14일 버터필드는 "모든 대화와 지식 공유 내용을 검색할 수 있는 로그Searchable Log of All Conversation and Knowledge"라는 말을 줄여서 이 앱의 코드네임을 "슬랙SLACK"으로 정했다.

그 유명한 생산성 향상 앱인 〈슬랙〉은 이렇게 탄생했다.

〈슬랙〉은 2013년 8월에 공식 출시됐고, 2019년 6월에는 〈슬랙〉을 개발한 슬랙 테크놀러지스가 주식시장에 상장됐다. 상장 첫날 이 회사의 시가총액은 195억 달러였다. 2020년 12월 세일즈포스Salesforce는 이 회사가 보유한 현금, 주식, 채권 등을 모두 277억 달러에 인수했다.

〈슬랙〉은 버터필드의 그만두겠다는 결정 때문에 만들어진 것이니 이제야 해피엔딩이라고 말할 수 있을 것이라고 생각할 수도 있을 것이다. 하지만 버터필드가 〈슬랙〉을 개발하지 않고 투자금을 투자자들에게 돌려주는 것으로 이야기가 끝났다고 해도 그 이야기는 해피엔딩이라고 생각해야 한다. 버터필드가 타이니 스펙의 내부 의사소통 도구를 〈슬랙〉이라는 히트 상품으로 만들었다는 사실은 그 해피엔딩을 더 아름답게 만들었을 뿐이다.

아직 선택지가 있을 때 접어라

버터필드가 〈글리치〉를 접은 이야기는 끊기에 수반되는 근본적인 문제 중 하나를 드러낸다.

적절한 시점에 그만두어도 언제나 너무 일찍 그만두는 것처럼 느껴진다.

적절한 시점에 그만둔다면 그 특정한 시점에서는 특별히 끔찍한 일이 일어나고 있다는 느낌이 들지 않을 것이다. 그만두기 위해서는 미래에 어떤 일들이 일어날지 예측해 일이 잘못될 가능성이 너무 높아 계속하지 않는 것이 더 낫다고 판단할 수 있는 능력이 필요하다.

그만두기가 객관적으로 최선의 선택이 되는 바로 그 순간에는 상황이 딱히 나빠 보이지는 않는다. 실제로 미래가 어떻게 펼쳐질지 알려주는 단서들이 그 순간에 존재한다고 해도 그렇다. 문제는 우리가 그만두는 것을 회피하려고 하기 때문에 현존하는 실패에 관한 단서들을 합리화한다는 사실에 있다.

스튜어트 버터필드는 겉으로 보이는 것과는 달리 '현재'에 실패 요인들이 숨어 있다는 것을 인식한 사람이었다. 그는 현재 상황을 분석해 새로 늘어난 신규 이용자들이 유료 이용자로 전환할 가능성이 점점 더 낮아질 것이라고 예측했다.

우리가 버터필드의 상황에 있었다면 현재의 긍정적인 측면, 즉 확실히 그만두어야 한다는 생각을 하게 할 정도가 아닌 다른 정보들에 집중했을 것이다. 충성도 높은 고객이 5,000명이나 되는 〈글리치〉를 버터필드가 개발한 것은 사실이었고 그것만으로도 이 콘텐츠는 놀라운 게임이라고 할 수 있었다. 투자자들은 기대에 차 있고 공동창업자들은 만족하는 상태였다. 신규 이용자도 기록적으로 늘어난 상황이었다. 게다가 회사 계좌에는 투자금 600만 달러가 남아 있었다. 그 상황에서는 더 많은 사람들을 유료 이용자로 전환시키는 방법만 생각하면 됐다. 버터필드를 제외한 모든 사람들은 글리치 프로젝트가 계속되길 원했다.

3시간 정도만 오르면 에베레스트산 정상에 도착할 수 있는 상황을 다시 떠올려보자. 산소도 충분히 있는 상황이다. 정상으로 향하는 속도가 느리긴 하지만 날씨도 매우 좋다. 이런 상황에서 대부분의 사람은 계속 올라가기를 선택한다.

무하마드 알리가 복싱을 그만두고 떠날 수 있었던 이상적인 시점은 조지 포먼과의 경기에서 승리해 챔피언 타이틀을 되찾은 직후였을 것이다. 물론 그렇게 떠나기 위해서는 초인적인 시간여행 스킬이 필요할 것이다. 어쩌면 미래의 모든 것을 알고 있어야 가능한 일일 수도 있다. 하지만 당시 알리는 오랫동안 꿈꿔왔던 챔피언 타이틀 탈환을 이룬 직후였고, 신장과 신경이 손상되기 전이었다.

테디 브레너와 퍼디 파체코는 모든 것을 아는 능력은 없었다. 하지만 알리가 1977년 9월에 어니 셰이버스와의 경기에서 판정패를 당한 후에 그들은 알리가 30대 중반을 넘어서도 계속 복싱을 한다면 부정적인 결과가 나타날 가능성이 높다는 판단을 내렸다.

알리는 그 후로도 4년을 더 버틴 후에야 복싱을 그만뒀다.

그만두기에 관한 현명한 결정을 내리려면 머릿속에서 시간여행을 해야 한다. 결정을 내리기에 가장 안 좋은 시점은 아직 "그 안에" 있을 때이기 때문이다. 현재 상태에서만 생각하면 당장 일어나고 있는 일들이 미래에 어떻게 보일지 알 수 없기 때문에 손실을 줄이기 위해 그만두어야 한다는 결정을 내리기 힘들다.

미래에 대해 생각할 때 우리는 대부분 희망, 목표, 야망에 대해서만 생각한다. 우리는 이런 낙관적인 생각을 하면서 미래의 재앙이 우리에게 달려드는 것을 방치할 때가 너무 많다. 바로 코앞에 닥치고 나서야 우리는 재앙을 인식하는 것이다.

경영 컨설팅 분야에는 누군가를 해고할 적기는 해고해야겠다는 생각이 처음 들 때라는 휴리스틱(heuristic, 간편추론법, 합리적인 사고방식을 기반으로 결론을 도출하는 체계적 의사결정 과정이 아닌, 이전의 경험이나 주변의 단서를 통해 발생하는 편견을 통해 직관적으로 결정하는 사고방식. 문제를 해결할 명확한 단서가 없을 때 사용되는 편의적인 의사결정 방법 - 옮긴이)이 있다. 이 휴리스틱에는 관리자들 대부분은 해고를 결정하기 위해 지나치게 오랫동안 망설이며 그 때문에라도 기업이 빠르게 결정을 하는 것이 유리하다는 생각이 담겨 있다.

(고용자 입장에서 본다면) 일을 제대로 하지 못하는 직원을 해고하는 것도 일종의 그만두기이다. 기업은 항상 이런 상황을 생각해야 한다. 직원들을 제대로 관리하려면 항상 기업은 업무능력이 떨어지는 직원에 대한 해고 여부를 고민해야 한다.

채용은 사람들이 생각하는 것보다 훨씬 더 많은 불확실성을 수반하는 결정이다. 채용 결정을 하기 위해서는 지원자의 이력서와 추천서를 검토한 뒤 몇 번의 면접을 해야 한다.

이 과정은 몇 번의 데이트를 통해 장기적인 관계로 진입하는 과정과 비슷하다. 관리자들의 채용 결과에 만족하는 비율은 50%에 불과하다는 통계가 있다. 이는 채용 과정에 불확실성이 그만큼 많다는 뜻이다. 그 사람이 실제로 어느 정도 기간 동안 일하는 것을 지켜보기 전에 그 채용이 성공적인 채용일 것이라고 얼마나 확신할 수 있을까?

이런 불확실한 결정의 위험성을 줄일 수 있는 방법은 고용자가 직원을 해고할 수 있고 직원도 자신의 의지에 따라 그만둘 수 있는 선택권을 가지게 하는 것이다. 물론 그 선택권은 현명하게 행사해야 한다. 하지만 누군가를 해고하는 결정은 그 자체가 불확실한 상태에서 내려지는 결정이다. 앞에서 살펴보았듯이, 우리를 너무 오랫동안 버티게 만드는 것이 바로 그 불확실성이다.

언제 해고할지 결정하는 데 도움을 주는 휴리스틱을 사람들은 잘 알고 있지만 실제로는 그 휴리스틱이 거의 적용되지 않는 이유가 여기에 있다.

어떤 직원이 제대로 일을 하지 못한다는 사실을 인지하고도 오랫동안 그 직원을 해고하지 못하면 그로 인한 대가를 크게 치러야 한다. 경영 컨설턴트이자 채용 전략 전문가인 제프 스마트Geoff Smart는 자신의 기업 고객들을 대상으로 생산성과 비용에 관한 연구를 진행해, 채용 실수로 인해 발생하는 평균 비용이 잘못 채용한 직원이 받는 연봉의 15배에 이른다는 결론을 얻었다. 한 번의 실수로 직원을 잘못 채용하면, 그 직원을 너무 오래 해고하지 않고 버티는 과정에서 엄청난 비용이 든다는 뜻이다.

우리가 경로를 변경하기 전에 지체하는 과정에서도 이런 일이 발생한다. 중도에 그만둠으로써 손실을 줄여야 한다는 확신이 드는데도 그렇게 하지 못한다면 손실의 규모는 계속 커질 것이다.

이런 사례들은 그만두기에 대해 사람들이 흔히 잘못 생각하는 것이 무엇인지 보여준다. 우리는 중간에 그만두면 진전이 느려지거나 아주 멈출 수 있다고 생각하기 때문에 그만두어야 할 때 망설인다.

하지만 사실은 그 반대이다. 그만두지 못하기 때문에 진전이 느려지거나 아주 멈추게 되는 것이다.

더 이상 가야 할 가치가 없는 길을 계속 간다면, 그 길이 잘못되고 있는 인간관계든, 가격이 떨어지고 있는 주식 보유든, 성과를 내지 못하는 직원을 유지하는 것이든, 결국 실패를 하게 될 것이다.

그만두지 않는다면 목표에 더 가까이 다가갈 수 있게 해주는 다른 경로를 선택할 기회를 놓치게 된다. 안 되는 일을 계속 붙잡고 버틸 때야말로 진전이 늦어지는 때다. 더 좋은 기회가 있을 때 그 기회를 잡지 않고 하던 일을 계속하는 것이야말로 진전을 늦추는 일이다.

사람들이 흔히 하는 생각과는 달리, 그만두기는 목표에 더 빨리 이르게 해준다.

기대가치를 고려하라

계속할 것인지 그만둘 것인지, 현명한 결정은 어떻게 내릴 수 있을까? 잘 결정하기 위해서는 우선 정보에 기초해 상황이 유리하게 펼쳐질지 불리하게 펼쳐질지 그 확률을 적절히 예측해야 한다. 그래야 어떤 일을 계속했을 때 어느 정도의 비율로 좋은 결과가 나올지 알 수 있다.

기대가치expected value의 측면에서 생각하는 것이 중요하다는 뜻이다. 스튜어트 버터필드가 내린 결정도 기대가치에 기초한 것이었다.

기대가치는 두 가지 문제에 답을 제공한다. 첫째, 기대가치는 우리가 고려하고 있는 선택이 장기적으로 우리에게 유리할지 불리할지 알려준다. 둘째, 기대가치는 여러 가지 선택들을 비교해 어떤 선택이 더 나은지 알게 해준다. 여기서 더 좋은 선택이란 기대가치가 가장 높은 선택을 뜻한다.

어떤 행동의 기대가치를 판단하려면 먼저 가능한 결과들의 범위를 알아내야 한다. 이 결과들은 정도의 차이는 있겠지만, 어떤 결과는 긍정적인 결과일 것이고 어떤 결과는 부정적인 결과일 것이다. 또한 이 각각의 결과는 발생 확률도 다를 것이다. 각각의 결과가 발생할 확률과 그 결과가 긍정적 또는 부정적으로 예측되는 정도를 곱한 것이 바로 기대가치다.

간단한 예를 들어보자. 동전 던지기에서 앞면과 뒷면이 나올 확률은 각각 50%다. 이제 동전의 앞면이 나오면 100달러를 따고, 뒷면이 나오면 50달러를 잃는다고 가정해보자. 100달러에 50%의 확률을 곱하면 50달러가 된다. 기대되는 장기적 이익이 50달러라는 뜻이다. 반면, 50달러에 50%의 확률을 곱하면 25달러가 된다. 기대되는 장기적 손실이 25달러라는 뜻이다. 이때 50달러에서 25달러를 빼면 순익은 25달러가 된다. 따라서 이 동전던지기 제안의 기대가치는 25달러가 된다.

이 경우 동전을 던졌을 때 뒷면이 나올 확률은 앞면이 나올 확률과 같지만(각각 50%), 뒷면이 나왔을 때 발생하는 손실보다 앞면이 나왔을 때 발생하는 수익이 더 크기 때문에 기대가치는 양수가 된다는 점을 명심하고 넘어가자.

기대가치는 이겼을 때 발생하는 수익이 졌을 때 발생하는 손실보다 훨씬 적을 때도 양수가 될 수 있다. 이길 수 있는 가능성이 손실을 보충할 수 있을 정도로 높은 경우다. 예를 들어, 동전의 앞면이 나오면 50달러를 따고 뒷면이 나오면 100달러를 잃게 된다고 해도, 동전을 던졌을 때 90%의 확률로 앞면이 나오고 뒷면이 나올 확률이 10%밖에 안 된다면 이 경우의 기대가치는 35달러로 양수가 된다.

이런 경우라면 당연히 내기를 해도 된다.

이길 가능성이 매우 적음에도 불구하고 기대가치가 양수인 경우도 있다. 던졌을 때 뒷면이 나올 확률이 99%, 앞면이 나올 확률이 1%인 동전이 있다. 이 동전을 던졌을 때 뒷면이 나오면 100달러를 잃고 앞면이 나오면 10만 달러를 딸 수 있는 상황을 상상해보자. 이 경우 앞면이 나와 돈을 딸 수 있는 확률은 100분의 1에 불과하지만, 그 100분의 1의 확률에 걸린 돈의 액수가 크기 때문에 기대가치는 양수이며 무려 901달러나 된다(100,000달러 × 1% - 100달러 × 99% = 901달러).

(물론 이런 내기는 앞에서 언급한 두 가지 내기보다 훨씬 위험성이 높은 내기다. 위험성 관리에 대해서는 다른 책들도 많이 다루고 있으므로 이 책에서는 다루지 않을 것이다).

기대가치 측면에서 생각할 때 제일 먼저 해야 할 일은 "내가 선택지로 생각하는 경로(새로운 경로일 수도 있고 현재 가고 있는 경로일 수도 있다)가 양의 기대가치를 가지는가?"라고 묻는 것이다.

그 다음으로 해야 할 일은 그 기대가치와 내가 할 수도 있는 다른 선택들의 기대가치를 비교하는 일이다. 우리가 가진 돈과 시간 그리고 에너지는 유한하고 살면서 우리가 할 수 있는 일의 총량은 제한될 수밖에 없다. 따라서 우리는 어떤 일을 계속해야 할지 생각할 때 "내가 여기서 방향을 바꿔 다른 일을 하게 된다면 그 일의 기대가치는 내가 현재 하고 있는 일의 기대가치보다 높을까?"라고 자신에게 물어야 한다.

다른 경로의 기대가치가 현재 경로의 기대가치보다 높다는 판단이 선다면 현재 경로에서 벗어나 새로운 경로에 들어서는 것이 목표에 더 빨리 이를 수 있는 길이 될 것이다.

수익 또는 손실을 발생시킬 동전 던지기나 주식 매입을 하든, 행복과 삶을 질을 결정할 결혼 또는 집 구입 결정을 하든, 기대가치는 우리가 가고 있는 길이 계속 갈 가치가 있는 길인지 판단하는 데 매우 유용한 개념이 된다.

스튜어트 버터필드는 글리치 프로젝트를 계속 진행할지 결정해야 할 때 기대가치 개념을 이용한 사람이라고 할 수 있다. 스타트업의 공동창업자로서 그는 성공 확률은 낮지만 잠재적인 수익이 엄청난 일을 선택했기 때문이다.

스타트업 대부분은 슬랙이나 넷플릭스, 트위터나 페이스북 같은 기업이 되지 못하고 실패한다. 하지만 그럼에도 불구하고, 스타트업의 성공 확률은 훌륭한 아이디어를 추구하는 것을 가치 있는 일로 만들 만큼 높을 수 있다.

스튜어트 버터필드가 고민에 빠졌던 이유가 바로 여기에 있다. 2012년 11월 11일 밤, 잠을 이루지 못하면서 미래에 대해 생각하던 버터필드는 계속 버티면서 타이니 스펙을 유지해도 성공할 확률이 높지 않다는 결론을 내렸다.

〈글리치〉의 성공 가능성이 전혀 없었던 것은 아니었다. 하지만 그 가능성은 수십 억 달러를 쏟아붓기에는 너무 낮았다.

버터필드는 불길한 징조를 봤던 것이었다. 하지만 그 불길한 징조를 보고 그만두어야 한다고 생각한 사람은 버터필드밖에 없었다. 11월12일 공동창업자들과 투자자들에게 〈글리치〉를 접겠다고 말했을 때, 버터필드는 접는 것의 기대가치가 계속하는 것의 기대가치보다 높다는 것을 알고 있었다.

스튜어트 버터필드는 포커 플레이어처럼 생각했다고 할 수 있다. 승률이 높은 포커 플레이어들은 어떤 판에서 게임을 하든 반드시 이겨야 한다고 생각하지는 않는다. 이들은 승리로 이끌 확률이 높은 패, 게임을 계속할 만하다는 판단을 하게 만드는 패는 쉽게 가질 수 없다는 것을 알고 있다. 포커 플레이어들은 게임을 계속하는 것의 기대가치와 접는 것의 기대가치를 비교해 게임 지속 여부를 결정한다. 이들은 다양한 패로 다양한 게임을 수없이 하면서 장기적으로 게임을 계속하는 선택과 그만두는 선택 가운데 어떤 선택이 더 큰 이득인지 끊임없이 생각한다.

우리는 모든 것을 다 알 수는 없다. 또한 우리 대부분은 스튜어트 버터필드만큼 머릿속으로 시간여행을 잘할 수 있는 능력을 가지고 있지 않다. 하지만 우리 모두에게는 미래를 조금이나마 들여다볼 수 있는 잠재 능력이 있으며 그 능력은 그만두는 결정을 더 잘 내리는 데 도움을 줄 것이다.

계속하자니 100% 불행하고, 그만두기에는 미래가 불안할 때

2021년 여름에 한 독자로부터 이메일을 받았다. 그 독자는 세라 올스틴 마티네즈라는 의사였고 당시에 자신이 하고 있던 일을 계속할지 그만둘지 결정하는 데 도움을 줄 수 있느냐고 물었다.

16년 동안 응급실 의사로 일을 했던 세라는 직업을 바꾸어야 할 시기가 온 것 같다고 썼다. 세라는 의대를 졸업한 2005년부터 1년 동안 여러 과를 돌면서 인턴 생활을 했는데, 응급의학에 매료돼 그 후로 계속 응급실 의사로 일하고 있는 상태였다.

세라가 인턴 생활을 했던 마운트사이나이병원은 시카고에서 가장 큰 외상치료 센터다. 이 병원은 시카고에서 가장 위험한 지역 중 하나인 노스론데일에 있다. 응급실 데이터를 이용한 총기 폭력 추세에 관한 2019년 연구에 따르면 "마운트사이나이병원은 시카고 전역에서 발생하는 총기 폭력 피해자의 상당수를 치료하는 기관"이다.

세라는 이런 외상치료 센터에서 인턴으로 일하면서 매우 만족했고 인턴 생활을 성공적으로 마친 뒤에는 응급의학과에 지원해 4년 동안 레지던트로 일했다.

2009년에 세라는 텍사스주 오스틴에 있는 한 병원의 정식 응급실 의사가 됐고 12년 동안 같은 병원의 응급실에서 일했다. 세라는 응급실에서 의사로 일하는 것이 매우 좋았다.

사람들은 응급실 의사라고 하면 여기저기 뛰어다니면서 환자들에게 CPR을 하고 끊임없이 생사의 순간에서 분투하는 모습을 떠올린다. 하지만 세라의 말에 따르면 그런 상황은 응급실 의사의 일 가운데 일부이기는 하지만, 사실 가장 힘든 일은 외로운 사람들이나 가슴을 무너지게 만드는 사람들의 고통을 매일 지켜봐야 하는 것이라고 한다.

세라는 2021년 어느 날 응급실에서 있었던 일을 예로 들었다. 그날 세라가 근무를 시작하고 처음 받은 환자는 요양원에서 실려 온 90세 여성이었다. 증상이 심각해 말을 할 수도 없는 환자였다. 세라는 이 여성의 문제가 무엇인지 알아내는 데 도움을 받기 위해 가족에게 연락을 하려 했지만 가족 중 누구에게도 연락이 닿지 않았다.

이 여성 바로 옆에는 한 60대 여성이 담배 파이프를 빨 때마다 심장이 지나치게 두근거린다며 누군가 자신을 독살하려 한다고 말하고 있었다. 이 여성은 담배 때문에 그런 것은 아니라며 20년 동안 담배를 피웠지만 아무 문제가 없었다고 말했다.

응급실 의사의 일은 감정적으로 힘든 일일뿐만 아니라 온 신경을 집중해야 하는 일이다. 하지만 응급실 의사들은 이런 어려움이 응급실 의사를 특별한 존재로 만든다고 생각한다. 세라는 "환자의 고통에 집중해 온몸을 던져 그 고통을 줄이려고 노력해야 진정한 응급실 의사라고 할 수 있다"라고 말했다.

처음 응급실 의사가 됐을 때 세라는 그 직업의 장점이 단점보다 훨씬 많다고 생각했다. 세라는 응급실 의사가 생명을 구하고, 사회에 봉사하고, 능숙하고 효과적으로 문제를 해결하는 사람이 될 수 있다는 점이 좋았다. 또한 세라는 극도로 거칠고 힘든 상황을 해결하는 응급실 의사 중 한 명이 자신이라는 사실에도 만족했다.

세라는 자신에게 응급실 의사라는 직업은 일과 생활을 분리할 수 있는 장점도 있다고 말했다. 근무 일정을 조정해 근무 시간 외에는 자신만의 생활을 할 수 있었기 때문이다. 두 딸이 운동을 하든, 강아지를 수의사에게 데려가든 세라는 근무 외의 시간만큼은 일과 분리될 수 있었다. 2014년과 2017년에 두 딸이 태어나면서 세라에게 그 시간이 더욱 소중해졌다.

하지만 그러던 어느 날 상황이 바뀌었다.

2015년 응급 외상치료 치료센터 책임자로, 2020년에는 병원 내 응급의학 관련 12개 과를 총괄하는 관리자로 승진하면서, 세라는 처리해야 할 행정업무가 늘어났고 업무에 대한 부정적인 생각이 들기 시작했다.

세라는 관리자로서도 탁월한 능력을 인정받았지만, 행정업무가 늘어남에 따라 한 달에 응급실 의사로 일할 수 있는 날은 6일로 줄어들었다. 세라는 행정업무 때문에 원래 자신이 하고 싶었던 일을 할 수 있는 시간이 줄어들었다는 생각을 할 수밖에 없었다.

특히 코로나 팬데믹으로 인해 병원의 경제적·행정적 압박이 늘어나면서 세라는 스트레스를 더 받기 시작했고, 결국 그 결과가 표면화되기 시작했다. 일과 개인 생활 사이의 경계가 무너지고 있었기 때문이다. 세라는 이전처럼 일과 개인적인 삶을 분리할 수 없었다. 집에서도 늘 병원 일에 신경을 써야 했다. 집에서도 세라는 계속 이메일과 문자를 확인하면서 급한 병원 일을 처리해야 했다. 마음 놓고 쉴 수 있는 시간이 사라진 것이었다.

세라에게는 갈수록 개인적인 삶이 없어지고 있었고, 그 피해는 그녀의 두 딸이 고스란히 받았다. 어느 날 저녁 세라는 집에서 일 때문에 핸드폰을 들여다보느라 일곱 살 된 딸이 계속 "엄마? 엄마! 엄마!"라고 부르는 소리를 듣지 못한 적도 있었다. 결국 세라가 눈을 들어 딸을 쳐다봤을 때 딸은 "엄마는 핸드폰 보느라 내 말을 듣지도 않아요. 엄마는 계속 핸드폰만 보잖아요"라고 말했다.

딸의 말이 맞았다.

세라는 늘어나는 업무는 견딜 수 있었지만, 그 업무가 자신과 두 딸에게 부정적인 영향을 미치고 있다는 것을 새삼스럽게 깨달았다. 세라는 집에서도 계속 병원 일에만 몰두하고 있었다. 부정적인 영향은 세라의 몸에서도 나타나기 시작했다. 세라는 잠을 잘 이루지 못하고 머리카락이 빠지기 시작했다.

자신이 좋아하는 일과 개인적인 삶 사이의 균형이 무너지기 시작한 것이었다.

세라는 1년 넘게 일을 그만두는 것을 고민했지만, 결국 그만두지는 않았다. 그러던 2021년 어느 날 세라는 친구로부터 보험회사의 이직 권유를 받았다. 몇 차례 면접을 본 뒤 빨리 결정을 내려야 한다는 생각을 굳히게 됐다.

하지만 세라는 막상 오랫동안 하던 병원 일을 그만두고 새로운 직장으로 옮기겠다는 결정을 확실하게 내리지는 못하고 있었다.

내가 세라로부터 이메일을 받은 시점이 바로 그 시점이었다. 나는 답장을 보냈고, 우리는 곧 전화 통화를 하게 됐다.

세라의 이야기를 들은 뒤 나는 간단한 질문을 던졌다. "지금부터 1년 후에도 현재 하는 일을 계속하고 있다고 가정해볼 때, 그 시점에서 행복하지 않을 확률이 얼마나 될까요?"

세라가 말했다. "100%예요. 확실히 1년 후 나는 행복하지 않을 겁니다."

내가 다시 질문을 던졌다. "1년 후에 새로운 직장에서 일하고 있다고 가정해볼 때, 그 시점에서 행복하지 않을 확률이 얼마나 될까요?" 세라가 대답했다. "글쎄요. 그건 잘 모르겠어요."

"행복하지 않을 거라고 100% 확신할 수 있어요?" 내가 물었다.

"100%라고 할 수는 없어요." 세라가 대답했다.

그 순간 세라는 깨달은 것 같았다. "잠깐만요. 내가 병원에 계속 일을 한다면 분명히 불행해질 거예요. 하지만 새 직장으로 옮긴다면 행복할 때도 있고 그렇지 않을 때도 있을 거예요. 어쩌면 새 직장에서 진정한 만족감을 느낄 수도 있을 것 같아요. 지금 직장을 그만두는 더 낫겠어요." 세라가 말했다.

내가 한 일은 세라가 자신의 결정을 기대가치 문제로 보도록 만든 것뿐이었다. 세라는 두 가지 선택 사이에서 고민하고 있었다. 병원 일을 계속한다는 선택과 일을 그만두고 보험회사로 옮겨 새로운 일을 한다는 선택이다. 이 두 가지 선택 중에서 세라를 더 행복하게 만들고 아이들과 관계를 더 좋게 할 수 있는 확률을 높이는 선택은 어떤 것이었을까?

세라는 직장을 옮겨 새로운 일을 하는 것이 더 기대가치가 높다는 사실을 깨달은 것이었다.

세라의 사례에서 우리는 기대가치가 돈에 의해서만 결정되지는 않는다는 것을 배울 수 있다. 기대가치는 건강, 행복, 시간, 성취감, 관계에 대한 만족감 등 우리에게 영향을 미칠 수 있는 모든 것에 의해 평가될 수 있다.

과거에서 온 시간여행자

나는 기대가치를 생각하는 일이 머릿속으로 시간여행을 하는 것이라는 말을 자주 한다. 머릿속 시간여행을 통해 우리는 미래를 들여다보면서 가능한 결과들을 예상한 뒤 그 각각의 결과들이 발생할 가능성이 어느 정도일지 합리적인 추론을 할 수 있다.

더 현명하게 그만두는 사람이 되기 위한 수단인 이 시간여행은 두 방향으로 효과를 낸다. 스튜어트 버터필드나 세라 올스틴 마티네즈의 경우, 현재 상황이 제시하는 단서들을 이용해 미래를 들여다봤다. 하지만 과거로부터의 메시지에 귀를 기울이는 시간여행을 통해 더 현명하게 그만두는 사람이 될 수도 있다.

1996년 허치슨, 태스크, 카시슈케가 에베레스트산 정상 바로 밑에서 포기하고 하산하기 전에도 마찬가지로 거의 정상까지 올랐다 포기한 등반가는 몇 백 명이나 있었다. 1995년의 롭 홀, 1953년의 텐징 노르게이Tenzing Norgay와 에드먼드 힐러리Edmund Hillary 등 많은 등반가들이 반환시간을 준수해 중도에 하산했다. 1996년의 그날 허치슨, 태스크, 카시슈케는 어려운 포기 결정에 직면해 있었다. 하지만 이들은 과거의 등반가들이 그들에게 "이제는 하산해야 할 때"라고 말했을 때 그 말을 들었다.

퇴역한 해군 4성 장군인 윌리엄 맥레이븐William McRaven은 군사전략, 미국의 외교정책, 대테러 작전 면에서 역사상 가장 뛰어난 능력을 보인 사람이다. 맥레이븐은 37년 동안 군인으로 복무하면서 1만 번에 이르는 해군 특수작전에 참여했고, 오사마 빈 라덴 습격작전을 성공적으로 지휘한 전설적인 군인이다. 맥레이븐은 군사작전을 진행하는 동안 작전을 계속 진행해야 할지 멈춰야 할지 결정해야 하는 순간에 과거로의 시간여행을 하여 현명한 결정을 내리는 것이 얼마나 중요한지 보여줬다.

맥레이븐은 군사 역사를 오랫동안 공부한 사람이다. 그는 군사 역사를 직접 가르치고 책을 쓰기도 했는데, 나와 대화를 나눌 때 사무실 책장에 가득한 책들을 가리키며 이렇게 말했다. "이 책들의 4분의 3 정도는 성공한 전투와 실패한 전투에 관한 역사책입니다."

맥레이븐은 그 역사책들을 통해 과거로 시간여행을 하면서 과거의 많은 사람들로부터 도움을 받았다고 말했다. 맥레이븐은 "이 책들을 읽으면서 클라우제비츠(Clausewitz, 프로이센 왕국의 군사학자.《전쟁론》의 저자 - 옮긴이), 나폴레옹, 노먼 슈워츠코프(Norman Schwarzkopf, 1991년 걸프 전쟁에서 미군 중부사령부 사령관으로서 다국적군을 승리로 이끈 전쟁영웅 - 옮긴이) 같은 사람들이라면 어떻게 했을지 생각하곤 했습니다"라고 말했다.

맥레이븐은 자신이 참여했던 과거의 작전에서도 중요한 메시지를 추출해 현재의 결정에 적용한 사람이었다. 그는 "일을 하면서 어떤 문제에 부딪혔을 때 나는 '20년 전에도 비슷한 문제가 있었지'라고 생각합니다. '할 수 있는 방법이 없어'라고 말하는 사람들에게 나는 '방법이 있습니다. 할 수 있어요. 내가 한 적이 있거든요'라고 말합니다"라고 말했다.

그만두어야 할지 결정을 내려야 할 때 우리는 과거에 우리와 비슷한 길을 걸었던 사람이 우리에게 던지는 메시지, 그 사람이 우리에게 하는 충고에 귀를 기울여야 한다. 과거의 그 사람은 과거의 우리일 수도 있다.

동전던지기

....

2013년, 《괴짜경제학 Freakonomics》의 저자인 경제학자 스티븐 레빗 Steven Levitt이 가상으로 동전던지기를 할 수 있는 웹사이트를 만들고, 계속해야 할지 그만두어야 할지 결정하기 힘든 문제들을 이 가상의 동전던지기를 통해 결정해보라고 권유했다.

이 웹사이트 이용자들은 자신들이 하기 힘든 결정의 내용을 다양하게 올린 후 가상 동전던지기를 했다. 이 사용자들이 올린 내용은 "직장을 그만두어야 할까 계속 다녀야 할까?", "어떤 사람과의 관계를 정리해야 할까 계속 유지해야 할까?", "대학을 중퇴할까 계속 다녀야 할까?"처럼 삶에서 매우 중요한 결정이었다. 이런 문제는 사람들이 흔히 고민하는 것이다.

예를 들어 이 웹사이트에 있는 동전을 클릭했을 때 앞면이 나오면 직장을 계속 다니고, 뒷면이 나오면 그만두는 선택이 표시된다.

사람들이 인생을 바꿀 수 있는 결정을 이런 가상 동전던지기에 의존하지는 않을 거라는 생각이 들 것이다. 하지만 실제로 이 사이트에 1년 동안 접속해 가상 동전던지기를 한 사람의 수는 2만 명이 넘었다.

이 사람들은 그만둘지 계속할지 결정하기 힘들었기 때문에 이 사이트에 접속했을 것이다. 이들은 이 두 가지 선택에 거의 비슷한 정도로 끌렸기 때문에 동전던지기를 하는 것이 합리적일 수 있다고 생각했을 것이다. 이들이 실제로 이 두 가지 선택에 거의 비슷한 정도로 끌렸다면 가상 동전던지기의 결과에 따라 어떤 결정을 내렸다고 해도 거의 비슷하게 만족했을 것이다.

이는 "다르게 내릴 수도 있었던 판단close call"의 정의에 들어맞는 결과다.

하지만 레빗의 발견은 여기에서 그치지 않았다. 레빗은 가상 동전던지기를 한 사람들을 대상으로 각각 2개월과 5개월 후에 후속연구를 진행한 결과, 이 가상 동전던지기를 통해 인생의 중요한 문제에서 그만두겠다는 결정을 한 사람들이 계속하겠다는 결정을 한 사람들에 비해 평균적으로 더 행복해졌다는 사실을 발견했다.

이런 결정은 그 결정을 내리는 사람에게는 거의 비슷한 두 가지 선택 중 하나를 택하는 일로 느껴질 수 있다. 하지만 실제로 그 두 선택은 거의 비슷한 선택이 전혀 아니었다는 사실이 레빗의 연구에 의해 밝혀진 것이다.

가상 동전던지기를 한 사람들의 행복감을 측정했을 때, 그만두는 선택을 한 사람들이 훨씬 더 많은 행복감을 느꼈기 때문이다.

사람들이 자신이 거의 비슷하다고 생각한 두 가지 선택 중에서 그만두는 선택을 했을 때 훨씬 더 행복해 했다는 사실은 사람들이 일반적으로 너무 늦게 그만둔다는 것을 의미한다. 세라 올스틴 마티네즈도 그렇게 너무 늦게 그만둔 사람 중 하나였다. 세라는 두 가지 선택이 거의 비슷하다고 생각했지만, 내가 기대가치 측면에서 상황을 정리하자 그 두 선택이 전혀 비슷하지 않다는 것을 깨달았다.

레빗의 결론은 "이 연구결과는 사람들이 삶을 바꿀 수 있는 선택들에 직면할 때, 지나칠 정도로 조심스러워질 수 있다는 것을 보여준다"였다.

따라서 적절한 시점에 그만두는 사람들이 대부분 자신이 너무 일찍 그만둔다고 느끼는 것은 매우 자연스러운 일이라고 할 수 있다. 왜냐하면 제때 그만두는 시점은 버티기와 그만두기라는 상반된 두 가지 선택이 거의 비슷하다고 느끼게 될 시점보다 훨씬 이전이기 때문이다.

이런 현상은 우리의 머릿속 저울이 그만두는 결정이 가볍게 보이도록 조작돼 있다는 사실에 부합한다. 즉, 그만두는 결정과 계속하는 결정이 거의 비슷해 보인다고 생각하는 시점은 이미 그만두는 결정이 훨씬 유리한 결정일 때다.

이 책은 우리가 어떤 일을 계속하도록 만드는 인지적인 요인과 동기부여 요인, 다시 말해 저울을 조작하는 여러 힘과 그 저울을 바로 잡을 수 있는 전략에 대해 깊게 다룰 것이다. 일단 지금은 "그만두는 선택과 계속하는 선택이 거의 비슷하다고 느껴진다면 그만두는 선택이 더 나은 선택이다"라는 사실 정도만 명심하자.

박수칠 때 떠나는 방법

1985년 또는 1987년 (확실하지는 않지만 그 두 해 중 한 해다), 당시 미시건대학 학생이던 존 헤인John Hein과 숀 코놀리Sean Conolly가 자신들이 한때 좋아했던 TV 드라마의 시청률이 돌이킬 수 없을 정도로 곤두박질치고 있는 현상에 대해 이야기를 나누고 있었다. 이들의 이날 대화는 "상어를 뛰어넘다jumping the shark"라는 표현이 널리 퍼지게 되는 시작점이 됐다(현재 이 표현은 "무리수를 던지다"라는 뜻으로 널리 사용된다 - 옮긴이).

이 학생들이 대화에서 꼽은 장면은 1974년 1월에 처음 방영돼 대중의 인기를 얻었던 TV 드라마 《해피 데이즈Happy

Days》의 한 장면이었다. 이 드라마는 인기가 절정이었을 때는 3,000만 명 이상이 시청했다. 헤인과 코놀리는 1977년 9월에 방영된 이 드라마의 91화(시즌 5)에서 등장인물 중 한 명인 폰지Fonzie가 상어를 뛰어넘는 장면에 주목했다. 극중에서 항상 가죽점퍼를 입고 다니면서 유행의 아이콘이 됐던 폰지가 실제로 수상스키를 타고 상어를 뛰어넘는 장면이었다.

이 이야기를 만들기 위해 드라마 제작팀은 극중에서 밀워키에 사는 폰지가 캘리포니아로 간다는 설정을 했다. 폰지가 우연히 밀워키에서 할리우드의 엔터테인먼트 회사의 스카우트 담당자의 눈에 띄어 캘리포니아까지 가게 됐다는 것이었다. 이 드라마의 다른 등장인물들도 폰지와 함께 캘리포니아로 갔다.

할리우드에서 오디션을 마친 폰지는 바다에서 수상스키를 타고 상어를 뛰어넘는 장면을 보여줬다. 위험천만한 장면이었다. 더 어처구니없는 것은 폰지가 수영복 위에 자신의 트레이드마크인 가죽점퍼를 입고 이 장면을 연출했다는 사실이었다.

헤인과 코놀리의 대화에서 언급된 "상어를 뛰어넘다"라는 말은 시청률을 높이기 위해 어처구니없는 시도를 한다는 말로 굳어졌고, 무리한 시도를 해 좋지 않은 결과를 초래한다는 뜻으로 확장됐다. 현재 이 말은 인기를 회복하기 위해 무리한 시도를 하는 TV쇼, 영화, 배우, 운동선수, 정치인, 소셜미디어 인플루언서를 대상으로 두루 사용되고 있다.

나중에 돌이켜 생각하면 누구든 그만두어야 할 때가 있었다는 것을 알 수 있다. 우리가 좋아하는 미식축구 선수가 너무 오래 버티고 있을 때 돌이켜 보면 우리는 언제 그 선수가 정상에서 내려오기 시작했는지 쉽게 알 수 있다. 어떤 사람과의 관계가 되돌릴 수 없을 정도로 나빠졌을 때 우리는 언제부터 그 관계가 나빠지기 시작했는지 알 수 있다. 또한 돌이켜 보면 언제부터 블록버스터가 넷플릭스에게 밀리기 시작했는지도 쉽게 알 수 있다.

우리는 이렇게 돌이켜 볼 때 너무나 쉽게 알 수 있는 일이라면 과거 그 당시에도 미리 알 수 있었어야 한다고 여긴다. 그리고 어떤 이가 '그만둘 때'를 놓치면 둔감하다고 치부한다. "상어 뛰어넘기"라는 말에 포함된 정서가 바로 이것이다. 상어 뛰어넘기라는 말은 제때에 그만두지 않는 사람을 조롱하는 말이다. 하지만 스튜어트 버터필드처럼 미래의 위험을 미리 예측하기는 매우 힘든 일이다.

너무 늦게 그만두는 사람들은 때를 놓쳤다는 야유를 받는다. 하지만 동시에 제때에 그만두는 사람들도 너무 일찍 그만둔다고 비난받는다. 안타까운 현실이다.

그만두기의 어려움은 바로 여기에 있다.

그만두기는 원래 어렵다

데이브 셔펠은 1990년대에 스탠드업 코미디언이자 배우로 인기를 얻었다. 코미디 센트럴은 셔펠이 HBO 프로그램을 성공시킨 뒤 점점 더 인기가 많아지자 2003년에 《셔펠 쇼 Chapelle's Shaw》를 시작했다. 이 쇼는 방영과 동시에 대히트를 쳤고, "미국 TV 코미디 사상 가장 압도적인 쇼"라는 찬사를 받았다. 이 쇼의 첫 시즌이 끝난 뒤 코미디 센트럴의 모기업인 바이어컴 Viacom(파라마운트 픽쳐스, MTV 등을 산하에 둔 미디어그룹 - 옮긴이)은 쇼를 두 시즌 더 촬영하는 조건으로 5,500만 달러를 셔펠에게 제안했다. 게다가 이 제안에는 《셔펠 쇼》 DVD 판매 수익의 일정 부분을 셔펠에게 주고 외부 프로젝트도 허용한다는 조항도 있었다.

셔펠은 실제 관객 앞에서 스탠드업 코미디 공연을 하는 것에 열정을 가진 코미디언이었기 때문에 방송을 하면서도 계속 라이브 투어를 진행했다. 그러던 어느 날 셔펠은 인기와 유명세가 자신의 열정에 방해가 된다는 것을 깨달았다. 셔펠은

2004년 6월 새크라멘토에서 성황리에 쇼를 마친 다음 관객들의 환호에 답하기 위해 다시 무대에 올라 이렇게 말했다. "셔펠 쇼가 내 인생을 망치고 있습니다."

결국 그는 2005년 5월에 《셔펠 쇼》의 시즌3을 진행하지 않겠다고 선언했다. 그는 엄청난 돈이 걸린 계약을 파기했다. 그에 더해 더 많은 돈을 주겠다는 제안도 거절했다. 엔터테인먼트 업계는 셔펠의 결정에 경악했다. 정상의 위치에 있었고 쇼도 사상 최대의 히트를 기록하고 있는 상태에서 왜 셔펠이 엄청난 돈을 마다하고 출연을 거절했는지 사람들은 이해하지 못했다.

셔펠이 이런 상황에서 그만두겠다는 결정을 하자 수많은 추측이 난무했다. 사람들은 셔펠에게 뭔가 문제가 생긴 것이라고 생각했다. 셔펠이 떠나면서 쇼가 중단되자 사람들은 그에게 마약 문제가 있는 것 같다고 말하기도 했다. 셔펠이 정신병원에 입원했다는 소문도 돌았다.

이런 소문은 모두 사실이 아니었다.

데이브 셔펠이 떠난 것은 자신의 미래로 머릿속 시간여행을 하면서 두 가지를 볼 수 있었기 때문이었다. 첫째, 셔펠은 미래에서 불행한 자신의 모습을 봤다. 셔펠은 쇼를 계속하면 자신의 삶이 점점 더 망가질 수 있다는 것을 알았다.

둘째, 셔펠은 '상어'를 봤다. 자신이 사람들을 웃게 하는 코미디언과 사람들이 비웃는 코미디언의 경계에 다가가고 있다고 직감했다. 그는 《셔펠 쇼》의 인기가 곧 떨어지기 시작할 것이고 그 이유 중 하나가 쇼를 계속할수록 더 불행해지는 자신 때문일 것이라고 생각했다.

쇼를 접겠다는 결정을 발표한 뒤 2주 뒤 그는 한 인터뷰에서 "나는 춤추고 싶은 것이지 휘청거리고 싶은 게 아니에요"라고 말했다. 거의 90분 동안 이어진 이 인터뷰 말미에서 그는 기자에게 이렇게 물었다. "이 정도 얘기했으면 내가 마약을 하거나 정신병원에 다니지 않는다는 게 충분히 증명됐다고 할 수 있겠지요?"

2019년에 피비 월러브리지Phoebe Waller-Bridge가 인기 드라마 시리즈 《플리백Fleabag》을 끝내겠다고 발표한 것도 이와 비슷한 맥락에서였다. 이 드라마는 두 시즌(2016년에 6개 에피소드, 2019년에 9개 에피소드를 방영했다)이 방영되는 동안 전 세계적인 찬사를 받았다. 시즌2가 끝난 뒤 이 드라마는 에미상 여섯 개 부문(최우수 코미디 시리즈 상, 코미디 부문 여우주연상, 코미디 부문 최우수 감독상, 코미디 부문 최우수 각본상 등)을 휩쓸었다. 하지만 이 드라마의 원작과 각본을 쓰고 주연한 월러브리지는 시즌3 제작에 대한 드라마 출연배우들과 팬들의 기대를 저버리고 과감하게 집필 중단을 선언했다.

TV 프로그램의 역사를 살펴보면 정상에서 막을 내린 드라마들이 몇 있다. 《왈가닥 루시I Love Lucy》가 대표적인 예다. 이런 드라마들은 모두 많은 사람이 계속 방영되기를 원했던 드라마였다. 《왈가닥 루시》의 주연 루실 볼Lucille Ball과 데시 아나즈Desi Arnaz, 《사인펠드Seinfeld》의 주연 제리 사인펠드Jerry Seinfeld, 피비 월러브리지, 데이브 셔펠은 모두 "상어 뛰어넘기"를 하기 전에 그만둔 사람들, 즉 너무 일찍 그만두는 것이 아닌지 대중이 생각할 때 그만둔 사람들이었다.

데이브 셔펠은 가족과 함께 고향인 오하이오의 한 소도시로 이사했다. 그곳에서 그는 천천히 조금씩 자신의 페이스에 맞춰 공연을 하기 시작했다. 2013년에는 다시 순회공연을 시작했다. 2016년에는 넷플릭스와 스탠드업 코미디 출연 계약을 맺었다. 쇼 1회당 2,000만 달러의 출연료를 받는다는 계약이었다. 셔펠은 2016년 미국 대통령선거 직후에는 《새터데이 나이트 라이브》에 출현했고 이 쇼로 2017년에 에미상을 수상했다. 2019년에는 마크 트웨인 아메리칸 휴머상을 받았다.

데이브 셔펠과 스튜어트 버터필드 사이에는 수많은 공통점이 있다. 두 사람 모두 잘나가고 있을 때 그만두는 결정을 했다. 이들은 현재 상황이 다른 이들에게 아무리 좋게 보인다고 해도, 미래는 결코 좋지 않을 수 있다는 것을 예측했다.

그만두기를 통해 셔펠과 버터필드는 더 큰 행복과 창의성이 있는 다른 기회들을 탐색할 수 있었다.

셔펠과 버터필드는 자신의 그만두기 결정에 사람들이 어떤 반응을 보일지 예측하기도 했다. 셔펠은 자신이 마약에 의존하거나 정신적으로 문제가 있을 것이라는 사람들의 생각에 대처해야 했다. 버터필드의 상황은 셔펠과 다르기는 했지만, 변덕에 의한 성급한 결정이라고 비난받을 수 있다는 것을 알고 있었고, 선제적으로 투자자들에게 "확실하게 해두고 싶은 것이 있습니다. 내가 지치거나 지루해져 이 일을 접는 것은 아니라는 점입니다"라고 밝혔다.

이런 식으로 전문성에 기초해 그만두는 결정을 내리는 것은 주변 사람들을 당황하게 만든다. 세상을 살면서 우리는 항상 무엇 또는 누구를 탓한다. 우리는 그만두는 사람은 겁쟁이이거나, 변덕이 심한 사람이라고 비난하곤 한다. 어떤 상황에 대해 이해를 할 수 없을 때 흔히 이런 모습을 보인다. 우리는 이런 식으로라도 상황을 이해하려고 하기 때문이다.

하지만 이런 생각은 그만두는 사람을 폄하하는 것에 불과하다.

2장에서
이것만은 꼭 기억해두기!

- 적절한 시점에 그만두는 것은 너무 일찍 그만두는 것처럼 느껴진다.

- 그만두는 결정을 내리기 가장 힘든 시간은 "그 안에" 있을 때다.

- 우리는 그만두기가 진전을 늦춘다고 직관적으로 생각한다. 하지만 실제로 는 그 반대다. 더 이상 가치가 없는 일에 매달리면 손실만 불어난다. 가치 없는 일을 제때 그만두면 목표 성취에 더 도움이 되는 또 다른 일을 할 수 있는 자유를 얻는다. 결과적으로 목표에 더 빠르게 다다를 수 있게 된다.

- 그만두기가 객관적으로 옳다고 판단되는 바로 그 순간에는 특별히 끔찍한 일은 일어나지 않는다. 그만두기에 적절한 시점은 미래를 내다봤을 때, 일 이 잘될 확률이 너무 낮다는 판단이 서는 시점이다.

- 기대가치 측면에서 생각하라. 우리가 가고 있는 길이 계속 전진할 가치가 있는지 판단하는 데 도움이 된다. 기대가치는 돈에만 관련되어 있지 않다. 건강, 행복, 시간, 성취감, 인간관계에 대한 만족감 등 자신과 삶에 영향을 미치는 모든 것과 관련되어 있다.

- 지금 하는 일을 계속하겠다는 선택과 그만두겠다는 선택이 거의 비슷한 결 과를 낳을 것이라고 생각되는가? 그렇다면 그만두는 게 더 좋은 선택이다.

- 나중에 돌이켜보면 우리는 누군가가 특정한 상황에서 너무 오래 버텼다는 사실을 깨닫는다. 그리고 그렇게 오래 버틴 사람을 비난하곤 한다. 그런데 누군가가 그런 특정한 상황이 닥치기 전에 그만두면 어떻게 반응하는가? 너무 일찍 그만뒀다고 비난한다. 이런 이중 잣대 때문에 제때 그만두기란 더욱 힘들다.

3장

머물러야 할 때와 가야 할 때

택시기사들은 '긱 이코노미 gig economy(독립형 일자리 경제)'의 기수였다. 헨리 포드가 자동차 대량생산을 시작한 뒤 한 세기 정도 지나 스마트폰 앱으로 택시를 부르는 것이 일상이 되기 전부터 말이다. 미국에서 대부분의 택시기사는 개별적으로 택시회사와 계약을 맺고 일을 했다. 그들은 시간당 급여를 받지 않는다. 개인 면허가 없는 택시기사는 택시회사에서 택시를 빌려 영업을 하면서 12시간 택시 사용료로 일정 금액을 회사에 낸다.

이런 택시기사는 택시회사 직원이 아니기 때문에 그 12시간 동안 내내 운전할 필요가 없고 실제로 그렇게 하지도 않는다. 이들은 그 12시간 동안 운전을 하기도 하고 택시를 세우고 있기도 한다.

그만두는 행동에 대한 연구에 택시기사들이 가장 적합한 대상인 이유가 여기에 있다.

택시기사가 운행을 시작할 때는 그날의 벌이에 영향을 미치는 여러 가지 요소들의 불확실성을 안고 시작한다. 택시기사들은 일을 시작할 때 손님이 몰리는 패턴을 어느 정도 예측하지만, 계속 운행을 하다보면 상황은 변하고 더 많은 정보를 얻게 된다. 그들은 항상 돈을 벌 수 있는 상황에 대해 생각해야 하고, 그 생각에 기초해 '머물러야 할 때와 가야 할 때'를 결정해야 한다.

전통적인 이론을 신봉하는 경제학자들은 '합리적 행위자 이론 rational actor theory(인간은 이성과 고도의 합리성에 입각해 결정을 내린다는 이론 - 옮긴이)'에 근거해 택시기사들은 손님이 많은 시간에 최대한 많이 운행해 최대 수입을 올릴 것이고 손님이 없는 시간에는 운행을 최소화할 것이라고 예측했다.

이들은 최고 수준의 포커 플레이어들도 게임을 계속할지 접을지 결정할 때 비슷한 양상을 보일 것이라고 예측했다. 게임이 잘 풀릴 때는 최대한 많은 게임을 해 최대 수입을 올리고, 게임이 잘 안 풀리거나 게임 상황이 좋지 않을 때는 게임

시간을 최소화할 것이라고 경제학자들은 생각했다.

전통적인 이론에 기초한 경제학자들은 합리적 행위자라면 어떤 행동을 할지에 대해 상당히 많은 것을 예측했지만, 실제 인간의 행동은 그 예측과 달랐다. 이 상황에서 등장한 것이 바로 행동경제학이었다. 행동경제학은 사람들이 반드시 합리적으로 행동하지는 않는다는 가정에서 출발한 학문이다. 택시기사들(그리고 대부분의 포커 플레이어들)의 행동은 전통적인 경제학 이론에 들어맞지 않았다.

캘리포니아 공과대학의 행동과학자이자 신경경제학의 개척자인 콜린 캐머러Colin Camerer는 조지 로웬스타인George Loewenstein, 린다 배브콕Linda Babcock, 리처드 탈러 등 걸출한 학자들과 함께 택시기사들의 행동을 연구했다. 뉴욕시의 2,000명에 이르는 택시기사들의 운행일지를 수집해 분석한 연구였다.

이 연구 결과에 따르면 택시기사들은 언제 운행을 계속할지에 대해 딱히 적절한 결정을 내리지 않았다. 택시기사들이 하는 실수는 두 가지, 손님이 많을 때 너무 일찍 운행을 중지하는 실수와 손님이 적을 때 지나치게 버티는 실수였다.

택시기사들은 운행 시간을 손님이 많을 때 최대화하거나 손님이 없을 때 최소화하지 않았다. 대신 이들은 손님이 많을 때 일찍 운행을 중지했고, 손님이 거의 없을 때에는 손님을 찾아 여기저기를 운행하면서 12시간을 꽉 채워 일했지만 거의 돈을 벌지 못했다.

연구팀은 택시기사들과 택시회사 배차 담당자들에게 언제 운행을 계속하고 언제 중지할지 결정할 때 어떤 휴리스틱을 사용하는지도 물었다. 그 결과, 택시기사들은 하루 목표액수를 정해놓고 그 목표액수를 달성하면 운행을 멈춘다는 사실이 밝혀졌다. 택시기사들은 운행을 하는 동안 그날 얼마나 더 벌 수 있을 것이라는 예측에 도움이 되는 정보도 얻었지만, 그 정보를 무시하고 그날의 운행을 멈췄다.

택시기사들은 더 많은 손님을 쉽게 태울 수 있을 때도 운행을 일찍 멈추곤 했다. 이들은 한 시간 더 일해도 돈을 벌 수 없을 것이라고 생각해서 그런 것이 아니었다. 그날 목표로 한 돈을 벌었기 때문에 운행을 중단한 것이었다. 같은 이유로 이들은 그날 목표액수를 채우지 못했다는 이유로 돈이 벌리지 않아도 계속 운행을 했다.

택시기사들은 기대가치 측면에서 생각하고 있지 않았던 것이 분명했다.

택시기사들이 하루 목표액수를 달성했다는 것은 그날의 손님 상황이 매우 좋았다는 뜻이다. 또한 이는 택시기사들이 한 시간 더 운행했다면 돈을 더 벌 수도 있는 상황에서 운행을 중지하게 만드는 휴리스틱을 사용하고 있었다는 뜻이다. 이 휴리스틱은 오랜 시간 동안 운행을 했는데도 그날의 목표액수에 미치지 못하고 있는 상황에서, 즉 벌 수 있는 돈이 적을 것이라고 예측되는 상황에서 계속 운행을 하게 만드는 휴리스틱이기도 하다.

택시기사들은 이런 비합리적인 그만두기 행동을 통해 많은 손해를 본다.

캐머러는 택시기사들이 동일한 시간 동안 운행을 하면서 그 시간에 수요에 기초해 행동한다면 수입이 15% 정도 늘어날 수 있다고 추산했다. 또한 캐머러는 그날의 손님 탑승 상황과 상관없이 매일 같은 시간 일한다면, 목표액수를 달성하면 운행을 그만둘 때에 비해 수입이 8%나 늘어날 것이라고 계산했다.

택시기사들이 언제 운행을 그만두거나 계속할지 더 잘 판단할 수 있다면 그날의 목표액수에 8~15% 정도 더 빠르게 접근할 수 있을 것이다. 계속할지 그만둘지 잘 결정하지 못하면 큰 손실을 입을 수밖에 없다. 택시기사들은 너무 일찍 운행을 중단하거나 너무 오랫동안 버티는 결정을 함으로써 두 가지 측면에서 모두 손해를 입은 것이었다.

지금까지 우리는 적절한 때 그만두는 것이 너무 일찍 그만두는 것으로 느껴진다는 점을 중점적으로 살펴보았다. 스티븐 레빗의 연구가 그 대표적인 연구다. 하지만 택시기사들의 사례는 우리가 끈기 있게 버티지 않고 너무 일찍 그만두는 특정한 상황을 잘 보여준다. 끈기의 중요성을 강조한 앤절라 더크워스Angela Duckworth의 책 《그릿》이 전 세계적인 베스트셀러가 된 이유가 바로 여기에 있다.

우리는 어떤 때는 너무 오래 버티고, 어떤 때는 너무 빨리 그만둠으로써 이 두 가지 형태의 실수를 모두 저지른다. 하지만 우리가 이 두 가지 실수를 모두 저지르는 것은 이상한 일이 아니다. 버티는 결정과 그만두는 결정은 별개의 것이 아니기 때문이다. 이 두 가지 결정은 동일하다. 계속하겠다는 결정은 그만두지 않는다는 결정이다. 그만두지 않는다는 결정 역시 계속하겠다는 결정과 같다.

우리가 이 두 가지 결정 중 한 결정을 잘 내리지 못한다는 것은 나머지 다른 결정도 잘 내리지 못한다는 뜻이다.

택시기사들은 상황이 좋을 때는 일찍 운행을 멈추고, 상황이 나쁠 때는 너무 오래 운행을 계속한다. 우리가 이런 오류를 범하는 상황을 이해할 수 있다면 왜 우리가 잘 못 그만두는지, 어떻게 해야 그만두는 결정을 더 잘할 수 있는지 알 수 있게 될 것이다.

축적된 이익과 축적된 손실

1990년대 뉴욕시 택시기사들의 행동은 1979년에 대니얼 카너먼Daniel Kahneman과 에이머스 트버스키Amos Tversky가 발표한 계속하기와 그만두기에 관련된 잘못된 생각에 대한 유명한 논문의 내용과 일치한다.

1970년대에 카너먼과 트버스키는 우리가 '합리적인 결정하기'에서 왜 그리고 언제 완전히 벗어나는지 설명하는 행동적 요소를 찾아내기 위해 연구를 진행했다. 이들이 1979년에 발표한 논문은 행동경제학과 전망이론prospect theory의 기초를 구축한 논문이다.

전망이론은 위험성과 불확실성 그리고 이익과 손실을 수반하는 사람들의 편향과 선호를 설명함으로써 사람들이 어떻게 결정을 하는지 보여주는 이론이다. 전망이론의 핵심 중 하나는 손실회피loss aversion라는 개념이다. 손실이 미치는 감정적인 효과가 이익이 미치는 감정적인 효과보다 크기 때문에 사람들은 손실을 회피하는 성향을 더 많이 가지게 된다는 뜻이다. 실제로 이 연구에 따르면 손실을 입었을 때 우리가 느끼는 감정은 같은 이유로 이익을 받았을 때 느끼는 감정보다 두 배 정도 강력하다.

이런 손실회피 성향은 사람들이 새로운 선택을 할 때 기대 가치가 낮더라도 손실이 가장 적은 선택을 하게 만든다. 다시 말해 사람들은 손실을 회피하기 위하여, 합리적인 행위자라면 하지 않을 선택을 한다는 것이다.

다음 두 가지 제안을 받는다고 상상해보자. 확실한 것과 도박 사이에서 선택을 해야 하는 제안이다. 당신이라면 각각의 경우에 어떤 선택을 할까?

A. 내가 당신에게 빌린 돈이 100달러 있다. 100달러를 돌려받는 것과 동전을 던지는 것 중 선택을 해보라고 내가 당신에게 제안한다. 동전을 던져서 앞면이 나오면 내가 200달러를 주고, 뒷면이 나오면 빌렸던 100달러를 갚지 않는다는 제안이다. 이 경우 당신이라면 동전던지기를 할 것인가?

B. 당신이 내게 빌렸던 돈이 100달러 있다. 나는 내게 빌린 100달러를 갚거나 동전을 던지는 것 중 선택을 하라고 당신에게 제안했다. 동전 앞면이 나오면 당신이 빌린 돈을 갚은 셈으로 치고, 뒷면이 나오면 내게 빌린 돈을 총 200달러로 늘리는 제안이다. 이 경우 당신이라면 동전던지기를 할 것인가?

당신이 카너먼과 트버스키의 실험에 참여했던 사람들(그리고 전망이론과 관련된 이와 비슷한 실험에 참가했던 사람들)과 비슷하다면 첫 번째 시나리오에서에서는 동전던지기를 하지 않고 확실히 100달러를 돌려받는 선택을 할 것이다. 대부분의 사람은 앞서나갈 때는 그만두는 선택을 한다. 왜 그런지는 이해가 갈 것이다. 확실하게 100달러를 받을 수 있는데 왜 그 돈을 포기하고 동전던지기라는 도박을 하겠는가?

하지만 뒤처져 있을 때, 즉 두 번째 시나리오에서는 대부분의 사람은 동전던지기라는 도박을 선택한다. 이 역시 이해가 갈 것이다. 이미 100달러를 빚지고 있는 상황에서 그 동전던지기를 해 빚을 없앨 수 있다면 도박을 하지 않지 않을 이유가 없다.

장기적으로 볼 때 이 두 제안은 각각의 경우에서 어떤 선택을 하든지 결과가 같다. 100달러를 확실하게 받을 수 있는 경우에 당신은 동전던지기를 쉽게 포기할 수 있다. 이 상황에서 동전던지기를 하면 200달러를 받을 확률과 빌려준 돈을 돌려받지 못할 확률이 50대 50이고, 장기적으로 보면 이 확률은 100달러를 받을 확률과 같다.

100달러를 빚지고 있는 경우에도 장기적으로 봤을 때 두 가지 선택이 결국 같은 결과를 낳을 것이다. 당신은 동전던지기를 하지 않아도 100달러는 갚아야 한다. 이때 100달러 빚을 없앨 수 있는 확률과 빚이 200달러가 될 확률은 50 대 50이고, 장기적으로 보면 이 확률은 100달러를 잃을 확률과 같다.

길게 봤을 때 도박으로 기대할 수 있는 이익 또는 손실의 양은 바뀌지 않는다. 하지만 도박이 결과를 바꿀 수 있는 기회를 제공하는 것만은 사실이다. 도박은 확실한 것을 불확실한 단기적 결과로 바꿈으로써 도박을 선택하는 사람에게 운을 시험할 수 있는 기회를 제공한다.

도박의 이런 특성 때문에 우리는 도박을 할 때 언제 접고 언제 계속해야 할지 판단을 제대로 하지 못하게 된다. 돈을 따고 있을 때는 우리는 이미 딴 돈을 잃게 되는 불운이 닥치기를 원하지 않는다. 그러니 돈을 따고 있는 상태에서는 쉽게 판을 접을 수 있다.

하지만 잃고 있을 때 우리는 이미 손해를 본 돈을 되찾는 행운이 닥치기를 원한다. 이 상황에서는 불확실성에 대해 어느 순간 생각을 하지 않게 되며, 돈을 잃고 있을 때 우리는 운이 개입하기를 원하게 된다.

새로운 결정을 할 때 손실회피 성향은 손실이 더 적을 것 같은 선택을 선호하도록 만든다. 손실회피 성향은 우리가 위험을 회피하게 하며, 우리에게 손실을 끼칠 수 있는 가능성이 있는 선택을 하지 못하게 만든다.

하지만 우리는 이미 손실이 축적된 상태에서는 위험을 무릅쓴다. 대니얼 카너먼은 이런 성향을 '확실한 손실 회피sure-loss aversion'이라는 말로 설명한다.

확실한 손실 회피는 우리가 이미 시작한 어떤 것을 멈추고 싶지 않게 만드는 성향이다. 손실이 축적된 상황에서 게임을 그만두면 이런 축적된 손실이 확실하게 실제 손실로 바뀌기 때문이다. 동전을 던지는 선택을 하면 축적된 손실이 실제 손실로 바뀌지 않을 가능성이 있기 때문에, 위의 경우에서 빚을 진 사람들은 동전을 던지는 도박을 선택하는 것이다.

반면, 우리는 이익이 축적된 상황에서는 이미 딴 돈을 잃을 수 있는 위험을 회피한다. 우리는 축적된 이익을 실제 이익으로 바꾸고 싶어 하기 때문이 게임을 접고 일어날 수 있다.

카너먼과 트버스키는 이 성향이 얼마나 강력한지 시험하기 위해 다음과 같은 두 가지 상황을 설정했다.

A. 나는 당신에게 100달러를 빚지고 있다. 그런 당신에게 나는 100달러를 돌려받을지 동전던지기를 할지 선택하라고 제안한다. 동전의 앞면이 나오면 내가 당신에게 220달러를 주고, 뒷면이 나오면 당신에게 갚을 빚이 없어지는 제안이다.

B. 나는 당신에게 받을 돈이 100달러 있다. 그리고 당신에게 나는 100달러를 갚을지 동전던지기를 할지 선택하라고 제안한다. 동전의 앞면이 나오면 당신이 진 빚이 없어지고, 뒷면이 나오면 당신이 갚아야 할 돈이 220달러가 되는 제안이다.

이 두 제안 모두에서 선택의 결과는 같지 않다는 점에 주목하자.

당신이 100달러의 빚을 돌려받아야 하는 상황에서 동전을 던지는 경우를 생각해보자. 당신이 220달러를 받을 확률과 받은 돈이 없어질 확률은 반반으로 같다. 이는 장기적으로 볼 때 동전던지기로 받을 수 있는 돈이 110달러인 상황이다. 내기에 응한다는 것은 확실하게 받을 수 있는 돈 100달러를 거는 것을 의미한다. 따라서 이 제안은 동전을 던져 장기적으로 110달러를 받을 수 있는 확률을 가질지, 아니면 동전던지기를 하지 않고 확실하게 100달러를 받을지 선택하게 만드는 제안이다. 만일 동전던지기를 선택하지 않는다면 10달러를 더 가질 수 있는 가능성을 포기하는 게 된다.

카너먼과 트버스키는 실제로 사람들이 확실한 이익을 지키기 위해 추가적인 이익을 얻을 수 있는 가능성을 포기한다는 것을 알아냈다. 사람들은 현재 확보된 돈을 동전던지기로 날린 뒤 후회하고 싶어 하지 않았다.

위의 두 제안에서 대부분의 사람들이 10달러라는 원금의 10% 추가 이익을 포기한 이유는 10달러보다 10배 많은 원금을 확실하게 지키고 싶었기 때문이다.

반면에 축적된 손실이 100달러인 상태에서 동전던지기로 100달러 빚이 없어지거나 빚이 220달러로 늘어날 수 있는 확률이 반반이라면 이야기가 달라진다. 이 상황은 기대가치가 마이너스 10달러인 상황이다. 100달러를 갚든지 장기적으로 110달러를 잃을 수 있는 도박을 할 것인지 선택하는 상황이다. 즉, 동전던지기를 선택하면 동전던지기를 선택하지 않고 갚아야 할 돈보다 10달러를 더 잃을 수 있다는 뜻이다.

카너먼과 트버스키는 이 상황에서 대부분의 사람은 운을 시험하고 싶어 한다는 것을 발견했다. 사람들은 확실한 손실을 뒤집을 수 있는 유일한 방법이 운에 의지하는 것이라고 생각하는 경향이 강했다.

합리적인 행위자라면 처음 제안에서는 동전던지기를 선택하고, 두 번째 제안에서는 선택하지 않을 것이다. 하지만 사람들은 이익이나 손실이 확실한 상황에서는 합리적으로 행동하지 않는다. 실제로는 언제 머물고 언제 가야 하는지에 대한 선택이 역전되는 상황이 발생하는 것이다.

이런 연구결과를 기초로 그만두기에 대해 이렇게 다시 정리해보자. "'그만두기'를 할 때 대부분의 사람은 자기가 너무 섣불리 결정했다고 생각한다. 하지만 실제로 그 시점은 대부분의 경우 이미 '손실을 입고 있을 때'이다."

앞서갈 때가 그만둘 때?

그만두기가 이렇게 홀대받고 있는 것을 감안하자면, 사람들을 그만두지 못하게 만드는 유명한 경구가 이토록 많은 것은 놀라운 일이 아니다.

하지만 사람들에게 그만두기를 권하는 경구도 하나 있긴 하다. "앞서갈 때 그만두라Quit while you're ahead"라는 말이다. 하지만 그만두기를 독려하는 이 유일한 경구도 끝없이 계속하는 것의 미덕을 강조하는 수많은 경구들과 마찬가지로 몇 백 년 동안 사람들을 잘못된 방향으로 유도하고 있다.

앞서갈 때 그만두라는 말은 카너먼과 트버스키가 발견한 바로 그 불합리성을 증폭시키는 말이다.

물론 앞서갈 때 그만두라는 말이 합리적인 충고일 때도 있긴 하다. 장기적인 측면에서 결국 실패하게 될 일을 중간에 그만둬 어느 정도 성공을 거두는 경우다. 바카라나 크랩 게임을 하다 중간에 그만두는 경우를 예로 들 수 있다. 바카라 게임을 하다 몇 백 달러 정도 땄을 때 판을 접는다면 성공한 경우라고 할 수 있다. 확률적으로 바카라 게임은 1달러를 걸 때마다 2.5센트를 잃는 게임이기 때문에, 어느 정도 돈을 땄다는 것은 그때까지 운이 좋았기에 가능한 일이다. 장기적으로 볼 때 바카라 게임을 계속하면 결국 모든 돈을 잃을 수밖에 없다. 바카라는 '도박 하우스'가 항상 이기도록 설계된 게임이기 때문이다.

앞서갈 때 그만두라는 말은 이럴 때, 즉 다음 판에서 질 것이 확실할 때만 유용한 말이다.

하지만 사람들이 앞서갈 때 그만두는 이유는 자신이 운이 좋았다는 것을 알았기 때문도 아니고 다음 게임에서의 승산이 낮을 거라고 생각했기 때문도 아니다. 사람들은 장기적으로 볼 때 자신의 현재 상황이 불리하든 유리하든 상관없이, 단지 자신이 앞서간다는 사실 그 자체 때문에 그만둔다. 사람들이 지고 있을 때 그만둔다면 그건 대부분 우연히 그만둔 것이다. 사람들은 그만두는 대가를 치러야 한다고 해도 이미 축적한 것을 잃고 싶어 하지 않는다.

카너먼과 트버스키가 발견한 내용의 핵심이 바로 이것

이다.

사람들에게 진짜로 해야 하는 충고는 "앞서갈 때 그만두라"라는 간단한 문장으로 표현할 수 없다. 이 충고는 다음과 같이 복잡하고 길게 바뀌어야 한다. "앞서갈 때 그만둬라. 단, 당신이 하고 있는 게임이나 가고 있는 길에서 장기적으로 지거나 실패할 가능성이 있을 때만 그렇게 하라. 당신이 있는 상황의 기대가치가 음수일 때는 반드시 그만두어야 한다. 하지만 그 기대가치가 양수일 때는 계속 버텨라."

하지만 이 말은 경구로 사용하기에는 너무 길고 복잡하다. 더 간단하게 줄여보자.

돈을 챙겨 떠나라

개인투자자들(온라인으로 활발하게 주식거래를 하는 비전문 투자자들)도 앞서갈 때 그만두고 정작 손해를 보고 있을 때는 그만두지 못하는 성향을 보인다. 2020년 시카고 부스 경영대학원 교수 알렉스 이마스Alex Imas 연구팀은 카너만과 트버스키의 이 유명한 연구결과를 연구실이 아닌 일상적인 환경에서 재현했다.

주식 거래자들은 자신이 보유한 특정 주식의 가격이 일정 가격보다 오르거나 떨어질 때 거래가 체결되도록 설정을 하곤 한다. 이익실현take-profit 주문과 손절 주문stop-loss 시점을 미리 설정해놓는 것이다(포커 플레이어들의 경우 이익실현 행동은 하지 않고 손절 행동만 한다. 이들은 특정한 양의 돈을 잃으면 게임을 중단한다).

투자자가 손절 주문을 하면 서류상의 손실은 실제 손실로 바뀐다. 하지만 주가가 오를 수 있는 상황에서 이익실현 주문을 하면 투자자는 더 이상의 이익을 얻을 수 없다는 위험을 감수해야 한다. 이 상황은 100달러를 빚지고 있을 때는 동전던지기 제안을 받아들이지만, 100달러를 더 받을 수 있는 때에는 제안을 받아들이지 않는 상황과 비슷하다.

이마스 교수 연구팀은 투자자들이 카너먼과 트버스키의 실험에 참가한 사람들과 비슷한 방식으로 이익실현 주문과 손절 주문을 체결하는지, 즉 게임에서 지고 있을 때 계속 게임을 하고 이기고 있을 때 그만두는지를 확인하고자 했다.

알렉스 이마스는 내게 "이익실현 주문을 한 사람은 거의 없었다. 투자자들은 이익실현 주문이 자동적으로 체결되기 전에 직접 중단시켰다"고 말했다. 바꿔 말하면 투자자들은 주식을 계속 보유하는 것이 유리한 결정인지 아닌지에 상관없이 이익실현 주문을 체결하지 않았다는 뜻이다. 이익실현 주문이 체결되면 확실하게 이익을 현실화할 수 있음에도 불구하고 말이다. 이익실현 주문을 체결하지 않았다는 뜻이다. 투자자들은 서류상으로 이익을 얻었을 때, 확실하게 현금화할 수 있는 그 이익을 잃을 수도 있는 위험을 감수하면서 계속 주식을 보유했다(나는 이 정도면 "앞서갈 때 그만두라"라는 충고가 얼마나 형편없는 충고인지 드러났다고 생각한다. 위의 상황에서 이 충고는 인간이 선천적으로 타고난 비합리적 성향을 더 부각시키고 있기 때문이다).

반면 돈을 잃고 있을 때 투자자들은 자동 손절 주문을 취소했다. 이들은 주식을 계속 보유한 상태에서 주가가 다시 오르면 서류상 손실이 현실화되지 않을 것이라고 생각했다. 이는 손실이 점점 더 축적될 위험이 수반되는 결정이다.

우리의 목표는 우리가 과거의 행동으로 인해 이익을 얻었든 손실을 입었든 상관없이 기대가치가 양수일 때 계속하는 것이 되어야 한다. 이런 결정은 불확실한 상황에서 내려지기 때문에 우리는 계속하는 것과 그만두는 것 중 어떤 것이 최선인지 쉽게 확신할 수는 없다. 하지만 택시기사들이 하루 목표 액수를 채웠는지 여부를 쉽게 알 수 있듯이 우리도 우리가 앞서가고 있는지 뒤처지고 있는지 쉽게 알 수 있다. 따라서 우리는 계속할지 말지 결정하기 위해 현재 상황에 대한 지식을 이용한다.

그 결과로 우리는 더 많은 것을 얻을 가능성이 있는데도 앞서가고 있을 때에 그만둔다. 우리는 뒤처져 있을 때는, 계속하면 상황이 더 나빠질 수 있는 가능성이 높은데도, 그만두고 싶어 하지 않는다.

나는 이런 상황을 포커 판에서 수없이 봤다. 대부분의 포커 플레이어들은 자신이 이길 가능성이 조금이라도 보이면 판을 접고 칩을 현금으로 바꾸고 싶어 안달한다. 하지만 이들은 지고 있을 때는 자리에서 꼼짝도 하지 않는다. 나는 능숙한 포커 플레이어들이 술에 취하거나, 피곤하거나, 화가 나거나, 게임이 잘 안 풀리거나 할 때에도 그만두지 않고 계속 포커 판에 앉아 있는 것도 수없이 봤다.

앞서갈 때 그만둔다는 전략은 포커 플레이어들이 돈을 잃게 만드는 전략이다. 이 전략은 포커 플레이어들이 가장 게임이 잘 풀릴 때 플레이하는 시간을 최소화하고 게임이 안 풀릴 때 플레이하는 시간을 최대화하기 때문이다.

이 전략이야말로 확실히 돈을 잃게 만드는 전략이다. 주식 거래를 하든, 다른 종류의 투자를 하든, 이 전략에 따른 행동은 당신이 바닥을 치게 만들 것이다.

스마트 머니는 얼마나 스마트한가?

손절 주문을 하지 않고 버티는 투자자들은 당연히 전문가가 아니었다. 하지만 그 투자자들이 전문가였다면 그런 행동을 하지 않았을까? 어떤 일에 경험과 전문성이 충분히 있다면 그만두는 결정을 더 잘 할 수 있을까?

전문적 포커 플레이어들은 언제 판을 접고 일어나야 할지를 잘 결정한다. 택시기사들도 마찬가지다. 경험이 많은 택시기사들은 언제 그날의 운행을 중단해야 하는지 잘 알고 있다.

프린스턴대학의 경제학자 헨리 파버Henry Farber는 2009년부터 2013년에 걸쳐 택시기사들의 행동을 분석한 결과를 논문으로 2015년에 발표했다. 이 논문에 따르면 베테랑 기사들은 완벽하지는 않지만 신참 기사들에 비해 언제 운행을 계속하고 언제 중단할지에 대해 더 나은 판단을 내렸다.

포커 플레이어들과 택시기사들의 이런 판단에 경험이 도움이 된다면 전문적 투자자들도 개인투자자들에 비해 더 나은 결정을 내릴지도 모르는 일이다.

클라코프 아케파니타보른Klakow Akepanidtaworn은 알렉스 이마스를 비롯한 동료 학자들과 이 문제를 연구한 결과 "어느 정도는 그렇다"라는 답을 얻을 수밖에 없었다고 말했다.

이 연구자들은 전문적 투자자들이 개인투자자들이 흔히 하는 실수들을 극복하기는 하지만, 전문적 투자자들이 "앞서갈 때 그만두고, 뒤처질 때 계속하라"라는 단순한 전략에만 의존하지는 않는다는 결론을 내렸다. 이 연구자들의 분석에 따르면 전문 투자자들은 주식을 매입할 때와 매각할 때 각각 다른 종류의 판단을 내렸다.

연구자들은 6억 달러 정도 규모의 자산을 운용하는 700명 이상의 기관투자자들의 투자 행태를 분석했다. 그 결과, 당연한 이야기지만 이 전문적 투자자들의 경우, 주식 매입 결정으로 인한 성공률은 당시 시장 평균 성공률보다 높았다는 사실이 밝혀졌다. 이 기관투자자들이 매입한 주식의 평균 가격 상승률은 연 기준 120베이시스 포인트basis point(금리나 수익률을 나타내는 데 사용하는 기본단위로 100분의 1%를 뜻한다. 1bp는 0.01% 포인트), 즉 연 1.2퍼센트 포인트 높았다.

이 기관투자자들은 대부분의 시간을 더 좋은 투자전략을 찾아내는 데 사용하며 이런 전략 연구와 경험을 기초로 이익을 실현한다. 언제 주식을 매입할지에 대한 이들의 결정이 시장 평균 매입 성공률에 얼마나 영향을 미치는지는 다음의 수익 그래프를 보면 잘 알 수 있다.

그렇다면 기관투자자들은 그만두겠다는 결정을 어떻게 할

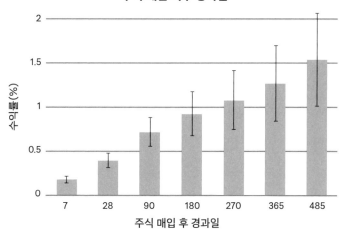

주식 매입 이후 경과일

수익률(%)

주식 매입 후 경과일

출처: Akepanidtaworn, Klakow, Rick Di Mascio, Alex Imas, and Lawrence Schmidt, "Selling Fast and Buying Slow: Heuristics and Trading Performance of Institutional Investors," SSRN Electronic Journal (2019), doi.org/ 10.2139/ ssrn.3301277.

까? 어떤 주식을 매각할지에 대한 결정은 어떻게 내릴까?

이 기관투자자들이 어느 정도로 매각 결정을 잘 내리는지 알아내기 위해, 아케파니타보른과 이마스 등의 연구자들은 이 기관투자자들의 실제 매각 결정과 매각 시점에서 보유하고 있는 주식 중 일부를 무작위로 선택해 매각한다고 가정했을 때의 매각 결정을 비교했다.

즉 연구자들은 기관투자자들이 무작위로 아무 주식이나 매각할 때와 전략을 이용해 매각을 결정할 때를 비교한 것이었다.

그 결과, 무작위로 주식을 매각한다고 가정했을 때는 그 결과가 매우 나쁘게 나오는 것으로 확인됐다.

이 기관투자자들은 주식을 매각할 때와 매입할 때 같은 방식을 사용하지 않음으로써 이익을 실현하고 있었다. 이들은 주식 매각으로는 120베이시스 포인트의 수익을 올렸지만, 매입으로는 70~80베이시스 포인트의 손실을 보고 있었다. 이는 기관투자자들이 보유하고 있는 주식 중에서 무작위로 선택해 매각해도 수익을 올릴 수 있다는 뜻이다.

다음의 그래프를 보면 시간이 지남에 따라 무작위로 매각할 때에 비해 이들이 실제로 어느 정도의 손실을 입는지 알 수 있다.

이 기관투자자들은 주식 매입 결정으로 수익을 올리지만, 주식 매각을 할 때는 기회비용에 대한 생각에 사로잡히기 때문에 수익의 상당 부분을 잃게 된다.

어떤 종류의 투자자든, 택시기사든, 카너먼과 트버스키의 실험 참가자든, 포커 플레이어든, 에베레스트산을 오르는 등반가든 이런 종류의 스킬이 없으면 큰 희생을 감수해야 한다는 것을 알 수 있다.

연구자들은 이 기관투자자들이 어떤 전략을 사용해 매각 결정을 내렸는지도 분석했다. 이 분석 결과에 따르면 기관투

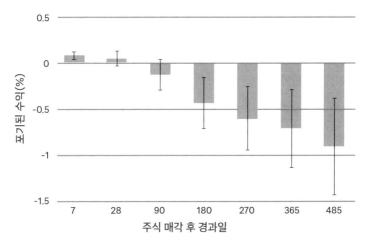

매각 및 보유에 따른 수익률

포기된 수익(%)

주식 매각 후 경과일

출처: Akepanidtaworn et al., "Selling Fast and Buying Slow."

자자들은 주로 다음번 투자를 위한 자금을 만들기 위해 매각
결정을 내렸다. 다음에 할 투자에 의해 매각 시점이 결정된 것
이었다. 또한 연구자들은 기관투자자들이 다음 투자를 하는
데 필요한 자금을 만들기 위해 어떤 주식을 매각할지 결정할
때, 기대가치와는 거의 관련이 없는 휴리스틱을 이용한다는
것도 밝혀냈다. 기관투자자들은 보유하고 있는 주식 중에서
극단적으로 많은 수익을 내거나 극단적으로 많은 손실을 내
는 주식만을 매각했다.

바꿔 말하면, 기관투자자들은 주식을 매입할 때는 미래를

위해 가장 유리할 것으로 예상되는 시점을 선택하지만, 주식을 매각할 때는 그런 선택을 거의 하지 않았다는 뜻이다. 주식을 매입할 때 기관투자자들은 매각 시점에 대해서도, 매각할 주식의 전망에 대해서도 거의 생각하지 않았다.

그만두기를 가장 잘하려면 특정 상황에서 보유하고 있는 주식들을 모두 고려해야 한다. 모든 주식 중에서 계속 보유했을 때 미래에 가장 가치가 낮아질 것으로 판단되는 주식을 팔아야 한다는 뜻이다. 보유하고 있는 주식 중 현재 상태에서 가장 수익성이 떨어지는 주식만을 매각 대상으로 생각해서는 안 된다. 그렇게 해야 보유하고 있는 모든 주식(포트폴리오)의 가치의 합을 극대화할 수 있다. 또한 매입 결정을 할 때도 수익을 올리기 위해서는 데이터를 최대한 활용해 결정을 해야 한다.

지금처럼 데이터가 넘쳐나는 환경에서 왜 기관투자자들이 언제 그만둘지 제대로 결정하지 못하고, 데이터를 이용해 자신들이 가진 그런 문제에 대한 해법도 만들어내지 못하는지 이해하기란 힘들다.

하지 않은 일로부터 배우기

그만두기에는 피드백 문제가 수반된다. 우리는 어떤 일을 할 때 자연스럽게 그 일이 어떻게 되어가는지 추적한다. 일이 어떻게 되고 있는지 추적할 수 있는 이유는 우리가 그 일을 하고 있었기 때문이다. 우리는 에베레스트산을 오르든, 회사를 운영하든, 인간관계를 유지하든, 직장을 다니든 그 일들을 되돌아보고 추적할 수 있다. 스스로가 그 일 안에 있었기 때문이다. 우리는 그 일을 하면서 우리가 어떻게 행동했는지 추적한다.

하지만 그 일에서 벗어나면 피드백을 받는 데 두 가지 문제가 생긴다.

첫째, 우리가 그만두는 대부분의 일은 우리가 그 일을 계속했다면 어떻게 됐을지 알 수 있게 해주는 데이터가 존재하지 않는다. 만약 그 데이터를 만든다면 그 데이터는 가상의 상황을 가정해 만드는 것이거나 사실과는 다른 것에 불과할 것이다. 내가 그 사업을 접지 않았다면 어땠을까? 내가 그 직장을 그만두지 않았으면 어땠을까? 내가 전공을 바꾸거나 다른 대학으로 옮기지 않았다면 어땠을까?

이 상황에서 우리가 가지고 있는 것은 데이터가 아니다. 그저 "만약?"이라는 가정뿐이다.

그만두는 결정이 계속하는 결정보다 나은 결정인지 알기 힘든 이유가 여기에 있다. 상상을 제외하면 우리에게는 이 두 가지 결정을 비교할 수 있는 수단이 전혀 없다.

두 번째, 어떤 것을 그만둘 때 우리는 "눈에서 멀어지면 마음에서도 멀어진다"라는 속담에 매우 충실해진다. 당연히 우리는 자신이 더 이상 하지 않는 일은 추적하지 않는다. 이런 성향은 기관투자자들에게도 문제를 일으키게 되기 쉽다. 기관투자자들이 특정한 주식 거래를 시작할 때 그 주식을 매일 추적한다. 그 주식이 기관투자자들은 보유한 포트폴리오의 일부이기 때문이다. 하지만 그 주식을 매각한 뒤에는 더 이상 추적하지 않는다. 매각한 주식은 포트폴리오의 일부가 아니며, 기관투자자들은 그 주식을 손익계산서에서 포함시키지도 않는다.

기관투자자들은 결정의 질을 파악할 수 있게 해주는 데이터가 실제로 존재하는, 드문 상황에 있는 사람들임에도 불구하고 그 데이터를 이용하지 않는다. 이들의 문제는 바로 이 부분에서 발생한다. 기관투자자들은 이를테면 이런 질문에 대한 답을 얻을 수 있다. 내가 적절한 시점에 매각을 했을까? 너무 일찍 매각을 했을까? 너무 늦게 매각을 했을까? 평균치보다 더 많은 수익을 올릴 수 있는 다른 주식을 매각해야 했을까?

이런 문제들을 살펴본 연구자들은 기관투자자들이 과거의 거래에 대한 분석을 하지 않기 때문에 제대로 결정을 하지 못한다는 것을 밝혀냈다.

주식 거래를 하는 사람들은 자신이 사지 않은 주식을 샀다면 어땠을지 생각하곤 한다. 금융시장에서 일하는 내 고객들에게 내게 권하는 방법은 매각할 때도 매입할 때와 동일한 전략을 이용해 피드백 문제를 해결하라는 것이다. 과거의 매각 결정들을 되돌아보면서 매각 당시 포트폴리오에서 다른 주식을 무작위로 선택해 매각했다면 어떤 결과가 나왔을지 생각해보는 방법이다.

대부분의 경우 우리에게는 어떤 일을 계속했다면 어떻게 되었을지 알려줄 수 있는 데이터가 없다. 하지만 기관투자자들의 경우는 확실한 해결방법이 존재한다. 기관투자자들은 매입 결정에서 과거의 결정들을 추적하듯이 매각 결정을 할 때도 과거 결정들을 철저하게 추적해야 한다.

3장에서
이것만은 꼭 기억해두기!

- 전망이론의 핵심은 손실회피다. 손실회피는 이익이 미치는 감정적인 영향보다 손실이 미치는 감정적인 영향이 더 큰 현상이다.

- 손실회피는 손실을 입을 가능성을 줄이기 위한 선택을 선호하는 성향이다. 사람은 누구나 손실회피 성향이 있으며 그 때문에 명백한 위험을 알아차리고도 외면하곤 한다.

- 너무 일찍 그만두기는 제때 그만두기가 아니다. 우리는 뭔가를 얻었을 때 이미 얻은 것을 잃지 않기 위해 너무 일찍 그만둔다. 반면에 앞서갈 때는 그만두고 싶어 한다.

- 우리는 뭔가를 잃으면 되찾기 위해 위험을 무릅쓴다. 손실이 현실화되는 상황이 현실에서 확정되는 것을 피하기 위해 위해 계속 버틴다. 대니얼 카너먼은 '확실한 손실 회피'라는 말로 우리의 이런 오류를 잘 설명했다. 우리는 뒤쳐져 있을 때 그만두지 않고 오히려 계속하고 싶어 한다.

- 우리는 뭔가를 그만둘 때 대부분 너무 일찍 그만둔다고 느끼곤 한다. 그 '대부분의 경우'의 '대부분'은 이미 지고 있을 때이다.

- 전문 투자자들은 그만두는 결정을 제대로 내릴까? 전혀 그렇지 않다. 그들은 매입 결정을 내리는 데 탁월하지만 매각 결정을 제대로 내리지 못한다.

- 우리는 우리가 하고 있는 일을 자연스럽게 추적하고 피드백을 얻는다. 하지만 어떤 일을 일단 그만두면 그 일에 대한 추적을 멈춘다. 이런 식으로 행동하면 좋은 피드백을 얻을 수 없다. 그만두는 스킬을 갈고닦기도 어렵다.

큰 기대를 받고 있더라도
잘 그만둘 수 있다

엘 캐피탄El Capitan은 세계에서 가장 유명하면서 가장 웅장한 바위다. 요세미티 국립공원에 위치한 엘 캐피탄은 등반 루트만 70개가 넘는 매우 폭이 넓은 바위이며, 높이가 914미터에 이른다. 산악인들은 보통 "엘 캡"이라고 줄여서 부른다.

앨 캡 등반이 최초로 이뤄진 것은 1958년이다. 당시 등반대는 화강암 덩어리인 앨 캡 곳곳에 드릴링 볼트를 박은 다음 로프에 의지해 46일 만에 정상에 올랐다.

그로부터 56년 후인 2016년, 전문 암벽 등반가 알렉스 호놀드Alex Honnold가 앨 캡 등반에 도전하기로 결정했다. 하지만 이 등반 계획은 인간의 상상을 초월하는 수준이었다. 호놀드는 "프리 솔로free solo" 방식으로 "프리라이더Freerider"라는 이름의 극도로 힘든 루트를 통해 혼자서 하루 안에 정상에 오르기로 결정했다. 프리 솔로 방식은 볼트나 발판을 사용하지 않고 정상까지 오르는 방식이다. 프리 솔로 등반에서는 로프도 사용하지 않지 않기 때문에, 등반가는 암벽을 오르다 떨어지면 그대로 추락하는 수밖에 없다.

호놀드는 지인 몇 명(대부분은 전문 암벽 등반가였다)에게 프리 솔로 방식으로 프리라이더 루트를 통해 엘 캡 정상에 오르겠다고 털어놨다. 호놀드의 친구인 지미 친Jimmy Chin은 호놀드의 등반 준비 과정과 실제 등반 과정을 다큐멘터리로 만들겠다고 제안했고 호놀드는 이 제안을 수락했다. 친은 호놀드의 등반이 극도로 위험하기도 하겠지만, 호놀드가 엘 캡을 프리 솔로 방식으로 등반하는 최초의 등반가가 될 것이라는 점을 들어 다큐멘터리를 제작하는 것이 좋겠다고 제안한 것이었다.

등반가들은 암벽등반을 할 때 대부분 로프를 사용한다. 인간은 약 24미터 이상의 높이에서 떨어지면 살아남기 힘들다. 몇 백 미터 높이의 암벽에서 떨어지면 당연히 죽는다.

(자신이 "프리" 등반가라고 생각하는) 세계 최고 수준의 등반가들도 이런 중력의 위험성은 모두 인정한다(여기서 "프리"라는 말은 "로프에 의존하지 않는"이라는 뜻이다 - 옮긴이). 프리 등반가들은 안전을 위해 로프를 차지만, 그 로프를 등반 목적으로는 사용하지 않는다. 공중곡예사나 줄타기 곡예사들이 밑에 그물을 깔거나

몸에 로프를 감고 있지만 떨어질 때 외에는 그물이나 로프를 사용하지 않는 것과 비슷하다. 프리 등반가들은 24미터가 넘는 높이에서 떨어질 경우를 대비해 로프를 차고 있는 것이다.

프리 솔로 등반은 이 프리 등반보다 더 높은 수준의 스킬을 필요로 한다. 추락으로부터 몸을 지켜주는 로프가 없어서 높은 고도에서 프리 솔로 등반을 하다 발을 잘못 디디면 그대로 추락사하기 때문이다. 전 세계적으로 프리 솔로 등반가가 몇 명 되지 않는 이유가 여기에 있다. 유명한 프리 솔로 등반가들은 대부분 이미 세상을 떠났다.

프리 솔로 등반은 가장 높은 수준의 스킬을 필요로 하는 궁극적인 등반 방식이다. 호놀드의 친구이자 하드코어 등반가로 호놀드의 등반 준비를 도왔던 토미 콜드웰Tommy Caldwell은 프리 솔로 등반에 대해 "올림픽에서 금메달을 따지 못하면 죽어야 하는 상황을 상상하면 된다. 엘 캡을 프리 솔로 등반하는 일이 바로 그렇다. 완벽하지 않으면 살아남을 수 없다"라고 말했다.

호놀드의 등반 과정을 촬영하는 일은 어렵고, 비용이 많이 들고, 정교한 작업이었다. 친은 암벽 등반 과정 촬영 경험이 있는 카메라 기사들을 고용했다. 친이나 콜드웰처럼 이 카메라 기사들도 호놀드와 친분이 있는 사람들이었다. 카메라 기사들은 호놀드의 등반을 방해하거나 도움을 주지 않도록 주의하면서 10대의 카메라를 이용해 다양한 지점에서 호놀드의 등반 모습을 촬영했다.

호놀드는 2016년에 몇 달 동안 로프를 몸에 매고 프리라이더 루트의 30개 부분("피치pitch"라고 불린다. 암벽등반에서 피치는 50~60미터에 이르는 일종의 '마디' 같은 개념이다 - 옮긴이)을 모두 오르면서 훈련을 했다. 호놀드가 프리라이더 루트에서 훈련하는 모습도 모두 촬영됐으며, 프리블래스트 슬랩Freeblast Slab이라고 불리는 6피치(고도 146미터)에서 발을 헛디뎌 미끄러지는 모습도 고스란히 카메라에 담겼다. 6피치에서 미끄러져 떨어진 호놀드는 9미터 정도 추락했지만 로프에 묶여 있었기 때문에 목숨을 건졌다. 하지만 그 정도의 추락으로도 호놀드는 발목을 삐고 연골이 찢어졌다.

부상을 당하고 3주가 지났을 때 아직 회복이 덜 된 상태에서 호놀드는 훈련을 재개했다. 겨울이 오기 전에 프리 솔로 등반을 시도해야 했기 때문이다.

다큐멘터리에는 이 과정도 모두 기록돼 있다.

등반 당일 호놀드는 새벽 3시 30분에 일어나 어둠 속에서 엘 캡을 오르기 시작했다. 카메라 기사들도 촬영을 위해 각자의 위치에 자리를 잡았다. 호놀드가 피치 6에 도착했을 때는 카메라가 멀리서 호놀드를 촬영하고 있었다. 호놀드는 어둠 속에서 헤드램프 불빛에만 의존하고 있었다.

피치 6 구간에 매달려 있던 호놀드는 발을 디딜 수 있는 공간을 찾지 못해 갈등하고 있었다.

등반을 계속해야 할지 말지 결정해야 하는 순간이었다. 몇 달을 훈련하면서 돈을 쓴 상태였다. 동료 등반가들은 시간을 내 호놀드의 등반 준비를 도와줬고, 카메라 기사들도 암벽에 매달려 호놀드의 등반 모습을 찍고 있었다. 지미 친을 포함해 이들 대부분은 호놀드와 매우 친한 친구들이었다.

지미 친이 그때까지 촬영한 양은 꽤 많았다. 하지만 호놀드는 정상 등반을 촬영한 내용 없이 그때까지 촬영한 내용들로만 다큐멘터리를 만드는 것은 별 의미가 없다고 생각했다. 사실 호놀드가 피치 6까지 146미터를 올라간 뒤 내려온다면 다큐멘터리를 만들 이유도 없었다.

게다가 그날은 그해에 등반이 가능한 마지막 날이었다. 프리 솔로 암벽 등반가에게 "내년까지 기다려야 한다"는 것은 다시는 등반을 하지 못할 수도 있다는 말일 수도 있었다. 다음 해까지 살아 있을지도 불분명하기 때문이다.

이 모든 상황은 호놀드가 그곳에서 등반을 포기하기 어렵게 만들었지만, 호놀드는 결국 주변에 박혀 있던 볼트를 잡음으로써 프리 솔로 등반을 포기했다. 가지고 있던 송진 주머니에 달린 마이크에 대고 호놀드는 "안 되겠어. 여기서 그만해야겠어. 등반은 여기서 접을 거야"라고 말했다.

호놀드는 내려오기 시작했고, 카메라 기사들도 모두 암벽 아래로 내려왔다. 카메라 촬영팀은 해산했고, 호놀드는 당시에 자신이 살고 있던 밴을 몰아 560킬로미터 떨어진 라스베이거스의 집으로 돌아갔다.

알렉스 호놀드는 그 다음 해 6월에 다시 엘 캡으로 돌아왔다. 팀이 다시 모였고, 호놀드는 성공적으로 엘 캡 프리 솔로 등반을 마쳤다. 《뉴욕타임스》는 호놀드의 엘 캡 등반에 대해 "역사상 가장 위대한 스포츠 업적 중 하나"라고 평가했다. 지미 친과 엘리자베스 차이 바사르헬리Elizabeth Chai Vasarhelyi는 2018년에 《프리 솔로》라는 이름의 다큐멘터리를 공개했고, 이 다큐멘터리는 제91회 아카데미상에서 장편 다큐멘터리 영화상을 수상했다.

《프리 솔로》를 보면 호놀드가 얼마나 어렵고 힘든 일을 시도했는지, 그리고 그가 어느 정도의 스킬을 가지고 있는지 쉽게 알 수 있을 것이다(물론 그 다큐멘터리를 얼마나 어렵게 찍었을지도 상상할 수 있다). 2017년 6월 프리 솔로 등반은 호놀드가 몸으로 해낸 놀라운 업적이다. 호놀드 외에는 이런 일을 해낼 수 있는 사람이 거의 없을 것이다.

하지만 호놀드가 피치 6에서 그만두고 내려온 것이 놀라운 정신적 업적이라는 사실은 거의 부각되지 않는다. 2016년의 어느 날 아침 내린 등반 결정이 피치 6에서 갈등하던 호놀드를 계속 올라가라고 밀고 있었을 것이다. 이미 몇 달이나 훈련을 한 상태였다. 호놀드의 친구들도 그의 등반을 위해 시간과 돈을 투자하면서 그의 등반 과정을 촬영하기 위해 말 그대로 목숨을 걸고 노력하고 있었다. 호놀드가 피치 6에서 그만둔다면 다큐멘터리 제작 자체가 무산되는 상황이었다.

호놀드의 당시 결정이 왜 탁월한 결정이었는지 이해한다면, 우리를 지나칠 정도로 오래 버티게 만드는 힘들의 실체가 무엇인지 알 수 있을 것이다. 또한 그것을 이해하면, 언제 계속하고 언제 그만두어야 할지 결정을 내릴 때, 호놀드처럼 그만둘 결정을 내릴 수 있게 만드는 전략이 어떤 것인지도 알 수 있게 될 것이다.

2부

빠르게 그만두라는 신호들과
중단 기준 정하기

4장

몰입상승 효과

1930년대 말, 해럴드 스토Harold Staw의 부모는 미국 동부 해안 지역에서 캘리포니아 남부로 이주한 수백만 명 중 하나였다. 당시 캘리포니아 남부에는 아메리칸 드림을 이루기 위해 수 많은 사람들이 몰려들고 있었다. 셜리 포즈너Shirley Posner의 가 족도 이 시기에 로스앤젤레스로 이주했고, 그곳에서 셜리는 해럴드를 만났다. 이 둘은 사랑에 빠졌고 1940년에 결혼했다. 두 아이의 아버지가 된 해럴드는 제2차 세계대전 동안 로스앤 젤레스의 방위산업체에서 일했다.

전쟁이 끝난 뒤 해럴드와 셜리는 샌버너디노에 정착했다. 샌버너디노는 인랜드 엠파이어 지역의 동쪽 끝에 위치한 도시로 로스앤젤레스에서 약 100킬로미터 떨어져 있다. 전쟁 동안 로스앤젤레스는 군수물자 생산의 중심지로 호황을 누렸었다. 그 호황기 동안 인랜드 엠파이어 지역은 농장과 과수원이 있던 지역에서 주거지역으로 탈바꿈했다.

당시 해럴드의 양아버지와 어머니는 식료품점을 운영했고, 해럴드와 셜리도 동네에서 식료품점을 운영하기 위해 가게를 샀다. 이들 부부는 처음에는 그럭저럭 운영을 했지만, 몇 년이 지나자 해럴드는 불길한 징조를 발견하기 시작했다. 해럴드는 대형 슈퍼마켓들이 동네에 들어오면서 소규모 가게로는 결국 경쟁이 불가능해질 것이라고 생각했다.

해럴드는 더 전망 있는 새로운 사업을 찾아야 했다.

1952년 해럴드는 샌버너디노에서 서쪽으로 약 16킬로미터 떨어진 폰태나에서 기회를 발견했다. 당시 샌버너디노부터 로스앤젤레스까지 이어지는 고속도로가 건설되고 있었는데, 폰태나는 그 고속도로 중간에 위치한 도시였다. 게다가 당시 폰태나에는 공장들이 앞다퉈 들어서고 있었다. 제2차 세계대전 중에 카이저 스틸(철강업체)이 대규모 공장을 열었고, 한국전쟁에 미국이 개입하기 시작하면서 폰태나는 더 큰 호황을 맞이한 상태였다.

해럴드는 폰태나의 공장노동자들(이들 대부분은 다른 곳에서 폰태나 지역으로 이주해 좋은 수입을 올리고 있었다)에게 가전제품을 팔면 많은 돈을 벌 수 있을 것이라고 판단했다. 폰태나의 공장노동자들은 모두 철강노동조합 소속이었고, 해럴드는 철강노동조합의 조합원들에게만 가전제품을 파는 매장을 열었다. 이를테면 군부대의 PX 같은 매장이었다.

처음에는 생각처럼 일이 잘 풀리지 않았다. 동네 식료품점을 팔아 마련한 얼마 안 되는 돈으로는 양계장이었던 작은 공간밖에는 임대할 수 없었다. 해럴드는 셜리와 두 아이들의 도움으로 그 공간에서 닭털을 쓸어내어 청소를 마친 뒤 유니언스토어라는 이름의 가게를 열었다.

가전제품을 많이 들여놓을 만한 공간이 없었고, 돈도 거의 바닥이 난 상태였다. 하지만 그는 좁은 공간을 최대한 활용했고, 매장 전시제품을 할인 가격으로 팔았다. 손님들이 매장에 전시된 냉장고나 스토브를 마음에 들어 하면 그 제품을 주문해 파는 방법도 사용했다.

해럴드의 이런 아이디어는 성공적인 소매 체인 사업 구축의 시작이었다. 양계장을 개조해 만든 매장에서 시작한 해럴드의 사업은 업랜드의 더 넓은 매장으로 확장됐다. 업랜드는 건설 중인 고속도로가 완공되면 그 고속도로를 타고 폰태나에서 서쪽으로 약 20킬로미터만 가면 도착할 수 있는 곳이었다. 업랜드 매장은 더 넓었기 때문에 재고를 많이 보관할 수 있었다. 해럴드는 이 넓은 매장에서 가전제품과 함께 주방용품도 팔기로 했다. 해럴드는 철강노동조합 외의 다른 노동조합들의 조합원들에게도 매장을 이용할 수 있게 함으로써 고객층을 확장했다(그 후 해럴드는 노동조합 조합원이 아닌 사람들도 매장을 이용할 수 있게 했다).

1950년대에 해럴드 스토는 모든 면에서 거침없는 성장을 했다. 인랜드 엠파이어의 인구는 10년마다 거의 80%씩 늘어났다. 로스앤젤레스 대도시권은 캘리포니아주 고속도로 시스템이 빠르게 확장되면서 전 세계에서 가장 빠르게 확장하는 대도시권 중 하나가 됐다(결국 로스앤젤레스 대도시권은 면적이 약 9만 제곱킬로미터에 이르는 넓은 권역으로 확장됐다). 수많은 사람들이 기회를 찾아 끝없이 캘리포니아 남부로 몰려들고 있었다. 이 사람들은 캘리포니아 남부에서 좋은 일자리를 얻어 가정을 꾸리기 시작했고, 더 큰 집으로 이사하기 시작했다.

이들에게 필요한 것이 바로 가전제품과 주방용품이었다. 또한 소비재도 많이 필요했다. 해럴드 스토는 이들에게 필요한 것들을 제대로 공급하면서 사업을 확장했다.

해럴드는 업랜드에서 고속도로 기준으로 서쪽으로 약 5킬로미터 떨어진 몬클레어에 ABC라는 이름의 훨씬 더 큰 매장을 열었다. 해럴드는 이 매장을 50년 장기 임대했다. 해럴드는 이 매장의 수익성이 폰태나나 업랜드의 매장보다 훨씬 높을 것으로 예측했다.

그 후부터 해럴드는 빠르게 경쟁 업체들을 사들이면서 확장을 하기 시작했다. 한번에 두 매장을 사들이기도 했다. 샌버너디노에서 로스앤젤레스 방향으로 더 뻗어가고 있던 고속도로의 중간 정도에 있는 코비나에 해럴드가 연 ABC 매장은 넓이가 약 1,000제곱미터에 이르는 캘리포니아주 최대 규모의 쇼핑센터였다. 해럴드는 이 매장을 진정한 의미의 원스톱 쇼핑센터로 만들었다. 의류에서부터 주방용품, 대형가전에 이르기까지 거의 모든 제품을 팔았던 이 매장에 해럴드는 보험대리점, 안경점 등 다양한 가게들을 입점시키기도 했다.

1960년대 초반이 되자 ABC 스토어는 캘리포니아 남부에서 가장 큰 소매 체인으로 성장했다. 1961년 해럴드 스토는 텍사스주 기반의 할인 소매업체인 세이지 스토어Sage Store 체인을 합병했다. 세이지 스토어 체인은 해럴드의 ABC 스토어 체인과 탄생 배경이 비슷했다. 해럴드는 노동조합원들에게만 물건을 파는 방식으로 시작한 반면, 세이지는 공무원들에게만 제품을 팔던 업체였다(세이지라는 단어는 "주 공무원과 정부 공무원State And Government Employee"의 약자다).

해럴드 스토는 합병된 업체에 세이지 인터내셔널이라는 이름을 붙이고 최대주주 겸 최고경영자가 됐다. 1962년에 주식시장에 상장됐을 때 이 회사의 주식가치는 1,000만 달러였고, 그중 30% 이상을 스토의 가족들이 보유하고 있었다.

해럴드 스토의 이런 성공은 성공한 많은 사람들의 경우에서처럼 스킬과 운이 결합된 결과였다. 스토는 거의 아무 것도 없는 상태에서 부트스트래핑bootstrapping(신생 기업이 대규모 금융이나 외부 자금을 조달하지 않고 스스로 사업을 키우는 방식)을 통해 엄청난 부를 일군 사람이었다(그 후에도 스토는 훨씬 더 많은 돈을 벌었다). 스토가 사업을 시작할 때 가진 것이라고는 머리, 끈기, 배짱밖에 없었다. 하지만 그는 자신이 가진 것들을 적극적으로 활용하면서 베이비부머 세대의 증가, 소비자 문화의 성장 등의 외부 요소들도 최대한 자신에게 유리하게 이용했다.

스토에게 유리했던 이런 요소들은 1960년대 내내(그리고 그 이후까지) 작용했다. 하지만 할인 매장의 수익성이 계속 높아지자 경쟁업체들이 등장하기 시작했다. 하지만 이 경쟁업체들은 해럴드 스토가 이기거나 인수할 수 있는 수준을 훨씬 넘어가는 업체였다.

세이지와 합병한 해는 K마트가 처음 문을 연 해이기도 했다.

K마트도 나중에는 월마트Walmart와 타깃 Target에 밀리기는 했지만, 1960년대에는 K마트가 강자였다(월마트와 타깃은 모두 1962년에 아칸소와 미네소타에서 각각 문을 연 체인이다). K마트는 특히 캘리포니아에서는 절대적 우위에 있었다. K마트의 창업자 세바스천 크레스지Sebastian Kresge는 미국 전역에서 저가 매장 체인으로 성공을 거둔 후 1962년 1월에 로스앤젤레스 북부의 산페르난도에서 K마트 매장을 처음 열었는데, 1962년 말에는 이미 전국에 K마트 매장이 18개로 늘어난 상태였다.

K마트 매장들은 대부분 해럴드의 매장들에서 가까운 곳에 세워졌다. 바로 건너편이나 옆 블록에서 문을 연 경우도 있었다. K마트는 해럴드의 업체보다 더 낮은 가격으로 상품을 공급할 수 있는 자금력이 있었다. K마트는 지역의 소매업체들을 죽이면서 매장의 사업을 확장하는 전략을 사용했기 때문에 캘리포니아 지역의 소규모 할인매장들은 줄줄이 매장 문을 닫을 수밖에 없었다.

1960년대 말이 되자 ABC 체인(캘리포니아 지역에서는 여전히 ABC라는 이름을 쓰고 있었다)도 수익성이 떨어지기 시작했다.

텍사스에서 세이지는 계속 성장하면서 매장을 계속 새로 열었다. K마트가 아직 텍사스에 본격적으로 진출하기 전이었다. 텍사스와 인접한 아칸소에서 창립된 월마트도 1975년까지는 텍사스에 진출하지 않았다. 다행히도 모기업인 세이지 인터내셔널은 점점 늘어나고 있는 ABC 체인의 손실을 세이지의 성장으로 벌충할 수 있었다.

하지만 이런 상황은 해럴드 스토에게 좋은 상황이라고 할 수 없었다. 스토는 세이지 인터내셔널의 최고경영자이자 최대주주였지만, (합병으로 세이지 인터내셔널의 주식 상당 부분을 가지게 된) 텍사스주 체인점 운영자들은 ABC 체인의 손실을 자기들이 감당하게 되자 점점 분노했다. 이들은 ABC 체인점들이 아직 가치가 있을 때 매각해야 한다고 주장했다. ABC 체인점을 매각한다는 것은 세이지 인터내셔널에서 스토가 만든 부분을 없앤다는 뜻이었다.

그 상황에서는 매각이 매우 당연한 선택이었다.

해럴드 스토의 회사는 좋은 자산(텍사스의 체인점들)과 나쁜 자산(캘리포니아의 체인점들)을 가지고 있었다. 스토는 K마트의 위협에 대처할 수 있는 방법이 없었다. 게다가 텍사스의 주주들은 캘리포니아의 체인점들을 매각하면 세이지 인터내셔널의 수익성이 훨씬 좋아질 것이라고도 판단했다(그렇게 해도 스토가 세이지 인터내셔널의 최대주주라는 사실은 변하지 않을 것이었다).

하지만 해럴드는 캘리포니아 체인점들을 매각하지도 닫지도 않았다. 캘리포니아의 ABC 체인점들은 스토에게 자신이 낳아서 기른 자식과 같았기 때문이다. 스토에게 캘리포니아의 체인점들은 자신의 엄청난 노력과 현명하고 시의적절한 결정의 결과였다.

1970년대 초가 되자 텍사스주주들의 분노는 결국 대리전과 거액이 걸린 지저분한 법정다툼의 형태로 폭발했다. 오랫동안 자신의 친구였던 변호사가 텍사스주주들 쪽으로 넘어가 그들의 법률대리인이 된 일은 스토에게 가장 큰 충격으로 다가왔다.

하지만 스토는 이런 일들을 겪으면서도 ABC 체인을 포기하지 않았다. 대신 그는 세이지 인터내셔널에서 수익성이 높은 텍사스 체인점들의 지분을 포기하고 수익성이 낮은 캘리포니아 체인점들을 지분을 모두 사들이겠다는 협상안을 냈고, 텍사스주주들은 이 제안을 받아들였다. 그 결과 텍사스주주들은 세이지 체인점들의 지분을 다시 찾게 됐고, 스토는 캘리포니아의 모든 ABC 체인의 지분을 갖게 됐다.

K마트와 계속 경쟁하기 위해 스토는 자신과 아내가 20여 년 동안 축적한 자금을 ABC 체인점들을 살리기 위해 사용했다.

그로부터 몇 년 뒤 스토에게 행운이 찾아왔다. 프레드 마이어Fred Meyer가 ABC 체인의 자분을 모두 인수하겠다는 제안을 한 것이다. 오리건주에서 창업하여 성공적인 확장을 통해 초대형 할인매장들을 운영하고 있던 프레드 마이어는 캘리포니아에 진출하기 위해 ABC 체인을 인수하려고 했던 것이었다. 당시 프레드 마이어는 1960년에 주식 상장을 한 뒤 4개 주에서 40개가 넘는 매장을 운영하고 있었다.

스토는 이 제안을 거절했다.

결국 해럴드 스토는 그동안 모아놓은 돈과 체인점을 모두 잃었다. 스토와 아내에게 남은 것이라고는 50년 임차계약을 맺은 몬클레어의 매장 하나뿐이었다. ABC 체인점들을 모두 잃은 상태에서 그는 몬클레어 매장을 다른 사람들에게 다시 임대한 후 세를 받아 생활할 수밖에 없었다.

아이러니한 것은 그 당시 스토의 매장에 세를 들었던 사람들 대부분이 변화한 사업 환경에 적응하는 것을 거부했다는 사실이다. 예를 들어, 콤프USA CompUSA는 2002년 슈퍼볼 경기에 광고를 협찬할 정도도 성장했지만 결국 환경 변화에 대처하지 못하고 문을 닫았다.

해럴드 스토에게 일어난 일을 외부의 시선으로 보면, 스토가 실패하고 있다는 것을 매우 분명하게 보여주는 징후들을 무시했다는 것을 쉽게 알 수 있다. 스토에게는 K마트와 경쟁할 능력이 없었고, 다른 소매업체들이 새로운 환경에 적응해

변신을 하고 있었고, 합병한 파트너들의 태도도 분명했고, 친한 친구인 변호사가 반대 진영으로 넘어갔다. 그럼에도 불구하고 그는 지는 게임을 계속했다.

스토가 수익성이 높은 세이지 체인의 지분을 매각하지 않고 ABC 체인의 지분도 모두 매입하지 않았다면, 프레드 마이어가 인수 제안을 했을 때 유리한 조건으로 협상을 할 수도 있었을 것이다. 하지만 스토는 그렇게 하지 않았고, 실패하고 있는 사업에 자신이 가진 모든 것을 계속 쏟아부었다.

스토는 왜 이렇게 행동했을까? 왜 스토처럼 영리하고 유연하게 의사결정을 내리는 사람이 자신의 눈앞에 있는 징후들을 보지 못할까? 스토의 사업을 성공으로 이끌었던 그의 끈기, 투지, 집요함이 나중에 어떻게 그의 실패를 이끈 경직성, 고집, 심지어는 오만으로 변했을까?

해럴드 스토가 실패한 근본적인 이유를 알아낸다면 우리는 우리 자신은 물론 다른 사람들의 실패 원인도 알아낼 수 있을 것이다.

몰입상승의 늪

그만두어야 한다는 강한 신호들에도 불구하고 실패하고 있는 일을 계속하는 성향을 다룬 최초이자 가장 영향력 있는 학술 논문 중 하나는 다음과 같은 문장으로 시작된다.

"사람들은 자신의 결정이나 행동이 미래에 부정적인 결과를 초래할 수 있다고 판단하면 스스로 그 결정이나 행동을 수정할 수 있다고 생각한다."

1976년에 발표된 〈사람들이 진흙수렁에 무릎까지 빠지는 이유: 몰입상승 행동에 관한 연구 Knee-Deep in the Big Muddy: A Study of Escalating Commitment to a Chosen Course of Action〉라는 제목의 이 논문의 저자는 해럴드와 셜리의 아들인 배리 스토 Barry Staw다.

아버지 해럴드가 K마트 그리고 다른 주주들과의 지는 싸움에 집착하고 있을 때 아들인 배리 스토는 사회학자로서 왜 사람들이 실패하고 있는 일에 집착하는지, 왜 부정적인 신호들에도 불구하고 지나치게 오래 버티는지, 어떻게 하면 실패하고 있는 일을 그만두고 잘 떠날 수 있는지 연구하고 있었다.

배리 스토는 사람들이 한번 시작한 일에 붙잡혀 빠져나오지 못하는 전형적인 예가 당시 미국이 계속 악화되고 있던 베트남전쟁에서 빠져나오지 못하고 있는 상황이라고 봤다. 그는 미국의 베트남전쟁 개입이야말로 수렁에 빠진 미국이 제대로 그만두지 못해 엄청난 희생을 치르게 된 전형적인 사례라고 판단했다.

배리 스토는 사람들이 수렁에서 빠져나오지 못하는 이유를 알고 싶었다. 그가 1976년에 발표한 논문의 제목 "사람들이 진흙수렁에 무릎까지 빠지는 이유"는 피트 제거Pete Seeger가 1967년에 발표한 반전 노래인 "진흙수렁에 허리까지 빠진 우리Waist Deep in the Big Muddy"에서 따온 것이었다.

베트남전쟁이 끝나갈 조짐을 보일 때 대부분의 미국인은 미국이 이기지 못할 것이라고 생각했다. 미국의 정책결정자들도 같은 생각이었지만 나라가 전쟁에서 발을 빼게 만들 수는 없었다. 배리 스토는 그 이유가 실패하고 있는 일에 몰입상승escalation of commitment하게 되는 성향 때문이라고 분석했다. 스토는 미국이 베트남전쟁에서 승리할 수 없을 것이라는 사람들의 생각에 오히려 베트남전쟁에 더 몰입하는 방법으로 대응했다고 봤다.

베리 스토는 논문에서 《뉴욕타임스》와 《워싱턴포스트》에 의해 공개된 미 국방부 기밀문서의 내용을 인용했다. 이 문서에 따르면 베트남전쟁 개입 직전인 1965년 당시 국무부 차관 조지 볼George Ball은 린든 존슨 대통령에게 이렇게 말했다. "이

전쟁에 개입해 사상자가 많이 발생한다면 미국은 돌이키기가 거의 불가능하게 될 것입니다. 개입한 목적을 이루지 못하고 국가적 수치를 당하는 상태에서 발을 빼지도 못할 정도로 깊어질 것입니다. 나는 미국이 개입한다면 수많은 희생을 치른 후에도 국가적 수치를 면하지 못하고 목적도 이루지 못할 것이라고 생각합니다."

하지만 린든 존슨 대통령은 이 경고를 무시했다. 베트남전쟁에 미국은 거의 2,000억 달러를 썼다(현재 가치로 환산하면 1조 달러 정도 된다). 미군 사망자는 약 5만8,000명에 달했고, 부상자도 30만 명이나 됐다. 베트남전쟁으로 린드 존슨은 정치적 생명을 잃고 재선 출마를 포기했다. 또한 베트남전쟁은 미국인들이 정부를 불신하게 된 계기가 되기도 했다.

이길 수 없는 전쟁에 미국 정부가 몰입을 계속 상승시킨 사례는 그 후에도 여러 번 있었다. 미국은 아프가니스탄전쟁에 개입한 뒤 빠져나오는 데 20년이 걸렸다. 그 20년 사이에 세 명의 대통령이 아프가니스탄에서 철수하겠다고 약속했음에도 불구하고 그랬다. 그 20년 동안 미국은 아프가니스탄 전쟁에 2조 달러를 썼지만, 미군이 철수한 지 며칠 만에 탈레반이 다시 아프가니스탄을 장악했다. 아프가니스탄에서의 진짜 승자는 미국이 아니라 탈레반이었다.

배리 스토의 몰입상승 이론의 핵심은 몰입상승 현상이 국가의 자부심과 관련된 복잡한 지정학적 문제인 베트남전쟁 같은 문제에만 국한되지 않는다는 것이다. 배리 스토는 연구실 실험과 현장 연구를 통해 몰입상승 현상이 개인 차원, 조직 차원, 정부 차원에서 모두 나타난다는 것을 보여줬다. 이 이론에 따르면 사람들은 실패하고 있다는 것을 보여주는 신호들(당사자가 아닌 다른 사람들은 쉽게 볼 수 있는 신호들)이 있을 때에도 그만두겠다는 결정을 쉽게 하지 않는다. 사람들은 실패하고 있는 일에 점점 더 많은 시간과 돈(그리고 다른 자원들)을 쏟아붓는 결정을 하면서 자신이 옳은 길을 가고 있다는 믿음을 강화한다.

배리 스토의 몰입상승 이론은 해럴드 스토가 비즈니스 제국을 구축할 수 있게 만든 그의 끈기가 그의 실패 원인이 됐다는 것을 알게 해준다. 베리 스토의 아버지 해럴드 스토는 캘리포니아 체인점 사업을 접어야 한다는 확실한 신호를 계속 무시하다 결국 몬클레어의 매장을 제외한 모든 것을 잃게 됐다.

상처 입을 때까지 버티기

....

우리는 많은 것이 걸려 있는 일에서 쉽게 손을 떼기가 힘들다는 것을 알고 있다. 하지만 관련 연구결과들에 따르면 적은 것이 걸려 있는 일에 대해서도 우리는 쉽게 손을 떼지 못한다. 배리 스토의 1976년 논문이 발표되기 1년 전에 이런 현상에 대해 다룬 논문이 한 편 발표됐다.

심리학자 제프리 루빈Jeffrey Rubin과 조엘 브로크너Joel Brockner는 다음 두 가지 질문에 대한 답을 얻기 위한 흥미로운 실험을 진행했다. "결국 얻을 수 없는 어떤 것을 사람들은 얼마나 오래 기다릴 수 있을까?" "계속 기다리기 위해 사람들은 어느 정도의 대가를 치를 수 있을까?"였다.

이 실험 결과에 따르면 사람들은 놀라울 정도로 오래 기다릴 수 있으며, 그들이 기다리고 있는 것의 가치보다 훨씬 더 많은 가치를 가진 것을 그 대가로 치른다.

이 연구자들은 학생들에게 크로스워드 퍼즐을 정해진 시간 안에 다 풀면 8달러(현재 가치로는 45달러 정도)를 주겠다고 제안했다. 3분 안에 퍼즐을 다 풀면 8달러를 다 받을 수 있었고, 정해진 3분이 지나면 1분마다 받을 수 있는 돈은 1달러씩 줄어들었다. 학생들은 퍼즐의 문제를 단 하나도 풀지 못해도 언제든지 퍼즐 풀기를 중단할 수 있었고, 퍼즐 풀기를 그만두면 참가한 대가로 2.40달러를 받을 수 있었다. 다만, 받을 수 있는 돈이 계속 줄어들어 2.40달러를 받을 수 있는 시점이 되기 전에 그만두어야 했다.

퍼즐의 단어 중 몇 개는 매우 어려운 단어였기 때문에 학생들은 크로스워드 퍼즐용 사전을 요청할 수 있었다(인터넷이 등장하기 훨씬 전의 일이다). 연구자들은 학생들에게 사전은 하나밖에 없으며 다른 학생들이 다른 방에서 퍼즐을 풀고 있다고 말했다. 학생들은 사전을 이용하기 위해서는 다른 학생들이 사용하고 있을 사전이 자신에게 오기를 기다려야 했다. 연구자들은 그 기다리는 시간도 퍼즐을 푸는 시간에 포함된다고 말했다.

참가 학생들은 몰랐지만, 사실 사전은 처음부터 없었다. 따라서 학생들은 아무리 오래 기다려도 사전을 이용할 수 없었다.

학생 중 반이 약간 넘는 인원은 2.40달러를 받을 수 있는 시점을 넘어서까지 존재하지 않는 사전을 기다렸다. 연구자들에 따르면 이 학생들은 "'돌이킬 수 없는 시점'을 넘어서까지 사전을 기다렸다. 이 학생들은 만족스러운 상태에서 탈출할 수 있는 시점을 넘기면서 갈등의 덫에 사로잡혀 있었다."

몰입상승의 대가는 매우 크다. 이렇게 오래 기다린 학생들이 더 빨리 그만뒀다면 더 많은 돈을 받을 수 있었을 것이다. 그만두는 결정을 하는 데는 시간이 필요했기 때문이기도 하겠지만, 루빈과 브로크너는 대부분의 경우에서 문제가 되는 것은 그만두기가 아니라 버티기라는 것을 보여줬다.

몰입상승에 관해 지난 45년 동안 이뤄진 다양한 연구들(실험실 연구, 현장연구, 흔하게 관찰되는 행동에 대한 연구)에 따르면 실패하고 있는 일에 사로잡혀 벗어나지 못하는 현상은 매우 다양한 환경과 조건에서 발생한다.

사람들은 자신이 한 결정에 다양한 방식으로 사로잡혀 헤어나지 못한다. 적절한 기회나 정보가 주어질 때에도 사람들은 그만두기를 거부한다. 사람들은 원래의 결정에 훨씬 더 많은 자원을 소비하면서, 그 결정을 지키기 위해 지나치게 오래 버틴다.

사람들은 줄을 서서 기다리면서 더 많은 시간을 소비하거나, 이길 수 없는 전쟁을 계속 수행하거나, 나쁜 관계를 계속 유지하거나, 마음에 들지 않는 직장을 계속 다니거나, 새로 사는 것보다 더 많은 돈을 들여서 낡은 차를 수리한다. 사람들은 집수리에 끝없이 돈을 쓰고, 일단 보기 시작한 재미없는 영화를 계속 본다. 기업은 이미 실패로 판명된 제품을 개선하기 위해 계속 돈을 쓰고, 제품 소비 환경이 바뀐 지 오래됐는데도 기존의 전략을 고수한다.

조지 볼의 말은 옳았다. 그가 미국의 베트남전쟁 개입에 대해 한 경고는 거의 모든 경우에 적용될 수 있다.

상황이 매우 좋지 않을 때 알리나 롭 홀처럼 버티는 사람들이 적지 않다. 하지만 실패가 확실해지기 전에 그만두는 사람들도 있다. 스튜어트 버터필드, 알렉스 호놀드 같은 사람들이 그런 예외적인 사람들이다.

4장에서
이것만은 꼭 기억해두기!

- 실패하고 있을 때 사람들은 그만두지 않을뿐더러 그 실패하고 있는 일에 전보다 더 집착한다. 이런 성향을 몰입상승 성향이라고 부른다.

- 몰입상승은 개인, 조직, 정부 차원에서 흔하게 일어난다. 우리는 좋지 않은 신호가 있을 때에도 한 번 시작했던 일은 계속하려고 한다.

- 몰입상승은 많은 것이 걸려있는 상황에서만 일어나는 현상은 아니다. 걸려 있는 것이 적은 상황에서도 일어난다. 이런 오류는 전파력이 매우 강하다.

5장

매몰비용과
낭비에 대한 두려움

2008년, 캘리포니아주 유권자들은 로스앤젤레스와 샌프란시스코를 연결하는 초고속 철도시스템 건설을 위한 90억 달러 규모의 주정부 채권 발행에 동의했다. 이 철도시스템은 최대 시속 350킬로미터의 초고속 열차로 캘리포니아의 주요 도시들을 연결하기 위한 것이었다.

캘리포니아주의 경제는 크게 북부 해안지역(베이지역과 실리콘밸리)과 남부 해안지역(로스앤젤레스와 샌디에이고)의 두 축으로 구성된다. 이 두 지역 사이의 교통과 이동성이 좋아지면 이 지역 사이에 위치한 캘리포니아주의 다른 지역들도 이 두 지역의 경제적 번영을 공유하기가 더 쉬워진다. 또한 초고속 철도시스템이 완공되면 북부지역과 남부지역 사이의 출퇴근을 쉽게 만들어 이 두 지역에서 일어나고 있는 부동산 과잉 개발을 완화하는 데 도움을 줄 수도 있다.

채권 발행 법안이 통과될 당시 이 초고속 철도시스템은 총공사비 330억 달러를 들여 2020년에 전 구간이 완공될 예정이었다. 이 철도시스템은 완공 전에도 매년 13억 달러의 수익을 낼 수 있으며, 완공이 되는 2020년이면 3억7,000만 달러의 영업이익을 내게 돼 그 이후로도 수익성이 더 높아질 것이라고 추산됐다. 발행되는 채권은 예상 완공 비용의 25%를 충당하기 위한 것이었고, 나머지 공사비용은 연방 자금·주 자금·공공민간 파트너십을 통해 확보되는 자금으로 채워질 예정이었다.

이런 공사 계획은 모두 캘리포니아 초고속열차공사 CHRA; California High-Speed Rail Authority가 세운 것이었다. 초고속열차공사는 이 초고속 철도시스템의 설계·공사·운영을 책임지며, 주지사와 주 의회의 감독을 받아 초고속 철도시스템에 관한 모든 결정을 한다.

초고속열차공사는 2년마다 사업계획을 업데이트한다. 하지만 업데이트를 할 때마다 공사 비용이 늘어나고 완공 기일이 늦춰졌기 때문에 공사계획은 시간이 갈수록 원래의 계획과 멀어졌고 현실성도 떨어졌다.

예를 들어, CHRA는 2020년 전까지 매년 13억 달러의 수익을 낼 수 있을 것이라고 추산했지만 현실은 전혀 이 수치에 미치지 못했다.

얼마나 미치지 못했을까? 놀랍게도 공사 구간 중 단 한 곳도 전혀 영업이익을 내지 못했다.

CHRA는 초고속 철도시스템이 2029년에 운영을 시작해 2033년에는 전 구간을 완공하겠다는 수정 계획을 발표했지만, 이 추산은 전혀 현실성이 없는 추산이었다. 2010년에 첫 구간(마데라와 프레스노 사이의 40킬로미터 구간) 공사를 시작한다는 계획을 발표했지만, 그 후로도 5년 동안 기초 공사도 시작하지 못했다.

이런 상황은 전 구간 완공이 늦어진다는 확실한 신호였다. 공사 시작 자체가 5년이나 늦어지고 있었기 때문이다.

왜 이렇게 시간이 많이 걸리는 것일까? 공사 구간의 중심부, 즉 캘리포니아주 남부와 북부의 대도시 지역들을 연결하는 데 엄청난 공학적 문제가 두 가지나 있었기 때문이었다. 첫째, 공사를 시작하려면 테하차피산맥 위를 넘어가는 경로를 구축하거나 테하차피산맥을 폭파해 경로를 뚫는 방법을 선택해야 했다. 베이커스필드와 그 남쪽의 LA를 연결하려면 이 방법밖에 없었다. 둘째, 센트럴밸리와 베이지역 사이에 파체코 패스라고 불리는 디아블로산맥의 일부 구간을 뚫어야 하는 문제도 있었다.

2010년에도 CHRA는 이 문제를 알고 있었을 것이다. 테하차피산맥과 파체코 패스는 최소한 500만 년 전에 생겼고, 초고속철도 공사를 계획할 당시 이 두 산맥을 뚫는 방법에 대해 고민했을 것이다.

2018년에 CHRA는 파체코 패스 밑으로 터널을 뚫는 공사가 "비용과 기간 면에서 매우 불확실한 공사"라고 인정했다. 산맥을 폭파해 터널을 만드는 일은 엄청난 비용이 드는 어려운 공사가 될 것이며, 활성 지진 단층대를 통과해야 하기 때문에 지질학적으로도 문제가 있는 공사라고 발표했다. CHRA는 이 공사를 시작할 수 있을지, 시작한다고 해도 언제 어떻게 시작해야 할지 모르겠으며, 어느 정도의 비용이 들지도 예측할 수 없다는 입장을 밝혔다.

2020년에 이르자 CHRA는 공학적인 문제가 엄청나게 클 가능성도 인정했다. (파체코 패스와 테하차피 산맥을 비롯해) 산맥에 터널을 뚫는 데 드는 비용이 "전체 공사비의 거의 80%를 차지할 것"이라고 발표했다.

이 두 구간 구축에 수반되는 위험성과 막대한 비용을 인식한 CHRA는 다른 구간 공사를 진행하기 전에 이 두 구간의 문제를 먼저 풀었어야 했다. 캘리포니아주민들이 내는 세금을 쓰면서 LA와 샌프란시스코를 연결하지 못한다면 나머지 구간을 부분적으로 완성하는 것이 무슨 의미가 있겠는가?

결국 2019년에는 외부에서 보기에는 이 초고속철도시스템 공사를 완전히 접어야 한다는 신호가 충분했음에도 불구하고, 캘리포니아주지사 개빈 뉴섬Gavin Newsom은 북부의 베이커스필드와 머세드를 잇는 구간 공사를 승인했다. 이 구간은 파체코 패스나 테하차피 산맥과는 전혀 연결되지 않는 구간이었다. 머세드는 샌프란시스코에서 남쪽으로 약 180킬로미터(서울시청에서 전라북도 익산시청까지의 거리와 비슷하다 - 옮긴이) 떨어져 있는 곳으로 파테코 패스와도 멀리 떨어져 있었고, 베이커스필드는 LA에서 북쪽으로 약 160킬로미터(서울시청에서 세종시청까지의 거리와 비슷하다 - 옮긴이) 떨어져 있는 곳으로 테하차피산맥과 멀리 떨어져 있는 곳이었다.

공사는 이 구간을 완공해 샌프란시스코와 실리콘밸리가 고속철도로 연결됐다는 점을 강조했다. 하지만 이 두 지역은 이미 고속도로로 잘 연결돼 있었다. 이 두 지역은 모두 파체코 패스 북쪽에 위치해 있기 때문에 캘리포니아 남부와 북부를 연결한다는 계획과는 아무 상관이 없었다.

초고속 철도시스템 건설 계획은 전체 공사비의 최소 80%를 차지하게 될 문제를 해결하지 못한 채 진행됐다. 이 공사는 상식과 거리가 멀었다. CHRA는 구축이 쉽고 비용이 적게 든다는 이유로 거의 아무짝에도 쓸모없는 초고속철도 구간을 완공한 것이었다. 2008년의 원래 계획과도 동떨어진 공사였다.

이런 접근은 지구에 먼저 집을 지은 다음 달로 그 집을 옮길 수 있는 기술이 개발될 때까지 기다리는 것과 별반 다를 것이 없다.

2029년에 처음 운행을 시작하거나 2033년에 전 구간 완공을 한다는 CHRA의 계획은 지나치게 낙관적인, 근본적으로 무의미한 계획으로 보인다. 초고속 철도시스템 자체의 공사 비용과 가치를 생각했을 때도 그렇게 보인다. 2021년 6월까지 CHRA가 초고속 철도시스템에 쏟아부은 비용은 85억 달러에 이른다. 완공에 필요한 추정 비용은 이미 330억 달러를 크게 넘어 1,050억 달러까지 치솟았다.

이 계산에는 남부와 북부를 연결하기 위해 산맥을 폭파해 터널을 건설하는 비용이 포함돼 있지 않다. CHRA는 몇 넌 전에야 문제의 심각성을 확실히 인식한 데다 구체적으로 어떻게 터널을 뚫을 수 있을지, 구체적으로 얼마나 많은 비용이 들지 예측조차 못하고 있는 상태이기 때문이다.

이 프로젝트의 현재 상황을 보면, 정책결정자들이 처음부터 초고속 철도시스템 구축에 어느 정도 비용이 들지, 어느 정도 시간이 걸릴지 알았다면 아예 이 프로젝트를 승인하지 않았을 것이라는 생각이 든다.

하지만 프로젝트를 시작한 CHRA는 이 프로젝트를 중단해 손실을 줄일 생각은 전혀 없는 것 같다.

매몰비용 효과

행동경제학자들이라면 캘리포니아 초고속철도시스템 프로젝트 같은 공공프로젝트가 걷잡을 수 없이 망가지는 것을 보면서 "매몰비용 효과sunk cost effect"라는 말을 떠올릴 것이다.

매몰비용 효과가 일반적으로 나타나는 효과라는 점을 처음 지적한 사람은 리처드 탈러였다. 탈러가 1980년에 발표한 논문에 따르면 매몰비용 효과는 사람들이 어떤 일을 계속하기 위해 돈·시간·노력 등의 자원을 더 쏟아부을지 결정을 할 때 이미 쏟아부은 자원들을 고려하는 체계적인 인지오류다.

완벽하게 합리적인 의사결정을 하는 사람이라면 어떤 행동을 계속할지 결정할 때 미래의 비용과 이득만을 생각할 것이다. 즉, 완벽하게 합리적인 의사결정을 하는 사람이라면 어떤 행동을 계속할 때의 기대가치가 양수일 경우에만 그 행동을 계속하고, 기대가치가 음수일 때는 그 행동을 그만둘 것이다.

지난 40년 동안의 행동경제학 연구에 따르면 사람들은 탈러가 말한 매몰비용을 항상 생각한다. 어떤 행동을 계속할지 결정을 할 때 사람들은 자신이 이미 소비한 자원을 고려한다. 사람들은 이미 소비한 비용을 되찾거나 정당화할 수 있는 유일한 방법이 했던 일을 계속하는 것이라고 비이성적으로 생각하기 때문이다.

요약하자면, 매몰비용 효과는 어떤 일을 그만두어야 하는 상황에서 그만두지 못하고 계속하게 만드는 경향이라고 할 수 있다.

간단한 사고실험을 해보자. 당신이 좋아하는 밴드가 야외 공연을 하기 위해 시내로 온다고 가정하자. 일기예보에 따르면 공연 당일 저녁은 매우 춥고 밤새도록 비가 쏟아질 것 같다. 이 상황에서 친구 한 명이 남는 입장 티켓 하나를 당신에게 주면서 같이 공연에 가자고 말한다. 당신은 고맙지만 거절한다. 그 밴드를 좋아하기는 하지만 추운 저녁에 비를 맞고 공연을 보다 저체온증에 걸릴 수도 있기 때문이다.

조금 상황을 바꿔보자. 당신은 그 밴드 공연을 보기 위해

95달러를 주고 티켓을 구입한 상태다. 일기예보에 따르면 공연 당일 저녁은 매우 춥고 밤새도록 비가 쏟아질 것 같다. 이 상황에서 당신은 공연을 보러 가겠는가?

대부분의 사람들은 이 두 상황이 다른 상황이라고 생각한다. 사람들은 두 번째 상황에 있을 때는 대부분 공연을 보러 간다. 이미 산 티켓이 아깝기 때문이다.

매몰비용 효과를 보여주는 대목이다. 첫 번째 상황에서 공연을 보러갈지 결정할 때는 티켓을 사지 않았고, 공연을 볼 생각도 없었을 때였다. 이 상황에서 당신은 미래의 비용과 이득만을 고려한다. 비가 오고 추운 날씨에 야외에서 몇 시간 동안 있어야 하는 불편이 당신이 좋아하는 밴드의 공연을 볼 때의 즐거움보다 크다고 생각한다.

합리적으로 생각해보자. 공짜 티켓을 받아 공연을 볼 때의 이득이 비 올지도 모르는 공연장에 갔을 때 치러야 하는 비용보다 적다고 생각하는가? 그렇다면 돈을 주고 티켓을 산 뒤 공연을 볼 때의 이득도 공연장에 갔을 때 치러야 하는 비용보다 적다고 판단해야 한다.

95달러를 내고 티켓을 샀다는 사실은 사실 전혀 중요하지 않다. 그 돈은 이미 쓴 돈, 즉 매몰비용이기 때문이다. 하지만 우리는 대개 "내가 공연에 가지 않으면 티켓 값을 날리게 될 거야"라고 생각한다. 티켓 값은 이미 지갑에서 빠져나간 지 오래인데도 말이다.

매몰비용 효과는 티켓이 비쌀수록 커진다. 95달러가 아니라 150달러, 250달러, 500달러를 주고 티켓을 샀다고 가정해보자. 가격이 높아질수록 매몰비용 효과도 커진다.

매몰비용 효과가 나타나는 또 다른 전형적인 상황은 주식투자 상황이다. 어떤 주식을 살 것인지 결정할 때 생각해야 하는 것은 주식의 기대가치가 앞으로 양수가 될지밖에는 없다. 특정한 주식을 매입했을 때 돈을 벌 수 있는지만 생각하면 된다. 새로운 주식 매입 결정을 내릴 때는 대부분의 사람들이 이렇게 생각한다.

하지만 어떤 주식을 보유하고 있을 때 그 주식의 가격이 떨어진다면 계속 보유하려고 하는 사람들이 많다. 언젠가는 이미 잃었던 돈을 되찾을 수 있을 것이라고 기대하기 때문이다.

개인투자자들이 손절을 잘하지 못하는 이유가 여기에 있다.

하지만 이런 행동은 비합리적인 행동이다. 주식을 계속 보유하는 행동은 그 주식을 사는 행동과 동일한 행동이기 때문이다.

카너먼과 트버스키의 연구에서도 이 매몰비용 효과와 그

에 따른 인지오류가 등장한다. 이 연구에 따르면 사람들은 자신이 이기고 있는지 지고 있는지에 따라 도박을 계속할 것인지 아닌지를 결정한다. 이들이 1979년에 발표한 논문(이 논문은 '전망이론'의 기초가 된 논문이다)의 내용은 탈러가 1980년 논문에서 내린 결론과 상당히 유사하다.

앞에서 다뤘듯이, 카너먼과 트버스키는 빚을 지고 있는 사람에게 도박에서 이기면 빚을 없애준다며 도박을 할 것인지 말 것인지 결정하라고 제안하는 실험을 진행했다.

이 실험에서 빚을 지고 있는 사람들은 대개 손실을 줄일 수 있는 선택이 아니라 도박을 하겠다는 결정을 했다. 이들은 이미 자신이 지고 있는 빚에 대해 생각했기 때문이었다. (아직 돈을 따거나 잃은 적이 없는) 사람에게 확률이 50 대 50인 동전던지기를 해 100달러를 따거나 120달러를 잃을 수 있는 도박을 제안한다면 그 사람은 절대 그 도박을 하지 않을 것이다. 하지만 카너먼과 트버스키의 실험결과에 따르면 이미 빚을 지고 있는 사람들은 대부분 그 도박을 받아들였다. 카너먼과 트버스키의 실험은 매우 깔끔한 실험이었다. 이 실험은 참가자들이 돈을 잃게 되는 과정에 영향을 미치는 복잡한 요소들과 상관없이, 그들이 기대하는 가치가 음수인지와 상관없이, 참가자들이 매몰비용 효과 때문에 인지오류에 빠진다는 것을 보여준 실험이었다. 카너먼과 트버스키는 이 실험과 후속실험들을 통해 매몰비용 효과가 확실하게 참가자들에게서 발생한다는 것을 명쾌하게 증명했다.

매몰비용 효과에 따른 오류는 정확히 말하자면, 계산 오류가 아니라 인지 오류다.

공연에 갈지 말지 결정하는 비교적 간단한 상황에서는 자신이 매몰비용 효과에 빠졌다는 사실을 비교적 쉽게 알 수 있다. 사람들은 좋아하는 밴드의 공연을 볼지, 비가 오고 추운 날씨에서 몇 시간을 보낼지 결정할 때, 티켓을 돈을 주고 샀는지 티켓이 얼마나 비쌌는지는 고려할 필요가 없다는 것을 잘 알고 있다.

하지만 매몰비용이라는 인지적 착각은 매우 강력하다. 사람들은 머릿속으로는 자신이 매몰비용 효과에 빠지지 않을 것이라고 생각하지만 실제로는 이런 종류의 결정을 내릴 때 대부분 매몰비용부터 따져본다.

매몰비용 효과는 착시현상과 비슷한 점이 있다. 사람들은 똑같은 색깔의 네모 두 개를 각각 다른 색깔의 배경 위에 놓으면 그 네모 두 개의 색깔을 다르게 인식한다. 배경 색깔과 네모 색깔 사이에서 대비가 일어나 같은 색깔의 두 네모가 다른 색깔로 보이는 것이다.

사람들은 시각피질 내의 매커니즘 때문에 이런 현상이 나타난다는 설명을 들었을 때 머리로는 이해하지만 다시 그 그림을 보면 여전히 두 네모의 색이 다르다고 말한다. 한 번 본 것이 지워지지 않기 때문이다.

그만두어야 할지 결정을 내려야 하는 상황에서도 "매몰비용 지우기"는 착시현상을 겪을 때처럼 헤어 나오기 힘들다.

"공공사업"의 덫

캘리포니아 고속열차 프로젝트는 여러 매몰비용 효과의 인지 오류로 가득 찬 프로젝트다. 완공 추정 비용이 1,050억 달러까지 치솟을 줄 미리 알았다면, 산에 터널을 뚫는 것이 얼마나 어려운지 미리 알았다면 아무도 이 프로젝트에 찬성하지 않았을 것이다.

이 프로젝트는 공사비 자체도 엄청나지만 기회비용 면에서도 문제가 많았다. 캘리포니아주가 이 프로젝트에 쏟아부은 돈은 더 큰 가치를 만들어낼 수 있고 더 큰 공공의 이익을 구현할 수 있는 다른 프로젝트에 쓰일 수 있는 세금이기 때문이다.

언제 끝날지 모르는 프로젝트에 80억 달러가 넘는 돈을 "낭비"했다는 비난을 뒤집어쓸 수도 있는 상황에서 이 프로젝트를 중단시키려고 할 정치인은 없을 것이다. 이 엄청난 비용을 "되찾으려면" 계속 프로젝트를 진행해야 한다는 목소리가 지배적인 상황에서 말이다.

공공사업 프로젝트 중에서는 이와 비슷한 매몰비용 효과가 나타난 사례가 적지 않다.

1970년대 중반부터 1984년까지 진행된 테네시주 톰빅비 수로Tombigbee Waterway 공사 프로젝트가 전형적인 예다(이 사례는 심리학자 헬 아크스Hal Arkes와 캐서린 블루머Catherine Blumer가 1985년에 발표한 논문에서 대표적인 매몰비용 효과 사례로 인용됐다).

이 프로젝트는 연방정부가 당시까지 진행했던 공공사업 프로젝트 중에서 가장 비용이 많이 든 공사 중 하나였다. 지미 카터 대통령은 이 프로젝트가 예산 낭비라고 지적하면서 공사를 중단시키려고 했지만, 결국 공사는 계속됐다. 당시 《뉴욕타임스》는 "다른 지역의 의원들은 이 공사가 20억 달러를 낭비한 최악의 지역개발사업이라고 말했다"라고 보도하기도 했다.

아이러니하게도 이 프로젝트가 중단되지 않은 이유는 그동안 들어간 천문학적인 비용 때문이었다.

톰빅비 수로 공사가 계속된 것은 (이 프로젝트를 위한 예산을 집행한 주들의) 상원의원들이 "이미 막대한 비용이 투입된 프로젝트를 중단하는 것은 납세자들이 낸 세금을 낭비하는 것이 될 것"이라고 주장했기 때문이었다. 당시 앨라배마주 상원의원 제러마이어 덴튼은 "11억 달러가 이미 사용된 프로젝트를 중단한다면 납세자들이 낸 돈을 비양심적으로 낭비하는 셈이 될 것이다"라고까지 말했다.

덴튼 상원의원의 이 발언만큼 매몰비용문제가 어떤 것인지 확실하게 설명하는 말은 없을 것이다.

뉴욕주의 쇼럼 핵발전소Shoreham Nuclear Plant 건설 프로젝트도 톰빅비 수로 공사 프로젝트의 사례처럼 매몰비용 효과가 나타난, 엄청난 비용이 투입된 공공사업 프로젝트였다. 이 사례는 제리 로스Jerry Ross와 베리 스토가 현장연구를 진행한 사례이기도 하다. 1966년에 건설 계획이 세워졌을 때 이 핵발전소의 추정 공사 비용은 7,500만 달러였으며, 1973년에 완공될 예정이었다. 하지만 원자력에너지위원회로부터 공사 승인을 받는 과정에서 공사 비용은 처음에 추산했던 것보다 많아졌고, 완공 날짜도 늦춰졌다.

1979년 이 프로젝트 책임자들은 공사가 80% 정도 진행됐다고 발표했다. 하지만 1983년에도 공사는 계속됐고, 급기야

이 핵발전소 프로젝트 대변인은 매몰비용 효과를 인정하기에 이르렀다. 이 대변인은 쇼럼 핵발전소 공사 같은 공사를 다시는 하지 않을 것이라며 "현재까지 30억 달러의 비용이 들었으며, 건설 승인을 받고 정치적인 문제들에 대처하는 데도 너무 많은 노력이 들었다. 이런 공사는 처음부터 하지 말았어야 한다고 생각한다"라고 말했다.

하지만 대변인의 이런 말에도 불구하고 핵발전소 건설 공사는 계속 진행됐다. 이 공사는 그 후로도 6년 동안 계속됐고 이 과정에서 25억 달러의 비용이 추가로 투입됐지만 결국은 미완공 상태로 중단됐다.

이런 엄청나고 어처구니없는 일들에 대해 사람들은 "전형적인 정부 예산 낭비"라고 말하곤 한다. 하지만 이런 매몰비용 효과는 그 규모가 크든 작든 우리 모두에게서 발생한다. 우리는 이미 쏟아부은 것을 잃고 싶지 않기 때문에 아무 성과도 나지 않는데도 그만두지 못하고 하던 일에 계속 집착한다.

우리도 해도 해도 끝이 없는 집수리에 계속 돈을 쏟아붓는다. 우리는 일단 대학에 입학하면 전공이 마음에 들지 않아도 전공을 바꾸지 않는다. 그만두기에는 너무 많은 강의를 들었고 너무 많은 시간을 그 전공 공부를 하느라 썼다고 생각하기 때문이다. 우리는 몇 년 동안 업무 훈련을 받은 직장을 그만두지 못한다. 그만두면 그 몇 년 동안 받은 훈련이 아무 소용이 없어진다고 생각하기 때문이다. 또한 우리는 한 번 보기 시작한 영화를 끝까지 본다. 그동안 본 시간이 아깝다고 생각하기 때문이다.

그만두겠다는 결정을 매몰비용 효과가 방해하는 이유는 우리가 시작한 일에 시간이나 노력 또는 돈을 계속 더 쏟아붓기 때문이다.

손실 덩어리 굴리기

2004년에 출시된 《괴혼 塊魂, かたまりだましい, Katamari Damacy》이라는 게임이 있다. 이 게임은 단순하지만 이상할 정도로 중독성이 강했다. 작은 왕자 캐릭터가 아버지인 우주 대왕이 준 덩어리(카타마리)를 여기저기 굴리면서 불리는 게임인데, 왕자는 땅에 널려 있는 쓰레기나 부스러기 같은 것들 위로 덩어리를 굴리면서 점점 더 크게 만든다.

왕자가 덩어리를 굴리는 이유는 아버지인 우주 대왕이 술에 취해 실수로 별들과 은하들을 파괴해버렸기 때문이다. 게임 플레이어는 이 덩어리를 굴려 크게 만드는 방법으로 우주

대왕이 파괴한 별들을 다시 만들어야 한다. 유치한 게임이지만 그래도 팩맨이나 테트리스보다는 덜하다.

덩어리보다 더 큰 물체 위로는 굴릴 수 없다. 만약 덩어리보다 더 큰 물체에 부딪히면 깨져서 크기가 작아진다. 처음에 덩어리는 개미, 압정, 버튼 같은 작은 물체들 위로만 굴릴 수 있을 정도로 작다. 이때 덩어리가 쥐 같은 동물과 부딪히면 크기가 엄청나게 작아진다.

하지만 작은 부스러기들을 잘 모으다보면 점점 덩어리가 커진다. 그렇게 커진 덩어리는 쥐도 위협할 수 있다. 계속 커지면 덩어리는 배터리, 음식접시, 라디오, 신발, 반려동물, 소, 곰, 스모선수, 자동차, 괴물, 건물, 섬, 산을 흡수할 수 있다.

이렇게 대략 25분쯤 굴리다보면 덩어리를 물에 적셔 무지개를 만들 수도 있다.

계속 구르면서 크기가 커지는 이 덩어리처럼 매몰비용 효과도 점점 더 커질 수 있다.

어떤 일을 시작할 때 우리도 부스러기들을 모은다. 시간, 돈, 노력이 바로 그 부스러기들이다. 이런 부스러기들이 계속 쌓이면서 몰입상승 현상이 발생하고 우리는 점점 더 그 일을 그만두기가 어려워진다. 계속 어떤 일을 하겠다는 결정은 더 많은 비용을 투입하게 만들고, 그렇게 늘어난 비용 때문에 우리는 그 후에 그만둬야 할지 결정할 때 더 그만두지 못하게 된다. 투입된 비용이 늘어날수록 우리는 일을 계속하겠다는 결정 쪽으로 더 많이 기울게 되는 것이다. 이는 마치 눈덩이가 구르면서 커지는 것과도 비슷하다.

크로스워드퍼즐을 풀기 위해 실제로 존재하지 않는 사전을 기다리는 학생들에게도 이런 현상이 나타나는 것을 볼 수 있다. 이 학생들은 한번 기다리기 시작하면 기다린 시간이 아까워 점점 더 오랫동안 기다리는 모습을 보였다. 이 학생들은 사전을 기다리면서 상금을 탈 수 있는 시간을 놓쳤음에도 불구하고 계속 기다렸다.

사실 우리 모두에게도 이런 현상이 나타난다. 예를 들어, 마트 계산대 앞에서 줄을 서서 기다리는 간단한 일에도 말이다.

마트 계산대 앞에 있는 줄을 선택할 때 우리는 아인슈타인 수준으로 머리를 쓴다. 단순히 각 줄의 길이를 비교하는 것을 넘어서, 줄이 줄어드는 속도, 계산원의 처리 속도, 줄에 서 있는 사람들의 행동 속도, 아이들에 의해 방해받는 정도, 쿠폰을 꺼내는 사람 때문에 늦어지는 속도, 카트의 담긴 물건까지 모두 탐색한다.

하지만 우리는 일단 줄을 선택한 뒤에는 이런 요소들을 고려해 다른 줄로 옮기겠다는 생각을 거의 하지 않는다. 옆줄 계산원이 빠르게 계산을 하든, 손님과 잡담을 나누느라 속도가 늦어지든 거의 신경을 쓰지 않는다.

또한 우리는 줄에서 더 오래 기다릴수록, 즉 그 줄 안에서 더 많은 시간을 소비할수록 다른 줄로 옮기겠다는 생각을 덜 하게 된다. 우리는 이런 식으로 덫에 사로잡힌다.

좋지 않은 인간관계도 《괴혼》 게임처럼 진행되곤 한다. 예를 들어, 어떤 친구가 당신에게 잘 풀리지 않는 인간관계 때문에 힘들다고 말한다고 가정해보자. 이 경우 당신이 "관계를 끊는 것이 어때?"라고 말하면 그 친구는 "관계를 좋게 만들기 위해 너무 많은 시간을 썼어"라고 말하거나 "온 마음을 다 바쳐 관계를 좋게 만들려고 했어"라고 말할 것이다. 쏟아부은 시간이 많을수록 관계는 끊기 힘들어지고, 그 관계를 좋게 만들기 위해 점점 더 많은 시간을 투자하게 되면서 관계는 더욱 더 끊기 힘들어진다.

친구와 이런 대화를 나누다보면 시간이 지나도 결국 같은 이야기를 반복하게 된다. 또한 그렇게 시간이 지나면서 잘 풀리지 않는 그 친구의 관계에는 점점 더 많은 요소들(주거 공간, 친구들, 반려동물, 생활용품, 재산 등)이 덧붙여져 결국 그 관계의 몸집은 걷잡을 수 없을 정도로 커지기도 한다.

세라 올스틴 마티네즈에게 일어났던 일도 이런 일이다. 세라는 그만두겠다는 결정에 대해 기대가치 측면에서 생각하지 못했다. 세라는 점점 더 많은 시간을 병원 일에 할애하면서 점점 더 그만두기 힘들어졌다. 세라는 15년이라는 긴 시간을 병원에서 일하고 나서야 그만둘 생각을 하기 시작했다. 세라가 내게 이메일을 보냈을 때는 그로부터 1년이 더 지난 시점이었고, 그만두겠다는 결정이 그만큼 더 어려워진 상태였다.

개인투자자들이 계속 손실을 입으면서도 주식을 매도하지 않고 보유하는 이유 중 하나가 여기에 있다. 주가가 계속 떨어지고 있는데 손절주문을 하지 않는 이유는 손실을 회복하고 싶기 때문이다. 이런 행동은 더 많은 손실을 낳을 수 있으며, 동시에 손절주문으로 주식을 팔 수 있는 가능성도 낮춘다.

나는 포커 판에서 이런 몰입상승 현상이 일어나는 것을 내 눈으로 수없이 목격했다. 사람들은 돈을 잃을수록 그동안 입은 손실을 복구하기 위해 점점 더 많은 돈을 걸었다. 이런 결정은 결국 더 많은 손실을 초래했고, 이렇게 손실이 계속 축적되면서 사람들은 훨씬 더 많은 돈을 걸었다.

이들은 덫에 사로잡힌 것이었다.

이런 측면에서 볼 때 스튜어트 버터필드나 알렉스 호놀드 같은 사람들은 매우 예외적인 사람들이다.

이 두 사람은 목표를 이루기 위해 쏟아부은 엄청난 노력에도 불구하고 어떤 시점에서 더 이상의 손실을 입지 않겠다고 결정할 수 있는 능력이 있는 사람들이다. 버터필드는 4년 동안 1000만 달러가 넘는 투자금을 쏟아부었음에도 불구하고 글리치 프로젝트를 한순간에 그만뒀다. 호놀드는 엘 캐피탄 정상에 오르기 위해 몇 달을 훈련했고, 친구들이 그의 등반 과정을 다큐멘터리로 만들기 위해 그와 함께 위험을 무릅쓰고 있는 상황에서 등반을 포기했다.

덩어리는 얼마나 커질 수 있을까?

배리 스토는 1976년에 발표한 논문 〈사람들이 진흙수렁에 무릎까지 빠지는 이유: 몰입상승 행동에 관한 연구〉에서 어떤 행동에 대한 과거의 몰입이 그 행동을 계속하거나 그만두는 결정에 어느 정도 영향을 미치는지 탐구했다.

그의 결론은 "아주 크게 영향을 미친다"였다.

스토는 경영대학원 학생들을 대상으로 특정 기업이 연구개발비를 그 기업의 A부서와 B부서 중 어떤 부서에 할당할지 결정하라는 과제를 줬다. 이 결정에 도움을 주기 위해 스토는 학생들에게 이 기업과 이 기업의 두 부서의 10년 동안의 실적

자료를 제공했다.

학생들은 연구개발비 1,000만 달러를 한 부서에 몰아서 할당하는 결정을 해야 했다. 즉, A부서가 1,000만 달러를 지원받으면 B부서는 한 푼도 지원받지 못하는 결정을 해야 했다는 뜻이다. 학생들은 주어진 데이터를 기초로 어떤 부서에 연구개발비를 할당할지 토론했다. 한 부서는 수익성이 높았고 다른 한 부서는 성장성이 높았다. 토론 결과, 학생들은 대략 50 대 50의 비율로 지원 부서를 선택했다.

스토는 학생들의 이 처음 결정이 미래의 연구개발비 할당에 영향을 미치는지, 특히 처음 결정으로 연구개발비를 지원받은 부서가 그 후 실적이 좋지 않았을 때 그 결정을 한 학생들의 추후 연구개발비 할당에 처음 결정이 영향을 미치는지 알고 싶었다. 바꿔 말하면, 스토는 처음 결정으로 실패한 학생들이 새로운 결정을 할 때 처음 결정에서 연구개발비를 할당한 부서에 계속해서 추가적인 연구개발비를 할당할지 알고 싶었던 것이었다.

이 의문에 대한 답을 얻기 위해 스토는 처음 결정 이후 그 회사의 5년 동안의 실적을 시뮬레이션한 데이터를 학생들에게 제공했다. 학생들의 처음 결정과 상관없이, 이 데이터는 학생들이 선택한 부서가 5년 동안 실적이 떨어져 손실이 커졌다는 것을 보여주는 데이터였다. 즉, 이 데이터는 학생들이 처음에 어떤 부서를 선택했든 그 부서의 실적이 자신들이 선택하지 않은 부서의 실적보다 훨씬 나빴다는 것을 보여주는 데이터였다.

스토는 학생들에게 이 시뮬레이션 데이터를 보여준 뒤 다시 2,000만 달러의 연구개발비를 어떤 부서에 지원할지 물었다. 스토는 이번에는 A, B 두 부서에 그 연구개발비를 나눠서 지원할 수 있게 했다. 스토는 처음 결정으로 부정적인 피드백을 받은 학생들이 처음 결정에서 선택한 부서를 다시 선택함으로써 처음의 선택을 강화할 것이라고 예상했다.

실제로 그랬다. 두 번째 선택에서 평균적으로 학생들은 처음에 선택했던 부서에 2,000만 달러 중 1,300만 달러 이상을 지원했고, 처음에 선택하지 않았던 부서에는 700만 달러 이하를 지원했다.

더 확실한 결론을 얻기 위해 스토는 이 실험에 참여하지 않았던 별도의 학생들에게 2,000만 달러로 어느 부서를 지원하라는 결정을 하게 했다. 스토는 이 학생들에게도 학생들이 선택한 부서가 5년 전에 1,000만 달러를 지원받았지만 실적이 형편없었다는 것을 보여주는 데이터를 제시했다. 하지만 이 경우 이 학생들은 이전에 그 부서에 연구개발비를 지원한 학생들이 아니었다.

평균적으로, 이 학생들은 2,000만 달러를 두 부서에 나눠 지원하라고 했을 때 실적이 부진했던 부서에 900만 달러를 지원했다. 이 액수는 이전 실험에서 처음에 자신의 결정으로 1,000만 달러를 모두 지원했지만 손실을 입은 부서에 학생들이 추가적으로 지원한 1300만 달러보다 훨씬 적은 액수였다.

처음 결정으로 인한 손실에 책임이 있는 학생들은 추가 지원 결정을 할 때 2,000만 달러의 50% 이상을 처음에 선택한 부서에 지원했다. 동일한 정보를 제공받았지만 이전의 지원 결정에 책임이 없는 학생들과는 매우 다른 선택을 한 것이었다.

스토의 이 연구는 어떤 결정을 할 때 그 결정과 관련된 과거의 경험이 그 결정을 강화하는 몰입상승 현상에 어느 정도로 영향을 미치는지 보여준다. 관련된 과거의 경험이 있는 사람은 그 결정을 처음 하는 사람이라면 하지 않을 행동을 한다는 뜻이다. 스토는 이런 결정에 자기강화적인 특성이 있다고 봤다. 그는 "의사결정자는 이전에 한 행동을 정당화할 필요가 있기 때문에 이전의 결정으로 인한 부정적인 결과에도 불구하고 몰입을 상승시킬 수 있으며, 이렇게 몰입상승이 일어나면 더 부정적인 결과가 발생할 수 있다"고 말했다.

스토의 연구결과는 그의 아버지 해럴드 스토에게 일어난

일에 대한 설명을 제공한다. 해럴드 스토의 캘리포니아 체인점들은 오랫동안 실적이 저조한 상태였고 상황은 점점 더 악화되고 있었는데도 그는 프레드 마이어의 인수 제안을 거절했다.

심리적 계좌를 과감하게 닫을 수 있어야 한다

최고 수준의 포커 플레이어들은 포커가 장기적인 게임이라는 말을 하곤 한다.

어떤 게임 한 판이 마지막 판이 아니며, 게임을 하는 어떤 날이 그 게임을 하는 마지막 날이 아니라는 뜻이다. 직업적인 포커 플레이어는 평생 동안 수천, 수만 번의 게임을 하기 때문에 장기적으로 보면 한 번의 게임에서의 승패는 별로 중요하지 않다. 중요한 것은 그렇게 게임을 하는 동안 기대가치를 극대화하는 것이다. 최고의 포커 플레이어들이 포커를 장기적인 게임이라고 말하는 이유이다.

이런 마음가짐은 전문 포커 플레이어들이 매몰비용 효과에 따른 인지오류를 극복하는 데 도움을 준다. 포커에서 매몰비용 효과는 그동안 잃은 돈을 회복하기 위해 게임을 접지 않고 계속하는 행동, 즉 지고 있을 때 그만두지 못하는 오류를 말한다. 물론 포커 판에서만 이런 일이 일어나는 것은 아니다. 이런 일은 인생에서 흔히 일어난다.

우리에게 이런 마음가짐이 필요한 이유는 우리가 가진 심리적 계좌mental account의 변동성이 크기 때문이다.

포커 판에서 돈을 베팅하든, 인간관계를 새롭게 시작하든, 주식을 매입하든, 어떤 일을 시작할 때 우리는 심리적 계좌를 마음속에 만든다. 포커 판에서 패를 접고 일어나든, 인간관계를 끝내든, 주식을 매도하든, 우리가 어떤 일을 그만둘 때는 이 심리적 계좌를 닫는다.

하지만 지고 있을 때 우리는 이 심리적 계좌를 잘 닫으려 하지 않는다.

포커 게임에서 지고 있을 때 우리는 패를 접고 그만두려고 하지 않는다. 그만두면 그때까지 쌓인 손실이 현실화되기 때문이다. 지고 있을 때 패를 접고 일어난다는 것은 우리가 포커 판에 가지고 온 돈보다 적은 돈을 가지고 일어나야 한다는 뜻이다. 우리가 어떤 인간관계나 직장을 쉽게 접지 못하는 이유는 그렇게 하면 그동안 쏟아부은 시간과 노력이 없어진다고 생각하기 때문이다.

물론 이런 생각은 비합리적인 생각이다. 정말 중요한 것은 우리가 시작한 모든 일의 기대가치를 극대화하는 일이다. 주식에 투자했다면 주가가 오르는 주식도 있고 떨어지는 주식도 있을 것이다. 중요한 것은 특정한 주식이 아니라 보유하고 있는 모든 주식 차원에서 수익을 내는 것이다.

하지만 사람들은 보통 그렇게 생각하지 않는다. 사람들은 자신이 보유한 주식 전체 차원에서 생각하지 않는다. 주식 하나하나가 각각의 심리적 계좌와 연결돼 있기 때문에 우리는 수익이 나지 않는 한 그 계좌를 닫으려고 하지 않는다.

주식 투자와 포커 게임에서 나타나는 심리는 개인적인 결정이나 프로젝트, 등반, 양계장에 매장을 여는 결정에서도 나타난다. 우리는 이런 일을 시작할 때 심리적 계좌를 연다. 일이 잘 되지 않을 때 우리가 그만두려고 하지 않는 이유는 손실을 입은 상태에서 심리적 계좌를 닫고 싶지 않기 때문이다.

우리는 우리의 삶도 마치 포커 같이 장기적인 게임이라는 점을 항상 생각하고 있어야 한다.

감당하기 가장 힘든 비용

매몰비용이 커질수록 그만두기는 힘들어진다. 가장 큰 매몰비용은 생명을 잃는 것이다. 전쟁을 그만둘 것인지, 그만둔다면 언제 그만둘 것인지에 대한 결정이 극도로 힘든 것은 가장 큰 매몰비용이 생명을 잃는 것이기 때문이다.

퇴역한 4성 장군 토니 토머스Tony Thomas는 미군 특수작전사령부 사령관으로 (이라크 전쟁 때문에 다른 곳에서 보낸 1년을 제외하고는) 2001년부터 2013년까지 아프가니스탄에서 복무한 사람이다. 그는 전사한 군인의 장례식에서 유가족(골드 스타 패밀리gold star family)에게 미국 국기를 주는 일을 여러 차례 하기도 했다. 그는 이런 비참한 경험과 군인들의 비극적인 죽음이 매몰비용 효과를 어떻게 증폭시키는지에 대해 내게 설명한 적이 있다. 나라가 이런 손실을 입기 시작한 뒤에는 전쟁에서 발을 빼기가 극도로 어려워진다는 설명이었다.

그는 전쟁에서 자식을 잃은 한 엄마가 장례식에서 자신의 손을 잡으면서 "이 전쟁을 계속해 반드시 이기셔야 합니다"라는 말을 했다고 한다. 그는 이 말을 들었을 때 어떤 일이 있어도 전쟁에서 이겨야겠다는 생각을 했다고 말했다.

그는 장례식에서 유가족들이 말로 하지는 않았지만 "내 아들이 헛되이 죽지 않았다고 해주세요"라는 눈빛을 자신에게 보냈다고 말했다.

유가족이 "전쟁을 계속해 내 아들의 죽음이 헛되지 않았다는 것을 보여주세요"라고 말하는 건 당연해 보인다. 또한 이런 감정적인 부탁에 마음이 흔들리지 않는 것은 불가능하다. 유가족이 아니더라도 우리는 전쟁을 계속해야 할지 생각할 때 이런 부담감을 느낀다. 감정이 있는 사람이라면 당연한 일이다.

하지만 전쟁을 계속할지 그만둘지 결정해야 할 때 실제로 생각해야 하는 것은 따로 있다. 앞으로 더 생명을 희생시키는 것이 가치가 있는지에 대한 생각이다.

아는 것과 하는 것의 차이

매몰비용 효과를 비롯한 인지편향에 대해서 사람들은 많은 것을 알고 있다. 흔히 사람들은 어떤 주제에 대해 배워서 알고 있기 때문에 그 주제와 관련된 일에서는 이런 인지오류를 범하지 않을 수 있다고 생각한다.

앞서 등반에 관련된 이야기들을 많이 했다. 하지만 아는 것과 하는 것의 차이에 대해 설명하기 위해 다시 한 번 등반에 관한 이야기를 꺼내야겠다.

이 이야기는 제프리 R이라는 등반가에 대한 이야기다. 제프리는 뉴잉글랜드 지역에서 가장 높은 산 100개의 정상을 정복하겠다는 목표를 세워 실천하던 사람이었다. 이 목표는 등반가들 사이에서 상당히 가치가 있는 목표로 생각된다. 이 100개의 정상 중 일부는 등반 루트도 제대로 개척되지 않은 상태이기 때문에 정상에 오르려면 스노모빌이 다닌 길, 벌목 차량이 다닌 길 또는 동물이 다닌 길을 따라가야 한다. 그나마도 없을 때는 나무와 수풀을 헤치고 길을 개척해야 한다.

제프리는 100개 정상 중 99개를 올랐고, 마지막으로 메인주의 포트 마운틴을 오르고 있었다. 날씨가 나빠지고 안개가 끼자 그와 같이 간 파트너는 하산했지만 제프리는 혼자서 계속 정상으로 향했다.

그 며칠 후 제프리의 시신이 발견됐다. 추락사한 것으로 보였다.

내가 그동안 여러 번 등반 이야기를 했는데도 또 다른 등반 이야기를 하는 이유가 있다. 한 사람은 하산했지만, 나머지 한 사람은 계속 올라가 비극적인 최후를 맞은 이야기는 내가 지금까지 한 이야기들과 비슷하다.

하지만 이 이야기는 주인공인 제프리 R이 바로 제프리 루빈이라는 데서 다른 등반 이야기들과 다르다. 앞에서 언급했지만, 제프리 루빈은 조얼 브로크너와 함께 크로스워드퍼즐 실험, 즉 몰입상승 문제에 대한 연구를 했으며 1995년에 사망하기 직전까지도 관련 연구를 했던 학자였다. 제프리는 어떤 행동의 덫에 빠져 그만두어야 한다는 신호에도 불구하고 그만두지 못하는 문제를 연구한 사람이었지만, 정작 자신은 그 덫에서 빠져나오지 못했다.

우리는 이 이야기에서 교훈을 얻어야 한다. 지금까지 이 책을 읽고 매몰비용 효과에 대해 이해했다고 해도 그 지식만으로는 매몰비용 효과와 인지오류를 극복할 수 없다. 제프리 루빈 같은 사람도 그만둘 수 없었다면 우리 같은 평범한 사람들은 더욱 더 조심해야 한다.

머리로 아는 것과 실제로 하는 것은 절대 같지 않다.

마인드컨트롤? 효과가 없다!

매몰비용 효과에 대해 잘 알고 있다고 내게 말하는 사람들이 많다. 그들은 매몰비용 효과를 극복할 수 있는 방법을 알고 있다고 말한다. 그들은 어떤 결정을 할 때 "이 결정이 이 결정과 관련된 과거의 일과 상관없이 내려야 하는 결정이라면 어떻게 할까?"라고 생각하면 이 문제를 극복할 수 있다고 말한다.

매입했을 때보다 가격이 떨어진 주식을 보유하고 있다고

가정해보자. 손실을 입고 있는 상황이다. 이때 자신에게 이렇게 묻는다. "이 기회가 새로운 기회라면 나는 이 주식을 팔까 살까?" 이 상황에서 이 주식을 산다는 결정을 한다면 그 결정은 이 주식을 계속 보유하겠다는 결정과 같다. 만약 당신이 주식을 사지 않겠다는 결정을 한다면 그 주식을 팔 것이다.

이런 마인드컨트롤이 실제로 효과가 있을까?

배리 스토의 연구에서 다시 한 번 그 답을 찾아보자.

배리 스토는 1976년에 〈사람들이 진흙수렁에 무릎까지 빠지는 이유〉를 다룬 논문을 발표한 뒤 이타마르 사이먼슨Itamar Simonson과 함께 후속실험을 진행했다. 이 연구자들은 실험 참가자들에게 기업이 무알코올 맥주와 라이트 맥주 중 어떤 제품을 마케팅하는 데 자금을 써야하는지 결정하게 했다. 이번에도 첫 번째 결정은 한 제품에 300만 달러의 마케팅 자금을 몰아주는 결정이었다. 결정을 한 뒤 학생들에게는 자신이 한 결정에 따라 제품에 마케팅 자금을 사용했을 경우를 시뮬레이션한 3년 후의 결과가 주어졌다. 이어서 학생들은 그 시뮬레이션 결과를 본 후 추가적으로 1,000만 달러의 마케팅 자금을 어떤 비율로 어떤 제품에 사용할지 결정했다.

연구자들은 처음 결정에 따라 300만 달러의 마케팅 자금을 사용한 제품에 추가적으로 마케팅 자금을 사용하게 만드는 몰입상승 효과를 완화할 수 있는 여러 가지 방법을 시험했다. 그 방법 중 하나가 마인드컨트롤이었다. 연구자들은 참가 학생 중 일부에게 각각의 제품에 추가적인 비용을 사용했을 때의 장점과 단점을 알려주면서 이전의 결정에 의한 결과에 영향을 받지 말고 추가 자금 집행 결정을 하라고 말했다.

하지만 과거의 결정 결과에 대해 생각하지 말고 미래만을 예측해 결정하라는 조언을 받았음에도 불구하고 이 학생들은 그 조언을 받지 않은 학생들과 비슷한 액수(510만 달러)를 자신이 처음에 선택한 제품 마케팅에 쓰겠다고 결정했다. 이와는 대조적으로, 첫 번째 결정에 참여하지 않은 채 두 제품 마케팅의 3년 동안의 결과만을 보고 1000만 달러를 두 제품에 어떤 비율로 집행할지 결정하라는 요청을 받은 학생들은 결과가 좋지 않았던 제품에 370만 달러를 사용하겠다는 결정을 했다.

과거의 결정 결과에 영향을 받지 말고 새롭게 결정하라는 조언은 사실상 몰입상승을 줄이는 데 거의 효과가 없었다.

매몰비용 효과에 대해 아는 것만으로는 아무 도움이 되지 않는다. 마인드컨트롤은 전혀 도움이 되지 않는다는 뜻이다. 매몰비용 효과에 관련해서는 부정적인 이야기가 많이 나올 수밖에 없다.

이제 좀 긍정적인 이야기를 해보자.

5장에서
이것만은 꼭 기억해두기!

- 매몰비용 효과는 어떤 일을 계속해야 할지 아니면 그만두어야 할지 결정할 때, 그 일에 이미 쏟아부은 자원들(즉, 지금은 사라지고 없는 것들)을 고려하게 만드는 일종의 인지착각 현상이다.

- 매몰비용 효과는 어떤 일을 그만두어야 하는 상황에서도 그 일에 계속 집착하게 만든다.

- 어떤 일을 계속할지 그만둘지 결정할 때, 사람들은 그 일을 그만두면 그동안 사용했던 자원을 낭비하는 것이라는 걱정을 한다.

- "이 일에 성공하지 못한다면 인생 일부를 낭비하는 게 될 거야", "몇 십 년 동안 여기서 일해온 그 사람을 당장 해고할 수는 없어" 같은 생각을 하고 있는가? 그렇다면 당신은 지금 매몰비용 효과 때문에 인지오류에 빠져 있다.

- 매몰비용은 눈덩이처럼 계속 커질 것이다. 이미 쏟아부은 자원 때문에 그만두기가 더 어려워지고, 그만둘 수는 없으니 전보다 더 많은 자원을 투입하게 된다.

- 손실을 입고 있을 때 우리는 심리적 계좌를 닫으려 하지 않는다.

- 매몰비용 효과에 대해 잘 안다고 해서, 그에 따른 인지오류에 빠지지 말라는 법은 없다.

- 과거에 내린 결정의 결과를 외면하면서 상황을 새롭게 인식하기란 불가능하다. 과거의 결정에 영향을 받지 않고 어떤 결정을 하겠다고 마인드컨트롤을 해도 매몰비용 효과를 극복하는 것은 매우 어렵다.

6장

원숭이와 받침대

고등학교 시절 에릭 탈러Eric Teller는 "애스트로Astro"라는 별명으로 불렸다. 헤어스타일이 애스트로터프(AstroTurf, 인조잔디의 일종)와 비슷했기 때문이었다. 에릭은 그 별명이 마음에 들었고, 대학을 다닐 때는 타고 다니던 차 문에 만화영화 〈젯슨스The Jetsons〉에 나오는 강아지 "애스트로"를 그려 넣기도 했다.

1998년 에릭은 카네기멜런대학에서 인공지능 연구로 박사학위를 땄다. 대학원을 다니며 초상화 기법과 컴퓨터과학을 결합한 인터랙티브 갤러리를 동료들과 만들었고, 소설 한 편을 출판하기도 했다.

그때부터 2010년까지 에릭은 다섯 개 기업을 공동 창립해

키웠다. 에릭은 기계학습 기법을 이용해 투자를 하는 헤지펀드를 설립했고, 웨어러블 보디 모니터를 개발하는 회사를 세워 성공시켰다. 또한 그는 스탠퍼드대학의 교수가 되었다.

2010년 에릭은 래리 페이지Larry Page, 세르게이 브린Sergey Brin, 세바스천 스런Sebastian Thrun과 함께 구글의 사내 조직인 '기업 혁신 허브'를 세웠다. 래리와 브린은 구글의 공동창업자였고, 부사장을 맡은 스런은 카네기멜런대학과 스탠퍼드대학의 교수를 역임한 사람이었다. 로봇공학 기술의 선구자인 스런은 구글의 자율주행자동차 프로젝트를 이끌었고, 그 후에는 온라인 교육 업체인 유대서티Udacity를 설립하기도 했다.

처음에 이 혁신 허브 조직은 "X(엑스)"라는 이름으로 불렸다. 이 조직 사람들은 이름이 별로 중요하지 않다고 생각했고, 나중에 정식으로 다시 지어도 된다고 생각했기 때문이다. 결국 X는 이 조직의 이름으로 굳어졌다. 때마침 구글이 지주회사 이름을 "알파벳"으로 바꾸었기 때문에 X라는 이름이 별로 어색하지도 않았다.

에릭은 X의 CEO가 됐다. 하지만 정식 직책 이름은 따로 있었다. "문샷 캡틴Moonshot Captain"이다. 에릭이 X의 CEO 자리를 수락하는 조건은 단 하나였다. 구글의 창립자들이 에릭에게 X의 운영에 대한 완전한 자율권을 준다는 조건이었다. X는 구글의 자회사이지만 에릭은 항상 X와 알파벳이 문화적으로 분리되어 있기를 원했다.

X는 벨연구소Bell Labs, 제록스 파크Xerox PARK, 토머스 에디슨의 연구소들처럼 기존 생각의 틀에서 벗어난 혁신적인 아이디어들을 개발하고 성장시키는 회사가 됐다. X의 목표는 "수십 억 사람들의 삶을 더 낫게 만들 수 있는" 기술을 개발해 실생활에 구현하는 것이다.

특히 X는 세상을 바꿀 수 있는 아이디어들을 찾아내 빠르게 성장시키는 데 주력하고 있다. 따라서 변화를 만들어낼 수 있는 속도가 너무 늦을 것 같으면 X의 목적에 부합하지 않는다고 판단해 그 아이디어를 빠르게 폐기한다. X의 슬로건 중하나는 "우리의 목적은 세상에서 가장 해결하기 힘든 문제를 10% 해결하는 것이 아니라 열배 빠르게 해결하는 것"이다.

에릭은 이렇게 원대한 목표를 이루기 위한 혁신 연구소를 지휘할 최적의 인물이다. 에릭의 혁명적인 사고는 부모와 조부모의 영향을 받은 것일 수도 있다. 에릭의 친할아버지 에드워드 탈러Edward Teller는 수소폭탄을 발명한 전설적인 물리학자였으며, 외할아버지 제라르 드브뢰Gérard Debreu는 노벨상을 수상한 경제학자이자 수학자였다. 에릭의 아버지는 양자물리학자였고, 어머니는 의상 디자이너이자 영재들을 가르치는 교사였다.

에릭의 몸에는 혁신의 피가 흐르고 있었다고 할 수 있다.

X는 혁신적인 아이디어를 개발하는 연구소이지만, 매우 현실적인 연구소이기도 하다. X는 현실성을 확보하기 위해 매우 구체적인 타임라인을 설정한다. X는 최고의 아이디어들을 선택한 다음 5~10년이라는 시간 안에 그 아이디어들을 상업적으로 살아남을 수 있도록 다듬는다. X가 선택하는 아이디어는 세상을 바꿀 가능성이 있는 아이디어 수준을 넘어선다. 다시 말해, X는 세상을 바꿀 수 있는 아이디어가 상업적으로도 성공할 가능성이 있을 때만 선택해 개발한다.

X가 5~10년이라는 구체적인 타임라인을 설정하는 이유는 매우 단순하다. 개발하는 데 5~10년보다 더 적은 시간이 걸리는 아이디어라면 다른 사람들이 이미 개발을 하고 있을 가능성이 있으며, 개발에 10년 이상이 걸리는 아이디어라면 상품화하기에는 시간이 너무 오래 걸릴 것이기 때문이다.

어떤 프로젝트가 상품화 단계에 이르면 그 아이디어는 X에서 "졸업"하게 된다. X의 가장 유명한 "졸업생" 중 하나는 자율주행자동차 아이디어다. 2017년에 졸업한 이 아이디어는 "웨이모Waymo"라는 이름의 알파벳 자회사가 됐다. 2021년 웨이모의 기업가치는 300억 달러를 넘어섰다. 상품화된 다른 프로젝트로는 구글 브레인(Google Brain, 기계학습을 위한 역대 최대 규모의 신경망 중 하나), 베릴리 라이프 사이언스(Verily Life Science, 체내 포도당 수치를 모니터하는 스마트 콘택트렌즈 등의 의료 제품을 개발하는 연구소), 윙(Wing, 물품 배송 드론 기술 연구소) 등이 있다.

졸업을 하지 못한 프로젝트 중에도 놀랍고 혁신적인 것들이 많다. 이 프로젝트들은 모두 지구 차원에서의 문제들을 해결하기 위한 것들이었다. 예를 들어, 룬 프로젝트Project Loon는 거대한 풍선들을 높이 띄워 인터넷 서비스가 제공되지 않는 곳에 사는 수십 억 명의 사람들이 인터넷에 접속할 수 있도록 돕는 프로젝트였다. 포그혼 프로젝트Foghorn Project는 바닷물을 청정 연료로 바꾸려는 프로젝트였다.

X는 대부분의 아이디어가 성공하지 못할 것이라는 사실을 잘 알고 있는 상태에서 모험을 한다. 에릭은 모든 아이디어를 검토할 때 미래 가능성을 가장 중시한다. 에릭은 아이디어를 개발하기 위해서는 시간이 필요하며 일정 수준의 비용도 감당해야 한다는 것도 잘 알고 있다.

에릭은 내게 "우리는 앞으로 계속 수천 개의 아이디어를 검토할 것입니다. 하지만 순다르 피차이 Sundar Pichai(알파벳의 최고 경영자)에게 제시할 아이디어는 10년에 네 개밖에 없을 겁니다"라고 말했다. 에릭은 자신의 일이 가장 적은 비용으로 최고의 가치를 만들어내는 것이라고 생각한다.

모기업이 알파벳 같은 초거대기업이라고 해도 투자할 수 있는 시간, 돈, 노력에는 한계가 있다. 이는 에릭 탈러도 최대한 빠르게 성공할 수 있는 프로젝트를 선택해야 한다는 뜻이다. 혁명적인 아이디어를 개발하기 위해서 에릭은 손실을 혁명적으로 줄여야 한다. 개발 혹은 폐기를 빠르게 결정해 절약한 돈은 세상을 바꿀 수 있는 다른 프로젝트에 사용할 수 있기 때문이다.

에릭은 X가 프로젝트를 더 잘 중단할 수 있도록 매우 독창적인 멘탈 모델 mental model(대상이 실제로 어떻게 작동할지 알아보기 위한 모델)을 만들어냈다. 이 모델이 바로 "원숭이와 받침대 모델"이다. 여기서 받침대란 동상 같은 것을 받치는 받침대를 말한다.

원숭이가 공원에서 받침대 위에 앉아 횃불로 저글링 할 수 있도록 훈련시키는 상황을 가정해보자. 만약 그렇게 할 수 있다면 꽤 쏠쏠하게 돈을 벌 수 있을 것이다.

에릭은 이 일에 성공하려면 두 가지 일을 해내야 한다고 본다. 원숭이 훈련과 받침대 만들기다. 이 두 가지 일 중 성공으로 가는 길에 장애가 될 수 있는 일은 원숭이 훈련이다. 그 반면에 받침대를 만드는 일은 쉽다. 사람들은 고대 그리스 이전부터 받침대를 만들어왔다. 받침대를 만드는 일은 2,000년이 넘는 시간이 지나면서 매우 하기 쉬운 일이 됐다. 아예 가구점이나 철물점 같은 곳에서 살 수도 있고, 간단하게 우유 박스를 이용해 만들 수도 있다.

즉, 이 상황에서 어려운 일은 원숭이가 횃불을 저글링할 수 있게 훈련시키는 일이다.

이 멘탈 모델은 원숭이를 훈련시키지 못한다면 받침대를 만들어도 아무런 도움이 되지 않는다는 것을 보여주기 위해 만들어졌다.

즉, 이 멘탈 모델은 어떤 문제를 해결하려면 그 문제의 가장 어려운 부분을 먼저 해결해야 한다는 것을 보여준다.

"원숭이와 받침대"는 X의 소통 언어 중 일부다. X의 직원들은 프레젠테이션을 할 때 #MONKEYFIRST("원숭이 먼저")라는 해시태그와 원숭이 아이콘이 새겨진 문서를 사용한다. 이들은 프로젝트를 진행할 때 어려운 일을 먼저 해야 한다는 사실을 이런 방법으로 자신들에게 계속 인지시킨다.

이 이야기는 사업을 시작할 때 제일 먼저 해야 하는 일이 그럴듯한 명함을 만들거나, 회사 로고를 디자인하거나 이름을 정하기 위해 돈을 쓰는 일이 되어서는 안 된다는 것을 시사한다.

X가 X라는 이름을 가지게 된 이유도 바로 여기에 있다.

등에 업은 원숭이를 떨쳐내라

바닷물을 연료로 바꾸는 기술을 개발하기 위한 '포그혼 프로젝트'는 원숭이와 받침대 멘탈 모델을 어떻게 활용하는지 보여주는 대표적인 예다. 이 프로젝트의 첫 번째 원숭이는 개념증명 proof of concept(새로운 프로젝트가 실제로 실현 가능성이 있는지 효과와 효용, 기술적인 관점에서부터 검증을 하는 과정)이었다. 이 문제는 관련 기술을 연구하고 있는 과학자들과 파트너십을 통해 해결할 수 있었다. 두 번째 원숭이는 상업적 타당성이었다. 새로운 연료가 시장성을 확보하기 위해서는 갤런당 생산 비용이 기존의 가솔린 생산 비용보다 훨씬 저렴해야 했다.

프로젝트 초기에 X는 이 기술로 만드는 가솔린 1갤런을 스칸디나비아 시장처럼 가솔린 가격이 비싼 지역에서 8달러에 팔면 경쟁력이 있을 것이라고 봤다. 첫 번째 장애물은 바다에 송유관을 설치하는 데 엄청난 비용이 든다는 것이었다. X의 직원들은 기존의 담수화 공장들과 협력을 통해 이 문제를 해결할 수 있을 것이라고 생각했다. 하지만 곧 이들은 기존의 담수화 공장들의 처리 용량이 새로운 가솔린을 대량생산하기에는 턱없이 부족하다는 것을 알게 됐다. 게다가 당시에 가솔린의 가격이 폭락하고 있던 것도 문제가 됐었다.

결국 이들은 이 원숭이를 감당할 수 없다는 사실을 깨달았다. 향후 3년 동안 시장에서 가격 경쟁력을 확보할 수 있는 가능성이 너무 낮았기 때문이었다. 이들은 포그혼 프로젝트를 중단했다.

X는 원숭이와 받침대 모델을 적용했고 몇 년 동안 해온 일을 접었다. 룬 프로젝트의 경우 9년 동안 진행하던 일을 접어야 했다. 어떤 일을 몇 년 동안 해왔는지는 중요하지 않다. 중요한 것은 일이 생각처럼 진행되지 않을 때 최대한 빨리 접을 수 있는 능력이다.

손실을 조금이라도 빨리 줄일 수 있다면 그 자체만으로도 엄청난 승리를 거두는 것이다. 또한 손실을 빨리 줄일 수 있다면 기대가치가 더 높은 일에 한정된 자원과 능력을 사용함으로써 기회비용도 줄일 수 있다.

에릭은 내게 "프로젝트의 아킬레스건이 발견되면 나는 '2,000만 달러가 아니라 200만 달러를 썼을 때 아킬레스건을 발견해서 다행'이라고 생각한다"라고 말했다.

에릭은 그만둠으로써 원하는 곳에 더 빠르게 갈 수 있다는 것을 잘 알고 있는 사람이다.

그만두어야 한다고 더 빨리 판단할수록 더 나은 일로 더 빨리 전환할 수 있다. 더 빨리 그만둘수록 더 많은 자원을 절약할 수 있으며, 그럼으로써 그 자원을 더 가치 있는 일에 사용할 수 있다.

원숭이와 받침대 모델의 장점 중 하나는 어떤 일을 본격적으로 시작하기 전에 그만둘 수 있게 해준다는 데 있다.

몇 년 전 X는 하이퍼루프hyperloop라는 실험적인 고속열차 시스템 개발을 검토했다. 개념 자체는 매우 좋았다. 공학적인 측면에서도 물리적인 인프라스트럭처를 만드는 일은 어렵지 않아 보였다.

이 하이퍼루프의 '원숭이'는 승객이나 화물을 안전하게 태우고 내려줄 수 있는 기술의 개발과 속도를 낸 뒤 사고 없이 정지하는 기술의 개발이었다. 트랙을 몇 백 미터 정도 만들어 시험하는 방법으로는 이런 문제를 해결할 수 없었다. 결국 에릭과 X의 개발팀은 고속열차가 운행하게 될 전 구간에 레일을 깔지 않고는 문제를 해결할 수 없다는 결론을 내렸다. '원숭이'를 훈련시킬 수 있을지 없을지 알기 위해 받침대를 먼저 만들어야 하는 형국이었다.

X는 결국 이 프로젝트를 진행하지 않기로 결정했다.

에릭은 받침대를 만드는 것은 일이 진전되고 있다는 착각을 불러일으키지만 실제로는 전혀 진전되지 않는다는 사실을 잘 알고 있었다.

우리는 자신이 해낼 수 있다는 사실을 이미 잘 아는 일에는 역설적으로 일을 할 가치를 알지 못한다. 우리는 받침대를 만들 수 있다는 것은 이미 알고 있다. 관건은 과연 원숭이를 훈련시킬 수 있는가이다.

받침대를 만들 때 이미 매몰비용이 늘어나고 있으며, 그 매몰비용은 원숭이에게 횃불 저글링을 훈련시킬 수 없다는 것을 알게 됐을 때에도 일을 그만두기 힘들게 만든다.

앞에서 살펴본 캘리포니아 초고속철도시스템 프로젝트도 받침대부터 만들다가 실패한 예라고 할 수 있다. 이 프로젝트는 평지에만 계속 레일을 계속 구축하고 있다. 하지만 평지에 레일을 구축하는 일은 150년 전부터 해왔던 일이다. 이 일은 할 수 있다는 것을 이미 우리가 알고 있는 일이다.

초고속철도시스템을 평지에 구축하는 일은 받침대를 만드는 일에 불과하다. 하지만 2010년 주 정부는 마데라와 프레즈노 사이의 평지에 초고속철도를 먼저 구축하는 공사를 승인했다.

우리는 원숭이가 횃불을 저글링하도록 훈련시키는 일이 어렵다고 판단한 다음에도 원숭이 훈련을 포기하지 않고 받침대부터 만드는 경향이 있다.

우리는 실패를 인정하면서 그만두는 것보다 일이 진전되고 있다는 착각을 하는 편을 선호한다.

캘리포니아 초고속철도시스템 프로젝트는 이런 우리의 성향도 잘 드러낸다. 파체코 패스와 테하차피산맥 사이에 있는 '거대한 원숭이'에 부딪히자 캘리포니아 초고속열차공사는 받침대 두 개를 더 만드는 선택을 했다. 2019년 뉴섬 주지사는 베이커스필드와 머세드를 연결하는 철로, 샌프란시스코와 실리콘밸리를 연결하는 철로 공사를 승인했다.

캘리포니아의 정책결정자들이 X처럼 프로젝트의 문제에 먼저 접근했다면, 즉 원숭이와 받침대 모델을 이용했다면 X가 하이퍼루프 프로젝트를 접었듯이 빠르게 초고속철도 시스템 프로젝트를 중단했을 것이다. 하지만 이 정책결정자들의 덩어리(카타마리)는 점점 더 덩치가 커졌고, 초고속철도 시스템 프로젝트는 점점 그만두기 힘들게 됐다.

해결할 수 없는 원숭이 문제를 제쳐두고 받침대 만들기에 집중하는 것은 다음의 두 가지 측면에서 재앙이 될 수 있다. 첫째, 성공하지 못할 거라는 확실한 신호가 있는데도 계속 자원을 쏟아붓게 된다. 둘째, 그 자원은 다른 더 나은 일에 투입할 수 있는 자원이다. 캘리포니아 초고속열차공사가 초고속철도시스템 프로젝트에 쏟아부은 돈은 캘리포니아주민들에게 이익이 될 수 있는 다른 아이디어들에 쓰일 수 있는 돈이었다.

원숭이와 받침대 모델은 다음과 같이 요약할 수 있다.

어려운 일을 먼저 생각하라.
최대한 **빠르게** 그 일을 해결하라.
일이 진전되고 있다는 착각에 **빠지지** 말라.

중단하기의 기준은 무엇인가

우리는 그만두어야 한다는 신호에 별로 합리적으로 반응하지 않는다는 것을 스스로 잘 알고 있다. 실제로 우리는 나쁜 소식에 손실을 줄이는 방식이 아니라 몰입을 상승시키는 방식으로 반응하곤 한다. 문제를 인식하는 것으로는 아무 소용이 없다. 몰입을 상승시키지 않기 위해 마인드컨트롤을 하는 것도 별 효과가 없다.

이 문제 해결에 도움을 줄 수 있는 방법이 있을까? 물론 있다. 우리가 주의를 기울여야 하는 신호를 미리 잡아낸 다음 그 신호에 대응할 수 있는 계획을 미리 세우면 된다. 그렇게 하면 제대로 손실을 줄일 가능성이 높아진다.

이 방법의 핵심은 어떤 일을 시작할 때 더 이상 그 일이 계속할 가치가 없다는 것을 말해주는 신호가 무엇이 될지 상상해보는 것이다. 자신에게 이렇게 질문해보자. "내가 지금 하고 있는 일을 그만두어야 한다는 신호를 미래에 보게 된다고 가정하면, 그 신호는 어떤 신호일까?", "이 결정에 대한 내 몰입을 변화시킬 세상의 변화 또는 나 자신의 상태는 무엇일까?"

이런 질문의 답이 바로 중단 기준kill criteria이다. 중단 기준은 말 그대로 프로젝트를 중단하거나 마음을 바꾸거나 손실을 줄이기 위한 기준을 뜻한다.

중단 기준은 원숭이 훈련이 불가능하다고 말해주는 정보, 목표를 달성할 가능성이 매우 낮다고 말해주는 정보, 운이 우리에게 불리하게 작용하고 있고 말해주는 신호라고 할 수 있다.

앞에서 다룬 사례의 대부분은 중단 기준을 적용할 수 있는 사례였다. 예를 들어, 해럴드 스토가 중단 기준을 적용했다면 캘리포니아 체인점들의 수익성이 특정한 수준 이하로 떨어졌을 때 매각했을 것이다. 또한 중단 기준을 적용했다면 해럴드 스토는 캘리포니아 체인점들을 유지하기 위해 계속 개인자금을 투입하는 대신에 그 체인점들을 매각하거나 닫았을 것이다. 극단적인 경우 중단 기준은 주변의 믿을 수 있는 조언자, 예를 들어 친한 친구나 오랫동안 같이 일했던 변호사 같은 사람이 소송에서 반대편에 서는 상황일 수도 있다.

버터필드가 글리치 프로젝트를 중단한 사례에서 중단 기준은 특정한 수의 충성도 높은 고객을 특정한 날짜까지 확보하지 못하는 것이었다.

캘리포니아 초고속철도시스템도 여러 가지 중단 기준을 적용할 수 있었다. 예를 들어 추정 공사비가 처음에 추정된 액수의 세 배를 넘어섰을 때 프로젝트를 접는다는 중단 기준을 적용할 수 있었을 것이다.

중단 기준이 가장 확실하게 부각되는 사례 중 하나는 에베레스트산에서 반환시간을 지키는 일일 것이다. 이 경우 중단 기준은 오후 1시까지 정상에 오르지 못한다는 것이었다.

1992년 이타마르 사이먼슨과 배리 스토는 실험 참가자들에게 두 가지 맥주 제품 중에 어떤 맥주를 마케팅할지 결정하게 한 뒤 그 결정에 따른 부정적인 결과를 알려주고 다시 마케팅 자금 할당을 하는 실험에서 미리 계획을 세우는 것이 어떤 결과를 낳는지도 같이 연구했다.

이 연구자들은 참가자들에게 미리 계획을 세우게 한 뒤 자금 할당 선택을 하게 했을 때, 이 참가자들의 선택이 같은 선택을 처음 하는 참가자들의 선택과 비슷해지는지 알아보고자 했다.

앞에서 다뤘듯이, 제품에 대한 부정적인 결과를 본 뒤 1,000만 달러 지원 결정을 처음 하는 참가자들은 370만 달러를 할당했지만, 그 제품에 대해 직접 자금을 할당했던 참가자들은 500만 달러가 넘는 액수를 다시 할당했다. 앞에서도 언급했지만, 이전의 결정 결과에 영향을 받지 말고 새롭게 결정하라는 조언은 사실상 몰입상승을 줄이는 데 거의 효과가 없었다.

하지만 효과가 있는 전략 하나가 이 연구에서 발견됐다. 연구자들은 일부 참가자들에게 첫 번째 결정을 하기 전에 최소 판매액과 최소 이익이라는 목표(벤치마크)를 설정하게 했다. 그러자 이 참가자들은 제품의 부정적인 실적 데이터를 검토한 뒤 390만 달러만을 그 제품에 다시 할당했다. 이 액수는 그 제품에 대한 할당 결정을 처음 내린 참가자들이 할당한 액수와 거의 같았다. 또한 이 액수는 벤치마크를 설정하지 않고 두 번의 자금 할당을 한 참가자들의 할당 액수보다 훨씬 적기도 했다.

이 연구결과는 사전조치 precommitment(미래에 가능할 선택의 수를 제한하기 위해 행위 주체가 사용하는 전략 또는 자기통제 방법 - 옮긴이)에 관한 많은 후속연구들에서 검증됐다. 다이어트 계획, 업무 계획, 학습 계획을 세울 때 이런 사전조치를 미리 생각해두면 더 합리적으로 행동할 수 있다.

요약하자면, 중단 기준은 제때 그만두기에 필요한 사전조치를 만들 수 있도록 해준다.

퍼널 비전

중단 기준은 개인적인 생활에도 적용할 수 있다. 예를 들어, 누군가와 데이트를 시작할 때도 미리 중단 기준을 생각할 수 있다. 그 데이트 상대와의 관계를 정리하게 만드는 일을 알고 싶다면 중단 기준을 미리 생각하라. 한 번의 데이트로 범위를 좁힌다면, 집에 가버리고 싶게 만드는 것은 무엇일지 생각해볼 수 있다. 대학, 전공, 직업, 사업, 프로젝트를 선택할 때도 중단 기준을 미리 생각할 수 있을 것이다.

중단 기준을 매우 확실하고 가치 있게 적용할 수 있는 대표적인 상황이 있다. 비즈니스 영업을 위한 퍼널 관리 funnel management(깔때기 funnel 모양으로 위에서 아래로 또는 큰 부분부터 작은 부분으로 이루어지는 프로세스를 설정해 관리하는 방식을 뜻한다 - 옮긴이)를 하는 상황이다. 영업사원이 해결해야 하는 가장 큰 문제 중 하나는 그 퍼널의 가장 윗부분에 있는 모든 기회를 관리해야 한다는 것이다. 즉, 영업사원은 어떤 목표를 정할지 생각해내야 하고, 추진하는 과정에서 언제 목표를 포기해야 하는지 생각해내야 한다.

한편 회사는 영업사원이 진행하려고 하는 계약이 성사될 가능성과 그 계약의 규모를 고려해 영업사원이 가장 가치가 높은 기회들을 추구하면서 시간을 보내고 있는지 확인해야 한다.

물론 영업 상황에서만 발생하는 문제는 아니다. 영업사원의 경우 영업 목표를 이루기 위해 시간과 노력을 투자하게 된다. 영업사원은 그렇게 투자한 시간과 노력 때문에 목표를 포기하기 어려워지며, 더 많이 투입할수록 포기는 더 힘들어진다.

목표를 이루기가 힘들어지거나 목표 자체의 가치가 떨어지는 상황에서 계속 이렇게 시간과 노력을 쏟아붓는다면 결과적으로 낭비도 문제가 되지만 기회비용까지 발생하게 된다. 사람이 가진 자원은 유한하기 때문이다. 기대가치가 낮은 일을 하기 위해 사용하는 모든 시간은 기대가치가 높은 일을 하는 데 사용할 수 있는 시간이기도 하다.

이런 문제는 결국 실패할 때까지 일을 포기하지 않는 기질을 가진 영업사원에게서 특히 심각하다. 사실 영업사원은 대부분 끈기가 많은 사람들이긴 하다. 이런 태도는 이길 가능성이 조금이라도 있는 한 판을 접지 않으려는 포커 플레이어들의 태도와 비슷하다. 이런 행동은 그만두고 나서 "만약 그만두지 않았다면?"이라는 의문에 시달리지 않고 마음의 평화를 얻기 위한 것이라고 할 수 있다. 하지만 결과적으로 가진 자원을 잘못 사용하는 행동이며, 결국 최종적인 실패를 부르는 행동이다.

중단 기준을 설정하는 일은 영업 활동을 더 합리적이고 효율적으로 만들 수 있는 매우 가치 있는 일이 될 수 있다.

예를 들어 보자. 이전에 나는 엠파티클mParticle이라는 기업을 대상으로 영업 활동에서 중단 기준을 적용하는 방법에 대해 조언한 적이 있었다. 엠파티클은 서비스형 소프트웨어Software as a Service, SaaS 기업으로, 고객 데이터를 통합해 다양한 마케팅 API application programming interface(애플리케이션 프로그래밍 인터페이스)와 분석용 API에 적용할 고객 데이터 플랫폼customer data platform, CDP을 제공하는 회사다.

엠파티클과 일을 시작했을 때, 영업사원들은 가치가 낮은 목표를 포기하는 데 어려움을 겪고 있었다. 어떤 기회든 포기하면 기업이 무너질 수 있다는 조직의 영업철학이 이 문제를 일으키는 원인 중 하나였다.

영업사원이 사용할 수 있는 시간은 제한돼 있다. 가치가 낮은 목표에 시간을 사용하면 가치가 높은 목표에 사용할 수 있는 시간과 새로운 기회를 발굴할 수 있는 시간이 줄어들 수밖에 없다. 영업사원들은 어떤 계약이 실패로 끝날 가능성이 높은지 빠르게 판단하지 못하고 있었고, 그 때문에 전체적인 영업 활동의 진전 속도가 늦어지고 있었다.

엠파티클은 중단 기준을 설정해 확실한 실패 신호가 있을 때 과감히 포기하여 더 빨리 손실을 줄여야만 했다.

중단 기준을 설정하기 위해, 계속 추구해야 할 가치가 없는 기회의 신호가 무엇인지 영업팀과 함께 찾아내기 시작했다. 그 과정에서 우리는 영업사원과 영업팀 간부에게 다음과 같은 메시지를 보냈다.

제안요청(request for proposal, RFP) 또는 사전정보요청(request for information, RFI) 단계를 거쳐 설정한 목표가 있었다고 상상해 보자. 그 목표는 6개월 전에 설정된 것이고 지금은 목표 달성에 실패한 상태다. 돌이켜 생각해보니 이 거래가 성사되지 못할 것이라는 신호가 일찍부터 있었다는 것을 알게 됐다. 그 신호는 어떤 것이었을까?

실패를 상상하면서 미래를 내다본 후 실패 원인을 알아내는 작업을 사전부검 premortem이라고 한다. 사전부검은 매우 효과적인 중단 기준을 위한 탁월한 도구이다.

영업팀에게 보낸 이 메시지는 간과하고, 합리화하고, 무시하기 쉬운 실패의 초기 신호들을 영업사원(그리고 우리 모두)이 제대로 인식하게 만들기 위한 메시지였다. 다시 말해서, 우리는 우리가 직관적으로는 주목해야 한다고 생각하지만 실제로는 주목하지 않는, 일이 잘 풀리지 않을 것 같다고 알려주는 신호들을 찾고 있었다.

우리는 팀 단위에서 벗어나 영업사원 개개인에게도 어떤 초기 신호가 있었는지 물었다. 다른 영업사원의 의견에 영향을 받지 않은 개인의 의견을 묻기 위해서였다. 실패한 일에서 느낀 실패 신호 외에도 가상의 상황을 제시했을 때 그들이 느끼는 실패 신호도 조사했다. 얼마 전에 자신이 포기한 기회를 분석하라고 하면 대부분의 사람들은 강한 편향에 영향을 받기 때문이다.

그 결과 우리는 영업사원들이 공통적으로 언급한 실패 신호가 몇 가지 있다는 것을 발견했다. 제안 내용이 분명할 때에도 잠재적 고객사의 중역이 협상 회의에 한 번도 나타나지 않는 일, 잠재 고객사의 직원이 다른 정보를 요청하지 않고 바로 가격 이야기를 꺼내는 일 등이었다.

그 후 우리는 이런 신호들을 중단 기준으로 설정했다. 이런 신호들 중 어떤 것은 너무나 강렬해서 더 이상의 행동 없이 바로 거래 협상을 중단하게 만들 만했다. 예를 들어, 잠재 고객사가 바로 가격 협상을 시작하는 것은 거래가 실패할 것을 알려주는 확실한 신호였다. 이 신호는 잠재적인 고객사 입장에서는 영업사원이 가격을 제시하게 만들어 다른 경쟁업체가 제시한 가격을 깎게 만들기 위한 행동인 경우가 많았기 때문이다.

한편으로는 추가적인 행동을 촉구하는 신호도 있었다. 이런 신호들은 영업사원이 잠재 고객사로부터 최대한 빠르게 얻어야 하는 정보가 어떤 정보인지 알려주는 신호들이다. 영업사원은 그 정보를 찾아낼 수 있는지 없는지에 따라 거래를 접을 것인지 계속할 것인지 결정해야 한다.

예를 들어, 처음 몇 번의 회의에 잠재 고객사의 중역이 모습을 나타내지 않는다면(덜 확실한 중단 기준이다) 영업사원은 다음 회의에서 중역과 직접 협상하겠다는 제안을 하라는 지시를 받은 상황을 상상해보자. 영업사원은 잠재 고객사 직원들에게 두 회사의 중역이 모두 참석한다면 거래가 부드럽게 진행될 것 같다고 설명하면서, 다음 번 회의에는 잠재 고객사의 중역이 꼭 참석해주길 바란다고 말한다. 이때 잠재 고객사 직원이 이 제안을 거부한다면 영업사원을 거래를 접을 것이다.

이런 중단 기준을 설정함으로써 영업팀은 퍼널 관리를 더 효율적으로 할 수 있게 됐다. 그리고 성공 가능성이 높은 기회에 더 많은 시간을 투입하고 성공 가능성이 낮은 기회는 최대한 빠르게 포기하게 됐다. 이런 중단 기준은 엠파티클의 영업사원이 또 다른 유형의 성공을 거둘 수 있게 만들기도 했다. 영업사원에 대한 회사의 평가는 당연히 그들이 얼마나 많은 영업이익을 창출하는지에 기초하지만, 그에 더해 거래를 진행할 때 중단 기준을 얼마나 잘 적용하는지도 고려하게 됐기 때문이다.

기질적으로 끈기가 많은 사람들, 즉 반드시 거래를 성사시키겠다는 의지가 강한 사람들에게 우리는 성공할 수 있는 다른 방법을 제시함으로써 그들이 적절한 시점에 그만둘 수 있도록 만든 것이었다.

우리는 퍼널 관리라는 개념을 주로 영업사원이나 투자자와 관련해서만 생각한다. 하지만 퍼널 관리는 모든 사람이 해야 하는 일이다. 어떤 목표를 추구지 결정할 때, 어떤 강의를 들을지 결정할 때, 회사에서 어떤 프로젝트에 참여해야 할지 결정할 때, 어떤 회사에 지원할지 결정할 때, 어떤 사람과 데이트를 할지 결정할 때도 우리는 퍼널 관리를 해야 한다.

퍼널 관리는 어떤 일을 계속할지 아니면 그만둘지 결정할 때 반드시 필요하다. 퍼널 관리를 함으로써 우리는 가치가 없는 일에는 최대한 적은 시간을 사용하면서 가치가 큰 일에는 최대한 많은 시간을 사용할 수 있다.

회사에서 새로운 일을 해야 할지 결정할 때, 대학이나 전공을 결정할 때, 어떤 집을 살지 결정할 때, 어떤 지역으로 이사 가야 할지 결정할 때도 중단 기준을 설정할 수 있다. 공연 티켓을 사고 난 뒤 공연 당일의 날씨 때문에 공연에 가지 않는 것도 중단 기준 설정의 결과라고 볼 수 있다.

중단 기준 설정은 투자를 하는 상황에서도 효과를 나타낸다. 손절 매도 기준과 이익실현 매도 기준을 설정하는 일도 중단 기준 설정의 예라고 할 수 있지만, 더 넓은 범위에서 보면 투자 전략을 바꾸게 만드는 시장의 신호가 어떤 것이 될지 미리 예측하는 것이 진정한 의미의 중단 기준 설정이라고 할 수 있다.

중단 기준은 이미 어떤 일을 시작한 상태에서도 설정할 수 있다는 장점이 있다. 어떤 시점에서도, 즉 누군가와 데이트를 이미 시작했을 때도, 이미 집을 샀을 때도, 이미 투자를 시작했을 때도, 이미 대학을 선택했을 때도 우리는 미래의 어떤 시점을 상상할 수 있다. 우리는 그 미래의 시점에 우리가 상황에

만족할지 그렇지 못할지 상상할 수 있으며, 그만두어야 한다고 말해줄 신호들이나 그동안 보지 못했던 벤치마크들을 찾아낼 수 있다. 어떤 주식을 샀을 당시에 손절 기준이나 이익실현 기준을 설정하지 않았어도, 그 이후에도 중단 기준은 설정할 수 있다.

결국 현재의 자기 현실은 미리 생각해뒀어야만 바꿀 수 있다는 뜻이다.

그만두기의 기준: 상태와 시점

그만두기를 위한 최선의 기준은 상태와 시점이다. 상태는 말 그대로 우리 자신 또는 우리가 하는 일의 객관적이고 측정 가능한 상태를 말한다. 또한 우리가 인식했거나 놓친 벤치마크다. 시점은 날짜를 말한다.

일반적으로 중단 기준에는 상태와 시점이 모두 포함된다. 예를 들면, "내가 특정한 시점, 특정한 날짜에, 특정한 상태에 있다면(또는 있지 않다면) 그만둘 것이다", "내가 Y라는 시점까지 X라는 일에 성공하지 못한다면 그만둘 것이다", "내가 Y만큼의 돈, 시간, 노력 등의 자원을 사용했을 때 X라는 일에 성공하지 못한다면 그 일을 그만두어야 한다" 같은 중단 기준에는 모두 상태와 시점이 포함된다.

엠파티클의 중단 기준 중 하나는 결정권을 가진 중역이 다음 번 회의에 참석해달라는 제안을 잠재 고객사가 거부하는 상황이었다. 상태와 시점 측면에서 이 상황을 해석하면 "다음 번 회의에(시점) 중역이 참석하지 않는다면(상태) 거래를 접는다"라는 뜻이 된다.

상태와 시점이 중단 기준에 포함된 대표적인 예로는 X를 들 수 있다. X의 프로젝트들은 다른 프로젝트들에 비해 세상에 미치는 영향이 10배 커야하고(상태), 상업적인 타당성이 있어야 하며(상태), 5~10년 안에 완결이 되어야 한다(시점).

상태와 시점으로 구성된 또 다른 대표적인 중단 기준 설정의 예는 오사마 빈 라덴을 제거하기 위한 넵튠 스피어 작전Operation Neptune Spear을 계획한 맥레이븐 장군의 사례에서도 찾을 수 있다. 이 작전은 162개 단계로 세분화된 작전이었다. 작전대원들은 각각의 단계에서 상태를 파악해 작전을 계속 수행할지 중단할지 결정하도록 돼 있었다. 이 모든 단계는 미리 계획돼 있었기 때문에 작전이 시작된 후 맥레이븐이 즉석에서 내려야 할 것이라고 예상되는 결정은 다섯 가지 밖에 없었다.

맥레이븐은 작전대원들이 작전 중단을 해야 하는 상황이라고 판단하게 만들 수 있는 기준을 두 가지로 요약했다. 첫 번째 기준은 미리 정한 스케줄에서 한 시간 이상 지체되면 작전을 중단한다는 것이었다. 두 번째 기준은 작전대원들이 빈 라덴의 은신처에 도착하는 데 걸릴 것으로 예상한 시간의 절반이 지나지 않았을 때 파키스탄 정부군에 의해 발각돼 작전을 방해받는다면 철수한다는 것이었다. 맥레이븐은 만약 예상 시간의 절반을 초과한 상황에서 파키스탄 정부군의 방해를 받는다면 그때는 상황에 맞춰 자신이 직접 명령을 내린다는 계획을 세웠다.

이 작전은 결국 성공했고, 맥레이븐이 직접 철수 결정을 내릴 일도 없었다. 하지만 모든 군사작전이 성공하는 것은 아니다. 실패한 대표적 군사작전으로는 1980년 카터 행정부가 이란에 억류된 미국인 인질들을 구출하기 위해 시행한 독수리 발톱 작전Operation Eagle Claw을 들 수 있다. 이 작전의 중단 기준은 (기계 고장, 사고 등에 의해) 작전이 가능한 헬기가 여섯 대 미만으로 줄어들면 철수한다는 것이었다. 미군은 작전에 헬기 여덟 대를 투입했지만 목표 지점에 작전 가능한 상태로 도착한 헬기는 다섯 대밖에 없었기 때문에 작전을 중단했다. 이런 중단 기준을 미리 설정하지 않았다면, 이처럼 중요한 작전에서 철수 결정을 내리기가 쉽지 않았을 것이다.

상태와 시점을 고려해 중단 기준을 설정하는 일의 중요성은 수많은 사람들에게 영향을 미치는 결정이나, 세상을 바꿀 수 있는 엄청난 결정을 내려야 하는 상황에서 부각되고 입증돼 왔다. 하지만 그런 엄청난 일을 결정할 때뿐만 아니라 개인적인 문제 앞에서 결정을 할 때도 상태와 시점을 고려해 중단 기준을 설정해야 한다. 그만두어야 할 때는 그만둠으로써 받침대를 만드는 일을 피하고, 다른 중요한 일에 자원을 투입해야 한다는 뜻이다.

게임이론을 연구하는 카네기멜런대학 교수 케빈 졸먼Kevin Zollman은 상태와 시점을 고려한 중단 기준 설정이 학계에서 정년이 보장되는 자리를 얻으려는 사람들에게 어떤 영향을 미치는지 보여주는 흥미로운 사례들을 제시했다. 졸먼이 연구한 사례들은 정년을 보장하는 자리가 상대적으로 매우 적은 인문과학 분야에서 박사학위를 딴 사람들의 사례다.

인문과학 분야에서 박사학위를 갓 취득한 사람들이 정년을 보장하는 일자리를 구하려는 노력을 멈추기 위한 중단 기준을 설정하기 힘든 데는 두 가지 요인이 작용한다. 첫 번째 요인은 인문과학 학계는 한번 학계를 떠나면 다시 돌아오기가 거의 불가능하다는 현실이다. 따라서 이 현실을 잘 알고 있는 인문과학 박사학위 소지자들은 일자리를 구하려는 노력을 중단해야 한다는 강력한 신호가 나타나도 쉽게 포기하지 못한다.

두 번째 요인은 겸임교수를 계속하거나 박사 후 과정 연구원을 함으로써 원숭이를 훈련시키는 일이 아닌 받침대를 만드는 일을 끊임없이 할 수 있다는 사실이다. 이런 자리들은 정년을 보장하지 않지만 뭔가 진전되고 있다는 착각, 경력이 쌓이고 있다는 착각을 준다.

받침대를 계속 만드는 것은 쉬운 일이다. 박사 후 과정 연구원을 여러 학교에서 계속하는 것은 원숭이를 훈련시키지 않으면서 계속 다른 받침대를 만드는 것과 비슷하다. 계속 만들다 보면 매몰비용이 발생한다. 점점 더 많은 시간과 노력을 쏟아 부을수록 그만두기는 더 어려워진다.

덫에 갇히는 것을 피하려면 상태와 시간을 고려해 미리 벤치마크를 설정해야 한다. 박사학위를 갓 취득한 사람이 정년을 보장하는 자리를 얻는 데 걸리는 평균적인 기간을 파악해 그 시점을 벤치마크로 설정해야 한다. 예를 들어, 박사학위를 딴 후 정년 보장 자리를 얻는 데 평균적으로 4년이 걸린다고 가정하자. 4년 안에(시점) 정년을 보장하는 자리를 얻지 못하면 (상태) 노력을 그만두어야 한다.

올림픽에 단거리 육상선수로 출전하고 싶다면 최고 수준의 육상선수들이 15세였을 때, 18세였을 때, 대학생이었을 때

100미터를 평균 몇 초에 주파했는지 알아야 한다. 이런 벤치마크가 있고 그 벤치마크에 접근할 수 있을 때만 올림픽 출전 육상선수가 되기 위한 노력을 해야 하고, 접근할 수 없다면 그만두고 새로운 기회를 찾아야 한다.

이렇게 해야 가치 있는 일에 더 많은 시간을 사용할 수 있다.

상태와 시점을 고려한 중단 기준 설정은 인간관계에도 적용할 수 있다. 목표가 결혼(또는 장기적인 관계)인 경우, 일정한 시점까지 상대방이 청혼을 하지 않는다면(또는 당신의 청혼을 받아들이지 않거나 장기적인 관계로 발전하기를 거부한다면) 그 사람과 헤어지고 당신만큼 장기적인 관계를 원하는 다른 상대를 만나야 한다.

직장에서도 마찬가지다. 승진이 가능한 위치에 있다면 성공한 사람들의 평균적인 승진 시점을 최대한 빠르게 파악해 그 시점을 벤치마크로 설정하고, 그 벤치마크를 기초로 상태와 시점을 고려한 중단 기준을 설정해야 한다.

완벽보다는 개선을 추구하라

나는 포커를 할 때 게임을 더 잘 그만두기 위해 여러 가지 중단 기준을 설정했다. 그 중단 기준 중 하나가 바로 손절이었다. 일정한 액수 이상을 잃으면 바로 게임을 접으려고 노력했다. 이 중단 기준은 특히 내가 포커를 처음 시작할 때 매우 중요했다. 신참 포커 플레이어는 자신이 게임을 잘 못해서 돈을 잃고 있는지 운이 없어 돈을 잃고 있는지 잘 판단하지 못하기 때문이다(포커 판에서는 그만둠으로써 이익실현을 할 수 없기 때문에 나는 이익 실현에 대해서는 생각하지 않았다).

프로로 전향한 뒤에도 나는 손절을 하는 방법을 계속 사용했다. 최고 수준의 포커 플레이어들도 포커 판 안에 있을 때, 특히 잃고 있을 때는 그만두는 결정을 하는 것이 쉽지 않다. 따라서 나는 경험이 쌓이면서 내가 하는 게임의 질과 운의 작용에 대해 더 잘 알게 되었을 때도 손절 기준을 설정했다.

또한 나는 게임 시간이 6~8시간을 넘어가면 게임이 잘 되지 않는다는 것을 알았기 때문에 항상 그 정도 시간만 게임을 하려고 노력했다. 또한 게임 상황의 중요성을 더 많이 인식하게 되면서 플레이어 중 일부가 판을 접고 일어나고 그 자리를 새로운 플레이어가 채우면서 게임 상황이 내게 불리한 쪽으로 전개될 때 접고 일어나는 선택을 하려고 노력했다.

이런 중단 기준들을 적용함으로써 나는 게임을 더 잘 중단할 수 있었다. 그렇다면 나는 완벽하게 이 중단 기준들을 적용했을까? 그렇지 못했다.

설정해둔 손실 한계에 이르렀을 때 나는 항상 접고 일어났을까? 그렇지 못했다. 손실 한계를 넘었을 때도 나는 카지노에서 돈을 빌려 계속 게임을 한 적이 여러 번 있었다.

내가 6~8시간만 게임을 하고 항상 그만두었을까? 전혀 안 그랬다. 연속해서 24시간이 넘도록 게임을 한 적도 많았다. 또한 게임이 잘 풀리고 있다는 생각이 들면 돈을 잃은 사람들이 자리를 뜨고 훨씬 더 강력한 플레이어들이 그 자리를 채울 때도 계속 게임을 하곤 했다.

나는 완벽하지는 못했다. 하지만 아예 중단 기준 없이 플레이를 했다면 이 정도 수준의 플레이를 하지는 못했을 것이다. 오랫동안 포커 게임을 하면서 미리 정해둔 최저선이 도움이 됐다고 확신한다. 최저선을 정함으로써 나는 기대가치가 음수인 상황에 돈과 노력을 투입하는 일을 어느 정도 줄일 수 있었기 때문이다.

중요한 것은 완벽해지는 것이 아니라 더 나아지는 것이다. 어쨌든 우리는 모두 인간이고, 불확실한 상황에서 움직이고 있다. 그만두는 시점을 완벽하게 결정하는 것은 힘든 일이다.

에릭 "애스트로" 탈러는 X의 직원들이 항상 완벽하게 적절한 시점에 일을 중단하지는 못한다는 것을 잘 알고 있다. 하지만 에릭은 그들이 프로젝트를 잘 그만두려고 노력하기 때문에 전체적으로 일을 더 잘하게 된다는 것에 만족한다. 그는 "X가 엄청난 성과를 내고 있는 이유는 일을 완벽하게 하고 있기 때문이 아닙니다. 우리는 완벽해지기 위해 끊임없이 노력을 하기 때문에 상당히 많은 부분에서 성공을 하고, 그로 인해 엄청난 결과를 얻은 것입니다"라고 말한다.

요약하면, 원숭이와 받침대 멘탈 모델과 중단 기준은 실패하고 있는 일의 심리적 계좌를 닫는 것에 대한 거부감을 극복하는 데 두 가지 도움을 준다고 할 수 있다. 첫째, 이 멘탈 모델과 중단 기준은 모두 더 빠르게 "이제 그만!"이라고 말할 수 있게 해준다. "이제 그만!"이라고 말하는 순간, 그만둘 때 받아들여야 하는 손실의 양이 줄어들기 시작한다. 손실의 양의 줄어들수록 그만두기가 쉬워진다.

둘째, 미리 중단 기준을 설정하고, 그만두어야 한다는 신호가 감지될 때 취할 수 있는 조치를 미리 생각해둔다면, 실패하고 있을 때 그 실패에서 벗어날 수 있는 가능성이 높아진다. 손실을 줄이는 결정이 어떤 것일지 미리 생각한다면 그 손실과 연결된 심리적 계좌를 더 잘 닫을 수 있을 것이다.

6장에서
이것만은 꼭 기억해두기!

- '원숭이와 받침대 멘탈 모델'은 더 빠르게 그만두기에 도움을 준다.

- 받침대 문제는 완벽한 명함이나 회사 로고를 만드는 일처럼 우리가 이미 해결방법을 알고 있는 쉬운 문제를 말한다. 당신에게 가장 어려운 문제는 '원숭이가 횃불로 저글링 하도록 훈련시키기' 같은 문제이다.

- '원숭이 훈련시키기' 같이 복잡하고 달성하기 힘든 목표를 이루기 위해서는 세 가지를 할 수 있어야 한다. ① 어려운 부분을 먼저 찾아낸다. ② 그 어려운 문제를 최대한 신속하게 해결하기 위해 노력한다. ③ 일이 진전되고 있다는 착각에 빠지지 말아야 한다.

- 받침대를 만드는 일은 목표에 다가가고 있다는 착각을 불러일으킨다. 하지만 이는 문제를 악화시킨다. 어려운 일을 해내는 게 사실상 불가능한데도 쉬운 일부터 먼저 해버리면 시간, 노력 그리고 돈을 낭비하는 결과가 되기 때문이다.

- 원숭이 훈련시키기라는 어려운 문제를 먼저 해결하려 노력해보라. 해결하지 못해도 된다. "이제 그만!"이라는 말을 더 빨리 할 수 있게 되기 때문이다.

- 해결할 수 없는 어려운 문제에 직면할 때 우리는 그만두기를 선택하지 않는다. 그 대신 만들기 쉬운 받침대부터 준비하기 시작한다.

- 미리 계획해 사전조치를 취하면 더 빠르게 그만둘 수 있다.

- 어떤 행동을 시작할 때는 중단 기준을 설정해야 한다. 이 중단 기준은 미래에 그만둘 시점을 알려주는 신호가 된다.

- 중단 기준은 당신이 이기거나 지고 있는 상황에 매몰된 상황에서 의사결정의 수를 조절해준다. 결과적으로 중단 기준은 당신이 나쁜 의사결정을 하

지 않도록 도움을 준다.

- 조직에서의 중단 기준은 실패가 확실해질 때까지 맹목적으로 어떤 일을 계속 하지 않고도 다른 방식으로 직원들이 보상을 받을 수 있게 해준다.

- 중단 기준은 "상태와 시점"을 고려해 쉽게 만들 수 있다. 예를 들어, "내가 어떤 시점까지 특정한 상태에 이른다면(또는 이르지 못한다면) 그만둘 것이다" 같은 중단 기준을 만들면 된다.

인생을 걸었더라도
그만둘 수 있다

알렉산드라 "사샤" 코언Sasha Cohen은 7세였던 1992년에 처음 피겨스케이팅에 관심을 가지게 됐다. 미국 여성들이 1968년부터 동계올림픽에서 계속 메달을 따고 있을 때였다. 사샤가 청소년 피겨스케이팅 대회에 출전하기 시작했을 당시 여자 피겨스케이팅은 동계올림픽 종목 중에서 가장 인기 있었고, 크리스틴 야마구치Kristine Yamaguchi, 낸시 케리건Nancy Kerrigan, 타라 리핀스키Tara Lipinski, 미셸 콴Michelle Kwan 같은 미국 여자 피겨스케이팅 선수들이 대중의 관심을 받고 있었다.

당시 미국인들은 피겨 슈퍼스타가 등장하기를 기대하면서 각종 예선전들도 관심 있게 지켜보곤 했다. 미셸 콴보다 네 살 어리고 리핀스키(2002년 올림픽 후에 은퇴했다)보다 두 살 어렸던 사샤는 슈퍼스타가 되기 위해 힘겨운 훈련을 소화하던 수천 명의 청소년 피겨 선수 중 하나였다.

마침내 사샤는 당시 최고의 피겨스케이팅 선수 중 한 명이 됐다. 1990년대 후반부터 (21세에) 2006년 토리노 동계올림픽에서 은메달을 딸 때까지 수많은 청소년 대회, 전국 대회, 국제 대회에서 최고의 실력을 보여줬다.

사샤는 15세였던 2000년 미국 피겨스케이팅 선수권대회에서 미셸 콴 다음으로 좋은 점수를 받아 은메달을 따면서 스타가 됐다. 당시 콴은 세계선수권대회에서 두 번 금메달을 따고 올림픽에서 은메달을 딴 유명한 선수였다. 콴은 1996년 미국 선수권대회에서 금메달을 딴 뒤 1998년부터 2005년까지 8년 연속 금메달을 딸 정도로 뛰어난 선수였다.

그런 콴을 바짝 추격하고 있던 선수가 사샤였다. 사샤는 등에 피로골절이 발생해 경기에 참가하지 못했던 2001년을 제외하곤 2000년부터 2006년까지 미국 선수권대회에서 연속해 은메달, 은메달, 동메달, 은메달, 은메달, 금메달을 땄다. 사샤보다 성적이 좋았던 선수는 미셸 콴밖에 없었다.

사샤는 17세에 2002년 솔트레이크시티 동계올림픽에 출전해 4위를 기록했고, 2002~2003년 그랑프리 대회 여섯 개 종목에서 금메달을 땄다(2003년 피겨스케이팅 그랑프리 파이널에서 딴 금메달 포함). 또한 사샤는 2001년부터 2005년 사이에는 여섯 번의 국제 대회에서 금메달 여섯 개를 땄으며, 2004년 세계선수권대회에서 은메달, 2005년 세계선수권대회에서 은메달, 2006년 세계선수권대회에서 동메달을 땄다.

사샤가 피겨스케이팅에서 보여준 집중력과 끈기는 세계 최고 수준이었다. 7세에 피겨스케이팅을 시작한 사샤는 11세에 본적적으로 대회에 참가하게 되면서 연습시간을 늘리기 위해 홈스쿨링을 했다. 이렇게 집중적으로 훈련을 한 결과로 수없이 부상을 당하기도 했다. 계속 등 부상에 시달리던 사샤는 결국 2001년 미국 선수권대회에는 참가하지 못했다. 2004년과 2005년에 열린 경기에서도 부상 때문에 좋은 성적을 내지 못했다.

하지만 2006년은 사샤 코언의 해였다. 당시 25세였던 미셸 콴은 올림픽 예선전 준비를 하던 중 엉덩이 부상을 입어 2005년 말과 2006년 1월에 열린 미국 선수권대회에 참가하지 못하면서 8년 동안의 우승 행진이 중단된 상황이었다.

사샤는 2006년 미국 선수권대회에서 금메달을 땄다.

미셸 콴은 2006년 동계올림픽에 출전하기 위해 건강진단 면제를 받았지만 토리노에서 훈련을 하던 첫날 다시 부상을 입어 출전을 포기했다. 미셸 콴이 더 이상 경기에 출전하지 못할 가능성이 높은 상황에서 세계 최강의 위치를 유지해온 미국 여자 피겨스케이팅의 여제가 될 선수는 사샤밖에 없었다. 미국 여자 피겨스케이팅 선수들은 그동안 올림픽에서 10회 연속 메달을 딴 상태였다. 이 열 개의 메달 중 금메달 다섯 개는 2006년 동계올림픽 이전의 네 번의 동계올림픽 중 세 번의 동계올림픽에서 딴 것이었다.

사샤는 쇼트 프로그램 경기 이후 계속 선두를 유지했고, 이변이 없는 한 금메달을 딸 것이라고 예상됐다. 하지만 사샤는 롱 프로그램 결승전이 시작된 지 30초 만에 넘어졌다. 그 순간 사샤는 금메달을 따지 못할 것이라고 직감했지만 의연하게 일어나 나머지 경기를 완벽하게 진행했고, 결국 은메달을 땄다.

그때 넘어지지 않았다면 사샤는 금메달을 딴 뒤 은퇴하려고 했을지 모른다. 당시 사샤는 등 부상에 엉덩이 부상까지 더해진 상태였다. 게다가 다음 올림픽에는 25세의 나이로 참가해야 했다. 미셸 콴이 2006년 동계올림픽 준비를 하다 부상으로 출전을 포기한 나이와 같았다.

하지만 사샤는 은퇴하지 않았고, 올림픽이 끝나고 두 달 뒤에는 2010년 올림픽 준비를 하겠다고 발표했다. 사샤는 경기 출전을 중지했지만 피겨스케이팅 훈련은 멈추지 않았다. 사샤는 2006년부터 2009년까지 고된 스케이팅 훈련을 계속했다.

미국에서 피겨스케이팅 선수로 성공을 거두면 〈챔피언스 온 아이스Champions on Ice〉, 〈스타즈 온 아이스Stars on Ice〉 같은 피겨스케이팅 공연에 참가할 수 있는 특전이 주어진다. 사샤도 2007년부터 2009년까지 이런 공연에 참가해 큰돈을 벌었다.

하지만 사샤 코언은 이런 공연에 만족감을 느끼지 못했다. 큰돈을 벌 수 있는 일이기는 하지만 공연에 대해 이렇게 말했다. "내가 원했던 삶이 아니었어요. 공연장에서 똑같은 동작을 반복하고 싶지 않았어요."

그렇다면 여기서 의문이 생긴다. 그렇게 만족하지 못했는데 왜 사샤는 피겨스케이팅을 그만두지 않았을까?

다음 올림픽에 출전해야 한다는 생각을 했기 때문이었다. 스케이팅은 사샤의 정체성이었고, 그 정체성을 유지하기 위해서 사샤는 참고 견디면서 계속 연습을 했다. 사샤는 스케이팅을 그만두지 못한 이유에 대해 이렇게 말했다. "힘들다는 이유로 노력을 하지 않고 피겨스케이팅을 포기한다면 내가 너무 약한 존재라는 것이 증명될 거예요."

2009년 5월 사샤는 경기 출전 준비를 위해 훈련을 시작했다. (15년 동안 힘든 훈련을 계속한 결과로 발생한) 오른쪽 종아리의 건염(힘줄의 염증) 때문에 그랑프리대회 두 번을 포기한 지 얼마 지나지 않은 시점에서 사샤는 2010년 미국 선수권대회에 출전했고, 4위를 기록했다. 밴쿠버 올림픽 출전 자격을 얻으려면 2위 안에 들었어야 했다.

결국 사샤는 피겨스케이팅을 접었다. 자신의 선택이 아니라 상황 때문이었다. 여자 피겨스케이팅 선수가 25세에도 최고의 경쟁력을 유지하는 것은 힘든 일이었다. 사샤는 은퇴하면서 "나는 피겨스케이팅을 그만둔다고 생각하지 않아요. 그냥 자유로워졌다고 생각해요"라고 말했다.

사샤는 피겨스케이팅을 그만뒀지만 그 업적은 사라지지 않았다. 사샤는 2006년 동계올림픽에서 은메달을 획득함으로써 미국 여자 피겨스케이팅 팀이 11회 연속 올림픽에서 메달 행진을 이어가게 만들었다. 또한 사샤는 2022년 현재 올림픽 싱글 피겨스케이팅 메달을 획득한 마지막 미국 여자 피겨스케이팅 선수이기도 하다.

피겨스케이팅을 어쩔 수 없이 그만두고 난 뒤 사샤는 자신을 위해 행복한 삶을 살기 시작했다. 사샤는 26세의 나이에 대학에 입학했다. 교실을 떠난 지 15년 만에 다시 공부를 시작한 것이었다. 2016년에 컬럼비아대학을 졸업했고, 같은 해에 피겨스케이팅 명예의 전당에 이름을 올렸다. 모건스탠리의 투자 매니저가 됐고, 결혼을 해 2020년 1월과 2021년 8월에는 아이를 낳았다.

사샤 코언의 이야기에서 우리는 많은 것을 배울 수 있다. 사샤와 그녀의 가족들은 피겨스케이팅에 끊임없이 시간, 돈 그리고 노력을 쏟아부으면서 계속 매몰비용이 쌓이도록 만들었다. (어쩔 수 없이 그만두어야 하기 전까지) 사샤는 피겨스케이팅 선수로서의 삶이 아닌 다른 삶을 생각하려고 하지 않았고 생각할 수도 없었다.

3부에서 자세히 살펴보겠지만, 사샤의 이야기에서 얻을 수 있는 더 큰 교훈은 정체성과 관련된 것이다. 사샤 코언은 이 책에 등장하는 많은 사람들과 많은 공통점이 있다. 에베레스트산 정상에 오르려고 했던 더그 핸슨 같은 등반가가 대표적인 예다. 이들은 전부 아니면 아무 것도 아니라는 생각을 가지고 많은 노력을 쏟아부은 사람들이었다. 또한 이들은 목표에 가깝게 가는 것은 성공이 아니라 실패이며 다시 그 목표를 이루기 위해 노력해야 한다고 생각한 사람들이었다.

우리의 정체성은 우리가 무엇을 하는지에 의해 상당 부분 결정된다. 또한 우리의 정체성은 우리가 집중하는 대상, 예를 들면, 직업·관계·프로젝트·취미 등과 밀접하게 연결돼 있다. 우리는 이런 대상들에서 멀어지려고 결정할 때 자신의 정체성을 고민하게 된다. 그 고민은 매우 아픈 고민이다.

3부

**미래를 향한 불안과
실패에 대한 두려움 이겨내기**

7장

가지고 있는 것과
가지고 있는 생각의 덫:
보유편향과 현상유지편향

2006년 앤드류 윌킨슨Andrew Wilkinson은 메타랩Metalab을 창립했다. 메타랩은 기술기업이 필요로 하는 모바일 앱을 만드는 기업이다. 메타랩은 매우 빠르게 수익을 내면서 급속도로 성장했다. 애플, 구글, 디즈니, 월마트, 슬랙, 코인베이스Coinbase 같은 성공한 스타트업 기업들이 고객이다.

윌킨슨은 수익 일부를 이용해 20개가 넘는 기업을 창업했다. 이 기업 중 하나인 타이니Tiny는 2014년 창립된 뒤 수십 차례에 걸쳐 인터넷 기업에 투자를 하거나 인수해왔다. 윌킨슨은 빠르게 투자협상 또는 인수협상을 진행하며, 투자 또는 인수의 대상이 된 기업들의 경영에 간섭을 하지 않으며, 매수한 주식을 오랫동안 보유하는 것으로 유명했다. 윌킨슨이 "스타트업의 워런 버핏"으로 불리는 이유가 여기에 있다.

윌킨슨은 일찍부터 기업가 정신이 두드러졌던 사람이다. 고등학생이던 2000년대 초반에 윌킨슨은 친구들과 함께 맥틴닷컴 MacTeen.com이라는 테크놀로지 뉴스 웹사이트를 만들었다. 그는 이 일에 푹 빠져 있었고, 스티브 잡스와 인터뷰를 성사시키기도 했다. 결국 이 사이트는 관리 담당 직원, 광고 담당 직원, 콘텐츠 담당 직원을 따로 두어야 할 만큼 성공했다. 윌킨슨은 이 사이트 운영 때문에 너무 시간을 많이 빼앗겨 졸업도 간신히 했다.

윌킨슨은 대학에서 잠시 저널리즘을 공부하다 중퇴해 메타랩을 창업했다. 2009년 그는 메타랩 직원들이 투두리스트(to-do list, 해야 할 일을 적은 목록)를 공유할 수 있도록 하기 위해 독자적인 투두리스트를 개발하고자 했고, 그 아이디어를 플로 Flow라는 이름의 소프트웨어로 현실화했다. 윌킨슨은 2021년까지 이 제품에 자금과 노력을 계속 쏟아부었다.

구글 문서 Google Doc, 슬랙(Slack, 메타랩은 2013년에 슬랙의 인터페이스를 설계했다) 같은 서비스형 소프트웨어 SaaS는 현재 폭발적으로 성장한 상태지만 2010년대에는 걸음마 단계였다. 윌킨슨은 초기부터 투두리스트 제품의 잠재적인 시장 크기를 정확하게 예측한 사람이었다. 당시 메타랩은 플로를 부트스트래 핑할 수 있을 정도의 자원을 가지고 있었다. 즉, 메타랩은 벤처 투자 회사 같은 외부 투자자의 도움을 받지 않고 자력으로 플 로 개발에 필요한 자금을 조달할 수 있었다는 뜻이다.

윌킨슨은 메타랩 개발자 두 명과 9개월 동안 개발을 진행해 플로 베타 버전을 발표했다. 당시 윌킨슨은 이 베타 버전에 대 해 "매우 멋진 앱이다. 첫날부터 엄청난 히트를 기록했다"라고 자랑스럽게 말했다.

플로의 베타 버전은 출시 직후 월간반복매출monthly recurring revenue이 2만 달러에 이르렀고, 곧 한 달에 10%씩 성장하기 시 작했다. 대단한 반응이었다. 벤처 투자 기업들에게서 러브콜 이 빗발쳤다.

벤처 업계에서는 벤처 투자 기업의 자금을 투자받는 방식 과 부트스트래핑 방식으로 스스로 기업을 키우는 방식의 장 단점에 대해 지금도 의견이 엇갈리고 있다. 윌킨슨은 자신과 회사 전체를 위해서도 부트스트래핑 방식이 옳다고 생각했기 때문에 수많은 벤처 투자 기업들의 제의를 모두 거절했다.

당시 새로운 개념의 소프트웨어를 개발하는 기업을 운영하 기는 쉬운 일이 아니었다. 실제로 초기에 플로는 매출 예상액 보다 훨씬 더 많은 돈을 썼고, 투자 규모는 이윽고 눈덩이처럼 불어났다. 하지만 충분한 자본과 제품에 대한 자신감이 있던 윌킨슨은 외부 투자로 플로의 지분이 희석되기를 원하지 않았다.

플로의 초기 성공은 투두리스트 같은 서비스형 소프트웨어 도구 시장이 존재한다는 것을 확인시켜주었지만 그렇다면 다른 기업들도 이 시장에 뛰어들 수 있다고 윌킨슨은 판단했다.

플로를 시작한 지 얼마 되지 않아 윌킨슨은 플로와 비슷한 기능을 가진 아사나Asana라는 제품이 개발되고 있다는 소문을 듣게 됐다. 아사나는 윌킨슨이 무시할 수 없는 제품이었다. 아사나는 더스틴 모스코비츠Dustin Moskovitz가 창업하고 운영하는 기업이 개발했기 때문이다. 페이스북의 공동창업자이자 억만장자인 모스코비츠는 업계 인지도가 워낙 높은 데다 투자유치, 개발자 확보, 잠재 고객 확보 등 다양한 면에서 엄청난 능력과 평판을 가진 사람이었다.

하지만 2011년 말 아사나가 출시됐을 때 윌킨슨은 안도의 한숨을 내쉬었다. 당시 윌킨슨은 "엔지니어들이 만든 제품이라 엉망이야. 복잡해서 사용하기 힘들어 보여. 우리에게 조금도 위협이 되지 않는군"이라고 말했다.

아사나의 이 초기 버전과 플로를 비교하면서 윌킨슨은 "비교도 안 될 만큼의 적은 자본과 4분의 1의 인력으로 우리가 개발한 플로가 아사나보다 훨씬 뛰어난 제품"이라고 말하기도 했다.

아사나가 출시된 후 더스틴 모스코비츠는 앤드류 윌킨슨에게 연락을 해 샌프란시스코의 한 카페에서 만났다. 그 자리에서 모스코비츠는 아사나를 개발하는 데 어느 정도의 자금이 들었는지, 어느 정도의 인력을 유치했는지 매우 솔직하게 털어놨다.

윌킨슨은 모스코비츠의 그 말을 플로가 아사나보다 훨씬 더 많은 자원을 이용할 수 없기 때문에 결국 아사나를 따라잡을 수 없을 것이라는 말로 들었다. 그로부터 많은 시간이 지난 뒤 모스코비츠는 그날 윌킨슨과의 대화한 내용에 대해 자신은 전혀 다른 기억을 가지고 있다고 밝혔다. 그는 그날 아사나와 플로가 팀을 이룰 수 있는 가능성을 타진하고 있었다고 말했다. 그날 모스코비츠는 아사나와 플로가 합병을 통해 다른 주요 경쟁자들에 대응하는 방법도 생각하고 있었다고 말했다.

이 두 사람이 같은 대화 내용을 왜 서로 다르게 해석했는지는 모르겠다. 하지만 그날 대화에 대한 윌킨슨의 생각은 부트스트래핑과 벤처 투자에 대한 자신의 평소 생각과 일치하는 것이었다. 윌킨슨에게 그날의 대화는 아사나에 비해 약자이긴 하지만 플로는 부트스트래핑을 통해 생존할 수 있는 가능성을 가지고 있는 반면 아사나는 벤처 캐피탈의 투자를 받아 기업의 규모를 키우는 흔한 벤처 기업 중 하나라는 생각을 더 굳히게 만들었던 것으로 보인다.

아사나는 유료 버전이 출시된 지 몇 달 만에(2012년 4월) 이미 세 차례나 투자를 받았으며 이 덕분에 가치 평가액은 2,800만 달러에서 2억8,000만 달러로 늘어났다.

윌킨슨은 그날의 대화 내용이 플로에게 부정적이라고 판단했던 것 같다. 플로의 가장 큰 경쟁상대인 아사나는 벤처 시장에서 투자자들의 뜨거운 관심 속에 자금이 넘쳐났기 때문이다. 하지만 윌킨슨은 당시의 상황이 플로에게 유리할 수 있다고 판단했다. 그는 경험이 많은 벤처 투자자들이 아사나의 가치가 2억8,000만 달러라고 생각한다면 아사나보다 뛰어난 플로의 가치는 그보다 훨씬 더 높을 것이라고 생각했기 때문이다.

당시 플로는 월 매출의 두세배에 이르는 비용을 지출하는 상태에서 아사나와 경쟁하기 위해 투자 규모까지 늘려야 하는 상황이었다. 걱정이 됐던 플로의 CFO(최고재무책임자)가 이 문제를 윌킨슨에게 보고했지만 윌킨슨은 계속 지출을 늘리라고 지시했다. 윌킨슨은 플로의 가치가 아사나의 가치보다 높다고 판단했기 때문에 자신의 개인 재산을 플로에 계속 투자

하겠다는 결정을 한 것이었다.

이런 식으로 계속 가열된 아사나와의 전쟁은 곧 소모전 양상을 띠게 됐다. (아사나처럼) 플로가 다양한 플랫폼에서 기능하도록 만들고, 고객이 요구하는 기능을 추가해 업그레이드하고, 아사나의 마케팅 수준을 일부라도 따라잡기 위해 현금 지출을 이전의 두 배로 늘려야 했다.

윌킨슨은 플로의 제품 질이 뛰어나기 때문에 계속 플로에 자금을 쏟아부어도 된다고 생각했다. 그는 "우리는 광고비용을 늘리고 영업사원을 추가로 고용하기도 했다. 하지만 가장 중요하게 생각한 것은 우리 제품을 경쟁제품들보다 더 좋게 만드는 것이었다. 당시 우리의 강점은 제품의 질밖에 없었다"라고 말했다.

플로에 더 많은 기능이 추가되면서 더 많은 버그가 발생하기 시작했다(소프트웨어 개발과정에서는 흔한 일이다). 자금이 계속 투입되고 있는데도 개발팀과 디자인팀의 인력은 늘 모자랐다. 결국 이들은 끝도 없이 밀려들어오는 고객들의 버그 신고에 제대로 대응할 수 없는 지경까지 이르렀다. 월 성장률이 20%에서 5%로 급락했다.

2015년 9월 아사나가 새로운 버전을 출시했다. 이 제품은 윌킨슨이 처음에 봤던 아사나 버전과는 완전히 달랐다. 이 버전은 플로에 있는 모든 기능과 향후 구현하려고 했던 기능까지 다 갖춘 버전이었다. 플로보다 더 많은 플랫폼 상에서 작동할 수 있었고, 버그도 없었다.

당시 플로는 매달 15만 달러를 쓰고 있었다. 윌킨슨이 그때까지 투자한 돈은 500만 달러를 넘어선 상태였고, 언제 투자를 종료할 수 있을지도 알 수 없었다. 이 모든 상황이 부트스트래핑을 통해 자력으로 일어서려는 기업과 벤처 투자를 받은 기업의 싸움에서 어떤 기업이 지고 있는지 확실하게 말해주고 있었다. 하지만 윌킨슨은 플로를 접지 않았고, 그 후로도 7년을 더 버텼다. 결국 윌킨슨은 1,100만 달러를 쏟아부은 후에야 플로를 접었다. 이 과정에서 윌킨슨은 아사나(그리고 비슷한 제품들)가 제품을 개선하는 동안 플로의 성장이 늦어지다 결국 멈추는 것을 지켜봐야만 했다.

윌킨슨은 600만 달러에 플로를 인수하겠다는 제안을 받았지만 거절했다. 그가 그때까지 플로에 쏟아부은 돈이 1,100만 달러였기 때문에 이 거래로 500만 달러의 확실한 손해를 보고 싶지 않았기 때문이었다. 매몰비용 효과 때문에 인지오류에 빠진 전형적인 예이다.

결국 플로에 12년이라는 시간을 보낸 뒤 윌킨슨은 "1000만 달러 깨끗하게 날렸다"라고 말해야 했다. 윌킨슨은 주변의 모든 사람이 오랫동안 보아왔던 것을 보지 못했던 것이었다. 아사나는 마케팅, 제품의 질과 기능, 고객 지원, 통합성 등 모든 면에서 플로보다 나은 제품이었다. 윌킨슨은 플로의 기업 크기를 대폭 축소했고, 그에 따라 연간 반복매출은 이전의 3분의 1 이하로 줄어들었다. 손익분기점을 맞출 수 있는 방법은 기업 축소밖에 없었다.

더 중요한 것은 앤드류 윌킨슨이 플로에 대한 희망을 완전히 접었다는 사실이었다. 2021년에도 플로 개발사는 계속 운영되고 있긴 하지만 윌킨슨은 자신이 투자한 돈을 회수하기를 포기한 상태다. 그는 플로가 생산성 도구 시장에서 우위를 점할 수 있을 것이라는 희망도 포기했다.

윌킨슨의 이야기는 우리가 어떤 것을 소유하고 있다는 생각, 특히 우리 자신이 직접 만든 어떤 것을 소유하고 있다는 생각이, 그 어떤 것을 그만두거나 접고 떠나는 일을 얼마나 크게 방해하는지 잘 보여준다.

와인 애호가와 경제학자

우리는 소유하고 있는 물건에 대해 소유하지 않은 동일한 물건보다 더 높은 가치를 부여한다. 이런 인지적 착각에 대해 리처드 탈러는 "보유효과endowment effect"라는 이름을 붙였다. 그 보유효과에 대해 "어떤 것을 포기하는 데 필요한 노력이 얻는 데 필요한 노력보다 커지는 현상"이라고 정의했다.

탈러는 보유효과에 대해 설명하면서 1950년대 말에 한 병에 5달러를 주고 와인 한 상자를 산 어떤 교수의 예를 들었다. 교수는 이 와인을 구입한 뒤 몇 년이 지나자 가격이 크게 올랐다는 것을 알게 됐다. 교수는 한 병에 35달러가 넘는 와인은 절대 사지 않는다는 원칙을 가진 사람이었다. 교수는 그 와인을 100달러에 팔라는 제안을 받았지만 거절했다. 또한 같은 종류의 와인을 한 병에 100달러에 사라는 제안도 거절했다. 이는 매우 이상한 행동이었다. 교수는 자신이 보유한 와인은 100달러 이상의 가치를 가진다고 생각해 그 가격에 팔기를 거절하면서도, 그 가격에 와인을 추가로 구입하려 하지도 않았다.

교수가 산 보르도 와인의 가격은 그 후로도 계속 올라갔다. 이 논문을 발표한 뒤 11년이 지난 1991년에 탈러는 대니얼 카너먼, 동료 경제학자 잭 네치Jack Knetsch와 이 와인 이야기를 이어나갔다. 당시 이 와인은 경매에서 한 병당 200달러에 팔리고 있었다. 교수는 가끔 자신이 산 와인을 마시기는 했지만 여전히 "경매 가격으로 그 와인을 팔려고 하지도 사려고 하지도 않았다"고 한다.

이 이야기를 하면서 이 경제학자들은 크게 웃었다. 이들은 여전히 그 교수의 행동을 경제학적인 관점에서 설명하기는 힘들다고 생각했다. 교수는 자신이 보유한 와인을 팔아 이득을 얻을 수 있었기 때문에 매몰비용 효과로는 그의 행동을 설명할 수 없었다. 이때 탈러는 교수의 행동이 와인을 소유하고 있다는 사실과 관련이 있을 것이라는 가설을 제시했다. 그 와인에 대한 소유감이 교수로 하여금 자신이 소유하고 있지 않은 와인보다 자신이 소유한 와인이 더 가치가 높다는 생각을 하게 만들었다는 가정이다.

탈러와 그의 동료 경제학자들이 보유 효과에 대해 설명한 뒤에도 경제학 교수가 계속 인지오류에 빠져 있었다면? 일반인인 우리는 말할 것도 없다.

잭 네치는 이와 관련해 진행한 한 실험에서 학생들에게 설문지 응답을 하게 했다. 네치는 설문지 작성을 부탁하기 전에 첫 번째 그룹의 학생들에게는 설문지 작성의 대가로 머그컵을 주었고, 두 번째 그룹의 학생들에게는 초콜릿 바를 주었다 마지막 세 번째 그룹의 학생들에게는 설문 작성 전에는 아무것도 주지 않고 작성이 끝난 뒤에 머그컵과 초콜릿 바 중 하나를 선택하라고 했다. 이들은 56% 대 44%의 거의 비슷한 비율로 각각 머그컵과 초콜릿 바를 선택했다.

네치는 처음 두 그룹의 학생들에게서 머그컵 또는 초콜릿 바를 가졌다는 사실이 그 두 물건에 대한 가치를 어떻게 변화시키는지 알아내고자 했다. 그는 설문 작성이 끝난 뒤 그 두 그룹의 학생들에게 이미 받은 머그컵을 초콜릿 바로, 초콜릿 바를 머그컵으로 바꿔 가지겠느냐고 물었다.

네치는 어떤 물건을 소유했다는 사실이 그 물건에 대한 가치 설정에 영향을 미치지 않는다면, 처음 두 그룹의 학생들은 세 번째 그룹의 학생들과 비슷한 비율로 머그컵 또는 초콜릿 바를 선택할 것이라고 생각했다.

네치가 발견한 것은 어떤 물건을 아주 잠깐이라도 보유했다는 사실이 그 물건에 대해 보유자가 부여하는 가치에 매우 큰 영향을 미친다는 사실이었다. 처음에 머그컵을 받은 학생들의 89%가 초콜릿 바로 교환하는 선택을 하지 않았고, 처음에 초콜릿 바를 받은 학생들의 90%가 머그컵으로 교환하는 선택을 하지 않았기 때문이다.

네치는 (탈러와 카너먼을 포함한) 다른 학자들과 함께 추가 실험을 진행해 보유효과가 동일한 물건을 사는 가격과 파는 가격을 다르게 만든다는 사실을 확인했다. 이런 연구들은 200달러는 와인을 사기에는 높은 가격이고 팔기에는 낮은 가격이라고 생각하는 교수의 행동을 설명하기 위한 것이었다.

네치는 설문 작성의 대가로 참가자들에게 현금 또는 머그컵을 제공하는 실험을 진행하기도 했다. 머그컵을 받은 학생들은 설문 작성 후에 "머그컵을 판다면 최소 얼마를 받아야 한다고 생각하는가?"라는 질문을 받았다. 그리고 현금을 받은 참가자들에게는 머그컵을 보여주면서 "머그컵을 얼마까지 주고 살 수 있겠는가?"라는 질문을 했다.

학교 로고가 새겨진 머그컵 같은 간단한 물건임에도 불구하고 팔 때 받아야 한다고 생각하는 금액과 살 때 내야 하는 금액의 차이는 놀라울 정도로 컸다. 참가자들이 머그컵을 팔 때 받아야 한다고 생각하는 금액은 다른 참가자들이 살 때 낼 수 있다고 생각한 금액의 최소 두 배 이상이었다. 이 비율은 물건을 스웨터, 펜, 마스크 등으로 바꿔 진행한 몇 십 년 동안의 실험들에서도 거의 같게 나타났다. 아마 대학 구내 문구점에서 파는 어떤 물건을 실험에 사용했어도 거의 같은 결과가 나왔을 것이다.

이런 실험들의 결과는 우리가 일상적으로 하는 경험에서도 확인할 수 있다.

타던 차를 파는 상황을 가정해보자. 대부분의 사람들은 중

고차 시세를 조회한 뒤 "내 차의 가격은 시세보다는 더 받아야 해", "내 차를 그 정도 가격에 팔 수는 없지"라고 생각한다. 하지만 중고차를 구입하는 경우에는 입장이 달라진다. 위에서 당신이 팔 때 받아야 한다고 생각하는 가격이 제시되면 "이건 완전히 사기로군. 말도 안 되는 가격이야"라고 생각한다.

보유효과는 어떤 것을 포기하거나 어떤 일을 그만둬야 할 때 강력하게 나타난다. 당신이 가진 어떤 것을 파는 일은 그것에 대한 소유를 포기하는 일과 같다. 당신이 가진 어떤 것을 팔지 않는 일은 계속 버티는 일이다. 와인을 팔지, 차를 팔지, 집을 팔지 결정할 때 당신은 그것들을 계속 소유할지 말지 선택하고 있는 것이다.

이미 알고 있다면 가진 것과 마찬가지라는 생각

처음에 보유효과는 손실회피 성향이 주된 원인이라고 여겨졌다. 우리는 동일한 양의 이득 또는 손실에 대해 생각할 때, 가지고 있지 않은 것보다 이미 가지고 있는 것을 잃는 것을 더 큰 손실로 생각한다는 뜻이다.

하지만 네치의 연구 이후 수십 년 동안 진행된 관련 연구를 통해 보유효과에는 손실회피 성향 외에도 여러 가지 원인이 존재한다는 사실이 밝혀졌다. 이 연구들을 통해 우리가 가지고 있다고 생각하는 것들의 범위를 더 넓게 보게 됐다는 뜻이다.

보유효과에 대한 최초의 연구는 물건에 대한 물리적인 소유감에 관한 것이었다. 우리는 실제로 우리가 가지고 있는 물리적인 물체에 더 많은 가치를 부여한다는 뜻이다. 하지만 캐리 모어웨지Carey Morewedge와 콜린 기블린Colleen Giblin은 2015년에 발표한 논문에서 물리적인 물체가 아닌 것들에 대한 소유감에도 사람들이 영향을 받아 보유효과가 나타난다고 지적했다. 보유효과에 대한 연구가 더 확장되면서 사람들은 사고, 신념, 결정에도 소유감을 느낀다는 것이 점점 더 분명해지고 있다.

우리가 사고와 신념을 가진다는 것은 그것들이 우리의 소유물이 된다는 뜻이다. 우리는 우리가 산 것에 소유감을 가질 뿐만 아니라 우리가 생각한 것에도 소유감을 가진다.

어떤 행동을 하기로 결정한다는 것은 (여러 의미에서) 그 결정을 우리가 소유한다는 뜻이다. 와인이든 어떤 일을 하겠다는 결정이든, 그것들을 소유했을 때 우리가 부여하는 가치는 다른 사람들이 같은 물건 또는 동일한 결정에 부여하는 가치보다 훨씬 크다.

보유효과는 특히 자신이 만들어 낸 것을 소유하고 있을 때 강하게 나타난다. 보유효과를 '이케아 효과 IKEA effect'라고도 부르는 이유이기도 하다. 이케아에서 산 가구들은 대부분 스스로 조립해야 한다. 우리는 손수 조립한 스탠드를 조립돼 있는 같은 스탠드보다 훨씬 더 소중하게 여긴다.

이케아 효과는 받침대 만들기를 피해야 하는 이유 중 하나다. 예를 들어, 캘리포니아 고속철도시스템의 마데라와 프레스노 구간, 베이커스필드와 머세드 구간, 샌프란시스코와 실리콘밸리 구간을 구축하는 일은 두 가지 문제를 불러일으킨다. 켈리포니아 고속철도시스템 전 구간을 완공하는 데 필요한 정보를 정확하게 찾아내지 못한 상태였다. 그런데도 구축이 가능한 구간만을 골라 먼저 시공하는 것은 시간, 노력, 돈의 낭비일 뿐만 아니라 매몰비용 효과도 발생시킨다. 또한 이미 구축한 구간에 대한 소유감을 느끼게 됨으로써 전 구간 공사를 포기하기가 더욱 더 힘들어진다.

안 그래도 그만두기보다 버티기로 기울어져 있는 저울에 소유감으로 인한 보유효과까지 더해진다면 그만두기란 더욱 더 어려워질 수밖에 없다.

보유효과는 해럴드 스토가 왜 두 번이나 체인점들에 대한 인수 제안을 거부했는지 설명을 제공한다. 텍사스주주들과 싸움을 벌이고 있을 때(스토의 변호사가 상대편 진영으로 넘어갔을 때) 스토는 상대 진영의 주주들과는 달리 자신이 소유하고 있는 캘리포니아 체인점들에 집착하고 있었다. 스토는 자신이 직접 만든 캘리포니아 체인점들을 팔지 않음으로써 자신이 직접 만든 체인점들이 아닌 텍사스 체인점들의 가치를 지켜주는 선택을 한 셈이었다. 실로 아이러니한 일이다.

프레드 마이어가 캘리포니아 체인점들에 대한 인수 제의를 했을 때 스토는 그 체인점들이 이미 실패하고 있음에도 불구하고 인수 제안 금액이 너무 적다고 생각했다. 자신이 직접 양계장을 개조해 만든 매장에서 일궈낸 제국의 일부인 캘리포니아 체인점들의 가치가 밖에서 생각하는 가치보다 훨씬 높다고 생각했다. 외부 사람들은 모두 그 제국의 몰락을 볼 수 있었지만 스토는 그러지 못했다.

보유효과는 앤드류 윌킨슨이 왜 플로에 엄청난 개인재산을 쏟아부었는지도 설명해준다. 특히 윌킨슨의 사례는 우리를 지나칠 정도로 오랫동안 버티게 만드는 인지적 착각이 어떤 것인지 확실하게 보여준다.

윌킨슨은 여러 가지 측면에서 플로에 대한 소유감을 느꼈다. 우선 윌킨슨은 플로의 실제 소유주였고, 플로의 개념도 그 자신이 만들어낸 것이었다. 윌킨슨은 플로를 만들어내 '소유'하고 있었다.

윌킨슨은 자신이 만든 제품에 너무 만족했고, 당시에 출시됐던 비슷한 제품 아사나가 플로에 비해 형편없이 떨어지는 제품이라고 생각을 했다. 비유하자면, 윌킨슨에게 플로는 예쁘고 기능이 많은 머그컵이었던 반면 아사나는 윌킨슨이 가질 수 없는 사탕 가게였다. 플로의 가치에 대한 윌킨슨의 생각은 처음에는 합리적이었을지 모르지만, 시간이 지나고 윌킨슨이 실패하고 있는 기업에 막판 몇 년 동안 자금을 투입하는 동안에는 분명 비합리적인 오류에 빠진 것으로 보인다.

윌킨슨이 자신이 만든 제품을 과대평가하게 만든 것은 보유효과임이 확실하다. 하지만 보유효과의 예시 외에도 매몰비용 오류와 인지적 착각의 예도 볼 수 있다.

윌킨슨은 플로에 대한 투자를 줄여야 한다고 판단한 후에도 600만 달러 인수 제의를 거절했다. 600만 달러에 플로를 매각한다고 해도 이미 잃은 1,100만 달러를 모두 찾을 수는 없다고 판단했기 때문이었다.

보유효과는 매몰비용 효과가 발생한 상태에서 덩어리(카타마리)의 덩치를 더 키우게 만든다. 어떤 행동을 시작한 뒤 그 행동을 계속하기 위해 추가적인 결정을 한다면, 매몰비용 누적에 더해 그 결정에 따르는 믿음까지 계속, 더 많이 소유하는 것이 된다. 고속철도시스템 구축이든, 인간관계 유지든, 책장 조립이든, 리포트를 작성하든 보유효과는 저울을 더 기울게 만들어 결국 실패하고 있는 일에 더욱 더 몰입을 상승시키게 한다.

프로스포츠 팀과 고액 연봉선수들에 대한 몰입 상승

20년 동안 연구실에서 몰입상승에 대한 연구를 한 뒤 배리 스토는 자신의 이론을 본격적으로 현실에서 검증했다. 스토가 첫 번째로 선택한 곳은 프로스포츠 팀의 선수 스카우트 현장이었다. 1995년에 발표한 논문에서 스토와 하 호앙Ha Hoang은 NBA 선수에 대한 드래프트(draft, 프로리그에 들어오려는 신인선수들을 구단에서 순번대로 골라 계약을 정하는 과정) 순서가 선수 기량과는 상관없이 드래프트 이후 경기 시간과 은퇴 시점에 어떤 영향을 미치는지 살펴봤다.

NBA 팀은 드래프트 과정에서 높은 순위의 선수를 선택할 때, 매몰비용 효과와 보유효과가 발생할 위험을 감수한다. 이런 선수를 데려오면 고액 연봉을 주어야 하기 때문에 팀의 제한된 자원 중 상당 부분을 사용해야 한다. 이 상황에서 팀의 선수 선택 결정은 공개적이며 팀이 '소유'하는 결정이기 때문에 보유효과가 나타난다. 전적이 가장 나쁜 팀이 가장 높은 드래프트 순위의 선수들을 배당받기 때문에 팀의 이후 경기는 이 선수들의 플레이와 밀접한 관련이 있을 수밖에 없다.

NBA 팀들은 이렇게 높은 연봉을 받는 상위 드래프트 순위의 선수들을 경기에 많이 출전시켰을까 아니면 순위가 높지는 않지만 그 선수들만큼 경기를 잘하는 선수들을 많이 출전시켰을까? 팀의 이런 결정에 매몰비용 효과와 보유효과가 작용했을까?

놀랍게도 NBA 팀들도 높은 연봉을 주고 데려온 선수들을 더 많이 경기에 출전시켰다.

NBA 팀을 비롯한 프로스포츠 팀들은 그만두는 행동을 연구하기 위한 매우 좋은 환경을 제공한다. 프로스포츠 팀에서 결정권자들은 선수들의 경기 내용을 끊임없이 검토하여 기량을 파악한 뒤 바로 다음 경기에 반영한다. 프로 농구 경기는 수많은 객관적인 데이터를 만들어낸다. 선수들이 점수를 내는 능력(득점, 야투 성공률, 자유투 성공률), 강력함(리바운드와 블록), 신속성(어시스트와 스틸)이 모두 데이터로 기록된다. 감독과 코치는 적절한 상황에 최적의 선수를 투입하기 위해 이 데이터를 적극적으로 활용한다. 그럼에도 불구하고 다양한 매몰비용 효과와 그에 따른 인지오류가 발생하고 있는 것이었다.

데이터를 적극적으로 활용하는 프로 팀들도 매몰비용 오류를 범하는데 하물며 우리 같은 보통 사람들은 어떨까? 우리는 보통 기대가치를 거의 계산하지 않고 충분한 데이터도 없이 대부분의 결정을 한다. 입사 지원자 두 명 중에서 한 명을 선택할 때(또는 두 가지 직장 중에서 한 직장을 선택할 때) 우리는 NBA 팀 감독이나 코치처럼 많은 데이터를 가지고 선택하지 않는다. 그렇게 많은 데이터를 가지고 선택을 하는 감독이나 코치들도 매몰비용 효과에 빠지는데 우리는 말할 것도 없다.

우리는 항상 어느 정도 정보에 기초해 예측을 한다고 생각하지만 사실 그 예측은 진정한 의미에서 정보에 기초한 예측이라고 말하기 힘들다.

프로 농구 팀의 감독과 코치들은 수많은 객관적인 데이터를 가지고 있음에도 불구하고 매몰비용 효과 때문에 인지 오류를 범한다. 아는 것과 하는 것은 같지 않다. 이런 오류는 카너먼과 트버스키의 전망이론 실험에 참가한 학생들에게서도 분명하게 나타났다. 참가자들이 양의 기대가치를 가지는 도박과 음의 기대가치를 가지는 도박을 선택한 것은 도박의 결과가 자신에게 유리할지 또는 불리할지 모르기 때문이 아니었다. 선택의 결과가 너무나 분명했음에도 불구하고 실험 참가자들은 자신들이 뒤지고 있을 때는 이길 확률이 낮은 도박을 선택했으면서, 도박을 그만둠으로써 그동안 축적된 이득을 현실로 만들 수 있게 되자 이길 확률이 높은 도박을 거절했다.

NBA 경기에서는 카너먼과 트버스키의 실험보다 훨씬 많은 것이 걸려있는 결정을 해야 한다. 하지만 NBA 프로팀의 감독과 코치들도 카너먼과 트버스키의 실험에 참가한 사람들처럼 비합리적인 결정을 내렸다.

스토와 호앙은 거의 같은 능력을 가진 두 선수 중에서 드래프트 순위가 높은 선수가 더 많은 시간 실전에 투입되고 더 오래 선수생활을 하며, 트레이드를 적게 당했는지 확인하고자 했다. 이를 위해 스토와 호앙은 1980년부터 1986년까지의 NBA 드래프트 순위, 선수들에 대한 경기 평가 기준, 다섯 시즌 동안의 출전 시간, 은퇴 시범, 트레이드 횟수 등을 분석했다.

그 결과 드래프트 순위가 선수들의 출전 시간, 감독과 코치의 경기 투입 결정에 큰 영향을 미쳤던 것으로 밝혀졌다. 이 연구결과에 따르면 "팀들은 드래프트 순위가 가장 높은 선수들을 경기 실적, 부상 여부, 트레이드 가능성, 포지션에 상관없이 더 많이 출전시켰다."

드래프트 순위는 선수들이 프로로 전향한 뒤 처음 5년 동안 선수의 출전 시간에 상당히 큰 영향을 미쳤다. 드래프트 이후 1년이 지났을 때 드래프트 순위가 가장 높았던 선수들의 출전 시간은 드래프트 순위는 그 바로 아래였지만 같은 능력을 보인 선수들보다 552분 더 많았다. 드래프트 순위가 한 단계 내려갈 때마다 출전 시간은 23분씩 줄어들었다.

또한 드래프트 1라운드에서 선택된 선수들은 경기 실적이 거의 비슷한 2라운드에서 선택된 선수들에 비해 평균 3.3년 더 오래 선수 생활을 했다. 드래프트 순위가 한 단계 내려갈 때마다 은퇴 확률이 3%씩 늘어났다. 스토와 호앙은 2라운드에서 선택된 선수들의 트레이드 확률이 1라운드에서 선택된 선수들에 비해 72%나 높다는 사실도 발견했다. 트레이드 확률은 드래프트 순위가 한 단계 내려갈 때마다 3%씩 늘어났다.

선수 데이터가 넘쳐나고 걸려 있는 것이 엄청난 프로리그에서도 이런 몰입상승 현상이 일어나는데, 고용자가 지나치게 오랫동안 직원을 해고하지 못하는 것은 놀랄 일도 아니다. 또한 자신이 잠깐 가지고 있던 머그컵의 가치를 과대평가해 실제 가치보다 더 많은 돈을 받고 팔겠다고 말한 학생들도, 자신이 가지고 있는 와인의 가격이 올랐는데 팔지도 않고 같은 가격에 사지도 않겠다고 말한 교수도 역시 이상한 사람이 아니라고 할 수 있다.

1999년에 콜린 캐머러Colin Camerer와 로베르토 웨버Roberto Weber는 관련 데이터(1986년부터 1991년까지의 NBA 드래프트 결과)와 다양한 관련 변수들을 추가해 스토의 이 연구결과를 재현해냈다. 이들은 추가적인 변수들을 설정했기 때문에 연구결과에서 몰입상승 효과가 스토의 연구에서처럼 강하게 나타나지는 않았지만, 몰입상승 효과는 "현장에서 비합리적인 몰입상승을 일으키는 가장 결정적인 요소"라고 말할 수 있을 만큼 강하게 나타났다.

NBA에 대한 스토의 연구와 캐머러의 연구는 스카우트 관련 의사결정이 정밀한 데이터 분석을 근거로 하는 〈머니볼Moneyball〉 시대 그 이전에 이뤄진 것은 사실이다. 이들이 연구를 할 당시에는 관련 데이터가 지금과 동일한 방식으로 이용되지 않았기 때문에 그런 결과가 나왔다고 주장할 수도 있다. 그렇다면 매몰비용 효과와 보유효과가 현재의 프로스포츠 분야에서도 나타나는지 의문을 가질 수 있다.

캘리포니아주립대 샌마코스캠퍼스의 경제학 교수 퀸 키

퍼 Queen Keeper는 2010년대 중반 이후부터 NFL과 NBA에서 드래프트 순위가 선수들의 출전 시간에 미치는 영향을 여러 차례에 걸쳐 연구했다. 이 연구들은 머니볼 시대 이후에 이뤄진 것이다. 키퍼도 최첨단 분석기법으로 분석한 선수들의 플레이 데이터를 사용했다. 연구 결과, 매몰비용 효과와 보유효과는 약간 감소했지만 1980년대와 1990년대에 이뤄진 연구에서처럼 팀 운영에 여전히 큰 영향을 미치는 것으로 나타났다.

그만두는 결정을 객관적으로 내릴 수 있다고 생각하는 사람들에게 이런 연구결과는 매우 놀라운 것일 수 있다.

똑똑한 사람들이 충분한 데이터를 가진 상태에서 정밀한 피드백을 수집해 객관적인 결정을 내리려고 할 때도 매몰비용 효과와 보유효과에 따른 인지오류들은 발생한다. 보통 사람들에게는 이런 오류가 더 많이 발생할 수밖에 없다. 우리 같은 보통 사람들에게는 충분한 정보도 없고 정밀하게 피드백을 수집할 기회도 없기 때문이다.

현상유지 욕구에서 벗어나기의 어려움

보유효과와 매몰비용 효과는 서로 상호작용을 하면서 몰입을 상승시킨다. 이런 몰입상승을 더 강화하는 요소가 하나 더 있다. 바로 현상유지 편향status quo bias이다.

간단하게 설명하면, 현상유지 편향이란 그동안 걸어온 길 또는 그동안 해온 방식에서 벗어나지 않으려는 성향이라고 할 수 있다. 이 현상유지 편향 때문에 우리는 이전에 한 결정, 그동안 해온 방식, 이전에 설정한 경로에서 벗어나 새로운 또는 다른 어떤 것으로 방향을 전환하기를 꺼리게 된다.

세라 올스틴 마티네즈나 사샤 코언처럼 다른 일을 하는 것을 고려하거나, 관계를 끊으려 하거나, 새로운 사람과 데이트를 하려고 하거나, 전공이나 대학을 바꾸려고 생각하는 사람은 누구나 이런 현상유지 편향을 나타낸다. 예를 들어, NBA 팀의 경우 어떤 선수 한 명이 팀에 오는 순간 그 선수는 '현재 상태'의 일부가 된다. 즉, 그 선수를 출전시키지 않고 벤치에 놔두는 것은 현재 상태로부터 벗어나는 일이 되는 것이다.

"현상 유지 편향"이라는 용어는 하버드대학 경제학과 교수 리처드 잭하우저 Richard Zeckhauser와 보스턴대학 경제학과 교수 윌리엄 새뮤얼슨William Samuelson는 1988년에 발표한 논문에서 처음 사용됐다. 이들은 이론 연구와 현장 연구를 통해 사람들이 현재 상태의 기대가치가 낮을 때에도 놀라울 정도로 현재 상태에 집착한다는 사실을 밝혀냈다. 그 후 이 편향은 매우 강력하고 보편적이며, 개인과 조직 모두의 의사결정에 크게 영향을 미친다는 사실이 계속 확인되고 있다.

현재 상태는 우리가 이미 열어놓은 심리적 계좌라고 할 수 있다. 이 심리적 계좌는 매몰비용이 축적된 계좌이다. 즉 그동안 시간, 돈, 노력이 투입된 계좌다. 우리는 새로운 선택을 함으로써 이 계좌를 닫으려 할 때 이미 우리가 쏟아부은 자원은 낭비된 것이라고 느낀다.

또한 우리는 현재 상태를 '소유'하고 있다고 할 수 있다. 이 현재 상태를 만든 우리의 결정과 그 결정으로 인해 걸어온 길을 소유하고 있는 것이다.

현재 상태에 집착하게 만드는 또 다른 요인은 우리가 손실을 회피할 때 선택적인 태도를 보인다는 데에 있다. 우리는 경로를 유지함으로써 상황이 나빠지는 것보다 경로를 변경함으로써 상황이 나빠지는 것에 더 민감하다.

세라 올스틴 마티네즈를 대표적인 예로 들 수 있다. 세라는 직업을 바꿀지 고민하는 과정에서 손실회피 성향을 확실하게 드러냈다. 세라는 "내가 의사를 그만두고 새로운 일을 했을 때 나쁜 결과가 나오면 어떡하지?"라고 걱정했다. 이 때문에 새로운 직업을 선택하지 못한 채 갈등하고 있었던 것이다.

하지만 세라는 이런 생각을 하면서도 그동안 해오던 일을 계속했을 때 나쁜 결과, 즉 불행해질 가능성에 대해서는 같은 정도로 걱정하지 않았다. 세라는 하던 일을 그만두지 않으면 100% 불행해질 것이라고 확신했음에도 불구하고 그렇게 계속 갈등하면서 병원 일을 계속했다.

세라는 두 가지 경로에 수반될 손실에 각각 다른 가중치를 부여했다. 즉, 비대칭적으로 생각했다는 뜻이다.

20세기 가장 영향력 있는 경제학자 중 한 명인 존 메이너드 케인스John Maynard Keynes은 이 현상에 대해 "사람들은 기존의 방식을 따르다 실패하는 것이 그와 다른 방식으로 성공하는 것보다 낫다고 생각한다"고 말했다. 기존의 방식이 아닌 다른 방식으로 성공하기 위해서는 우선 현재 상태에서 벗어나고 그에 따른 결과로 실패할 가능성을 인정해야 한다.

사람들은 현재 상태를 흔들지 않는 방식으로 실패하는 것은 잘 견딘다. 현재 상태를 흔들지 않는다면 일이 실패했을 때 "나는 정해진 과정을 따랐다", "나는 현상유지를 하기 위해 노력했다", "나는 합의된 선택에 충실했다" 같은 말로 자신을 방어할 수 있기 때문이다.

기존의 방식을 따르다 실패하면 별로 충격이 크지 않다. 또한 사람들도 부정적으로 생각하지 않는다.

우리는 그만두는 결정을 방해하는 이런 모든 요소들에 둘러싸여 있다. 이 때문에 현재 상태를 유지하는 일을 새롭고 적극적인 행동이라고 생각하지 않는다. 우리는 어떤 일을 하지 않는 오류인 부작위 오류omission error보다 어떤 일을 하는 오류인 작위 오류commission error에 더 많은 신경을 쓴다. "나쁜 결과를 일으키기"를 "행동을 하지 않고 그대로 놔두기"보다 더 크게 경계한다.

이 현상을 '작위-부작위 편향'이라고 부른다.

우리는 새로운 직장, 전공, 관계, 전략 등 새로운 어떤 것으로 전환하는 선택은 새로운 결정, 능동적인 결정으로 생각한다. 하지만 우리는 현재 상태를 유지하는 선택은 결정으로 생각하지 않는다.

새로운 경로를 선택하기 위해 생각할 때 사람들은 "나는 지금 결정하고 싶지 않아"라고 말하곤 한다. 사람들은 그렇게 말하는 것이 합리적이라고 생각한다. 하지만 한 발 뒤로 물러나 이 말에 대해 생각해보면 변화하지 않겠다는 결정도 일종의 결정이라는 것을 알 수 있다. 어떤 목표를 추구하는 과정의 모든 순간에서 현재 가고 있는 경로에 머물 것인지 경로를 바꿀 것인지 선택을 하고 있는 것이다. 현재 경로에 머무는 것은 경로를 바꾸겠다는 결정과 마찬가지로 하나의 독립된 결정이기 때문이다.

머물겠다는 결정과 떠나겠다는 결정은 선택이라는 점에서는 본질적으로 똑같이 결정이라는 행위이다.

더 잘 그만두기 위한 첫걸음 중 하나는 "나는 지금 결정할 준비가 되지 않았다"라는 생각이 비합리적인 인식이라는 사실을 깨닫고 인정하는 것이다. 인생의 모든 순간에서 우리는 머물지 아니면 움직일지 선택을 한다. 머물겠다는 선택은 가지 않겠다는 선택과 같다. 그만두겠다고 선택하는 것은 계속하지 않겠다고 선택하는 것과 같다. 이런 선택들이 모두 동일한 선택이며 능동적인 선택이라는 것을 깨닫는 것이 매우 중요하다. 즉, 현상유지와 머무르기 그리고 결정을 미루기도 모두 능동적인 선택이다.

사샤 코언이 피겨스케이팅 공연 투어가 자신이 원하는 삶이 아니라고 느꼈음에도, 피겨스케이팅을 그만두겠다는 결정을 내리지 않은 것은 마지막으로 올림픽에 출전한 뒤 은퇴하겠다는 결정과 같은 결정이었다. 응급실 의사와 병원 관리자로 일하면서 갈등하던 세라 올스틴 마티네즈가 그만두겠다는 결정을 내리지 않은 것도 결국 하던 일을 계속하겠다는 결정을 내린 것과 같은 것이었다. 사업이 계속 손실을 내고 있을 때 해럴드 스토와 앤드류 윌킨슨이 그 사업에 계속 돈과 노력을 쏟은 것도 마찬가지다. 또한 허치슨, 태스크, 카시슈케가 오전 11시 30분에 내린 등반 결정도 하산 결정과 동일한 결정이었다. 글리치 프로젝트를 계속하지 않겠다는 스튜어트 버터필드의 결정도 그 프로젝트를 접겠다는 결정과 동일한 결정이었다.

하지만 '작위-부작위 편향' 때문에 우리는 이런 결정들이 서로 동일한 결정이라고 생각하지 않는다. "나는 지금 결정할 준비가 되지 않았다"라는 말을 우리가 합리적인 말로 받아들이는 이유이다. "나는 지금 결정할 준비가 되지 않았다"라는 말의 진짜 의미는 "나는 현재 상태에서 벗어날 준비가 되지 않았다"이다.

"나는 지금 결정할 준비가 되지 않았다"라는 말은 "현재로서는 현상 유지가 최선의 선택이라고 생각한다"라는 의미로만 해야 한다. 다른 어떤 것으로 전환하기 위해서는 많은 정보가 필요할지도 모른다. 하지만 손실에 대한 두려움이 너무 커 그만두지 못하는 (또는 그만두기 위한 정보를 수집하지 못하는) 일은 손실과 불행을 초래할 뿐이다.

아는 사람과의 거래를 선호하는 이유

우리는 확실하지 않고 모호한 것, 잘 모르는 것보다 잘 아는 것을 선호한다. 우리는 잘되고 있든 그렇지 않든, 이전에 해본 적이 없는 일보다 이미 하고 있는 일에 훨씬 더 큰 확신을 가진다.

"모르는 악마보다 아는 악마가 낫다"라는 속담이 생긴 이유가 여기에 있다.

세라 올스틴 마티네즈의 사례에서도 위와 같은 성향을 볼 수 있다. 내가 세라에게 당시의 위치에서 행복한지 묻자 그녀는 쉽게 답을 했다. 세라는 이미 자신이 행복하지 않다는 것을 잘 알고 있었다. 하지만 내가 직장을 옮기면 행복할 것 같은지 묻자 그녀는 잘 모르겠다고 답했다. 직장을 옮겼을 때 어떤 일이 일어날지 확신하지 못한다는 것을 보여주는 대답이었다. 세라는 옮기려고 생각하는 직장에서 일해본 적이 없기 때문이었다. 이런 불확실성 때문에 세라는 그만두기를 두려워하고 있었다.

하지만 직장을 옮기면 조금이라도 행복할 것 같은지 묻자 세라는 새로운 직장으로 옮기는 일(지금 직장을 그만두기)에 어느 정도 확실성이 있다는 생각을 하게 됐다. 구체적으로 말하면,

세라는 직장을 옮기면 자신이 원하는 바를 더욱 빨리 이룰 가
능성이 높아진다는 것을 깨달았다.

그 순간 세라는 자신이 모르는 악마가 사실은 더 좋은 선택
이라는 사실을 깨달았다.

집착의 대가 현상

유지 편향은 개인 차원의 그만두는 결정에 영향을 미칠 뿐만
아니라 조직 차원의 그만두는 결정에도 영향을 미친다. 조직
도 현상유지를 하게 만드는 모든 요소들 때문에 엄청난 대가
를 치러야 한다. 확실하게 실패하고 있는 전략을 계속 고수하
여 결과적으로 제대로 그만두지 못하는 사례가 매우 잘 관찰
되는 분야가 바로 프로스포츠다.

이런 사례 중 두드러진 예를 들어보자. NBA 팀들은 3점슛
규정이 생기고 난 뒤에도 상당히 오랫동안 제대로 활용하지
못했다. 이 현상에 대해 많은 연구자들이 연구했는데, 여기서
는 마이클 모부신Michael Mauboussin과 댄 캘러헌Dan Callahan이 스
포츠와 비즈니스에서 변화의 장벽들에 대해 연구해 2021년
9월에 발표한 논문을 살펴보자.

(저자들은 이 논문에서 스포츠 팀들이 새로운 전략을 채택하는 데 시간이 많이 걸린 사례들에 대해 2020년 3월에 리처드 탈러가 MIT 슬로운 스포츠 분석 콘퍼런스 강연에서 언급했다고 밝혔다. 탈러는 이 강연에서 NBA의 3점슛과 "한 골 주고 두 골 넣기", MLB의 번트와 도루, NFL의 네 번째 다운—네 번째 공격 기회—과 드래프트 선발 등을 예로 들었다).

NBA가 3점슛 규정을 도입한 것은 1980년이다. 1990년이 되자 장거리 슛(3점슛)의 성공률이 높아졌고, 그로 인해 3점슛의 기대가치가 2점슛의 기대가치보다 높아졌다. 하지만 당시 선수들은 3점슛 연습을 거의 하지 않았다. 모부신과 캘러헌은 연례 올스타 3점슛 대회를 준비할 때를 제외하고는 한 번도 3점슛 연습을 한 적이 없다는 래리 버드(Larry Bird, 역사상 가장 성공한 백인 농구선수 - 옮긴이)의 말을 인용했다.

버드는 올스타 3점슛 대회에서 1986년부터 1988년까지 3년 내리 우승을 차지했다. 1988~1989년 시즌에는 부상 때문에 거의 경기에 출전하지 못했다. 버드는 이미 역대 최고의 선수, 당시 최고의 3점슛 슈터, 가장 슛 성공률이 높은 선수 중 한 명이었고, 엄청난 양의 연습으로 유명했다. 3점슛의 가치를 제대로 인식했다면 버드는 더 위대한 선수가 될 수 있었을 것이다.

팀들이 초기에 한 실수 중 하나는 수학 계산을 잘못한 것이었다. 팀들은 3점슛과 3점슛 라인 바로 안쪽에서 던지는 2점 슛의 가치를 비교해야 했다(즉, 어중간한 중거리 슛을 시도할 바에는 차라리 3점슛으로 기대가치를 높이는 선택이 합리적이었다는 것이다. 왜냐 하면 둘 다 성공률은 거의 비슷하지만 얻을 수 있는 점수는 3점슛이 50% 더 많기 때문이다 - 옮긴이).

하지만 팀들은 3점슛과 모든 2점슛의 가치를 비교하고 말 았다(당시에는 3점슛 성공률이 지금보다 낮았기 때문에 모든 2점슛을 3점 슛과 비교하면 당연히 2점슛의 기대가치가 더 높았다 - 옮긴이).

선수들의 실제 플레이를 보면 기대가치의 격차가 더욱 더 커진다. 2점 대신 3점을 얻는 것(기대가치의 50% 증가)은 몇 퍼센 트에 불과한 성공률 차이보다 훨씬 더 가치 있기 때문이다.

이 계산은 1990년대 초반에 이미 끝난 것이었다. 하지만 놀 랍게도 2014~2015 시즌이 돼서야 NBA 평균 3점슛 시도가 크 게 늘어나기 시작했다(3점슛 유행의 중심에는 골든스테이트 워리어스 와 3점 슈터 스테픈 커리가 있었다. 그는 2014~2015 시즌에 팀을 파이널 우 승으로 이끌었고 2015~2016 시즌에는 402개라는 역대 최다 3점슛 성공을 기 록했다 - 옮긴이).

프로스포츠 팀들이 포기하려고 하지 않는 잘 알려진 전략 들이 있다. 이 전략들은 모두 실패를 부르는 전략이다. 예를 들 어 NFL 팀의 경우 네 번째 다운 기회에서 공격을 하지 않고 항상 펀팅(punting, 상대팀 진영으로 공을 멀리 차서 공격권을 넘겨주는 것)을 하며, 터치다운 후에 (2점을 얻으려 하지 않고) 추가 킥을 시도한다. MLB 팀의 경우 공격 전략으로 번트나 도루를 시도한다. NHL 팀은 골키퍼가 나가서 공격을 도울 수 있는 상황에서도 골키퍼를 계속 골라인 근처에 머물게 한다.

프로스포츠 팀이 혁신을 시도하면(또는 혁신적인 생각을 하는 사람들의 말에 귀를 기울이면) 엄청난 이득을 얻을 수 있다. 혁신적인 생각을 한 대표적인 팀으로는 야구의 오클랜드 에이스(Oakland A's)와 탬파베이 레이스Tampa Bay Rays, 농구의 휴스턴 로킷츠Houston Rockets를 들 수 있다. 이 팀들은 연봉이 낮은 선수들로 지속적인 우승을 이끌어냈다. 미식축구에서는 뉴잉글랜드 패이트리어츠New England Patriots가 드래프트 순위가 높은 선수들 없이도 20년 동안 절대 강자로 군림했다.

현상유지 편향 때문에 치러야 하는 대가는 스포츠보다 비즈니스에서 훨씬 더 크다. 스포츠에서는 혁신이나 적응을 하지 못해도 경기에 지거나 팬을 잃을 뿐이지 팀이 없어지지는 않는다(강등이나 수익 악화 때문에 모기업이나 구단주가 바뀔 수는 있지만 팀이 아예 없어지는 일은 좀처럼 없다 - 옮긴이). 스포츠 팀에게는 언제나 다시 일어나 다른 팀들을 따라잡을 기회가 있다. 하지만 비즈니스 세계에서는 이런 기회가 거의 주어지지 않는다. 겨우 다른 기업을 따라잡을 수 있게 되어도 이미 그 분야에서 퇴출당한 상태일 가능성이 높기 때문이다. 2002년 슈퍼볼 경기에 광고를 내고 사라져 간 블록버스터, 라디오쉑 같은 기업이 전형적인 예다.

우리는 지금까지 기업 차원의 결정과 개인 차원의 결정 모두에서 손실회피 성향, 확실한 손실 회피 성향, 매몰비용 효과, 현상유지 편향, 작위-부작위 편향 등의 인지편향들이 제때 그만두는 결정을 어떻게 방해하는지 살펴보았다.

이런 인지편향들 외에도 또 하나의 중요한 요소가 있다. 바로 정체성이다. 다음 장에서는 정체성에 대해 살펴볼 것이다.

7장에서
이것만은 꼭 기억해두기!

- 보유효과는 우리가 가지지 않은 것보다 가진 것에 더 많은 가치를 부여하게 만드는 인지편향이다.

- 우리는 사물뿐만 아니라 생각·신념·믿음에도 소유감을 갖는다.

- 보유효과는 그만두기를 방해한다. 가진 것들에 비합리적으로 높은 가치를 부여함으로써 기대가치를 잘못 계산하게 만들기 때문이다. 자신이 창업한 회사, 자기가 설계한 프로젝트, 지금의 믿음이 실제보다 더 크다고 생각하는 경향이 생긴다.

- 우리는 현재 상태를 유지하기를 선호한다.

- 우리는 새로운 일로 전환해 나쁜 결과를 얻을 때보다 이미 하고 있던 일을 계속해 나쁜 결과를 얻을 때 더욱 잘 견딘다. 이 현상은 작위-부작위 편향의 일부다.

- "나는 지금 결정할 준비가 되지 않았다"라고 말하는 것은 "현재 상태를 선택한다"라는 말과 같다. 즉, 지금 결정하지 않는 것 또한 제자리에 머물겠다고 결정하는 것이다.

- 데이터를 더 많이 수집하면 좋은 결정을 내릴 수 있을까? 꼭 그렇지만은 않다. 프로스포츠처럼 다른 어떤 분야보다 데이터가 풍부한 환경에서도 매몰비용 오류, 보유효과, 현상유지 편향은 곧잘 일어나며 천문학적인 자본이 걸린 의사결정 과정을 왜곡한다.

8장

가장 끊기 힘든 집착은
자신에 대한 집착이다:
정체성과 부조화

1896년 우편 주문 카탈로그로부터 시작해 2018년 파산할 때까지 시어스Sears가 어떻게 성장하고 어떻게 몰락했는지는 매우 잘 알려져 있다. 시어스는 창립 후 30년 동안 우편 주문 카탈로그를 통해서만 상품을 팔았다. 시어스는 이 우편 주문 카탈로그로 소매업에 혁명을 일으킨 기업이었다.

당시 미국인의 3분의 2는 도시가 아닌 곳에 살았기 때문에 대량생산 제품을 살 수 있는 기회가 거의 없었다. 철도 확장과 함께 농촌지역 무료배달Rural Free Delivery이라는 이름의 미국 우편서비스 프로그램이 1896년에 시작되면서 우편 판매도 비약적인 성장을 하기 시작했다. 532쪽에 이르는 〈카탈로그 책Book of Bargain〉덕분에 작은 마을이나 외딴 농장에 사는 사람들도 자전거, 유모차, 옷, 가구, 농기구, 재봉틀, 일반의약품 등 다양한 제품을 우편으로 구입할 수 있게 됐다.

시어스는 거의 순식간에 가장 성공한 소비재 우편 주문 기업으로 성장했다. 시어스의 창립자인 리처드 시어스Richard Sears가 1908년에 은퇴했을 때 추정된 그의 재산은 무려 2,500만 달러였다.

시어스의 성장을 돕기 위해 투자은행인 골드만삭스는 1906년 시어스의 최초 기업공개IPO 시점에서 시어스 주식을 4,000만 달러에 매입했다. 시어스는 소매 기업으로서는 최초로 기업공개를 한 곳이다. 당시 시어스의 성장속도는 엄청나게 빨랐고, 결국 시어스는 기업공개 때 주가수익률Price Earnings Ratio을 최초로 공개한 기업으로도 역사에 남았다. 2019년에 골드만삭스는 창립 150주년을 기념하면서 시어스 기업공개 때 주식을 인수한 것이 골드만삭스 역사에서 가장 중요한 일 중 하나였다고 밝혔다. 당시 4,000만 달러는 현재 가치로 환산하면 262억 달러에 이른다.

시어스는 그 후 15년 동안 계속 빠르게 성장했지만 1920년대가 되자 여러 도전에 직면하게 됐다. 자동차가 늘어났고, 경쟁이 심해졌으며, 농업이 침체됐고, 사람들은 도시로 이주하기 시작했기 때문이다.

시어스는 카탈로그 주문 방식에서 소매점 영업 방식으로 비즈니스 형태를 전환함으로써 이런 도전에 대응했다.

1929년이 되자 시어스가 운영하는 백화점이 300개 이상으로 늘어났다. 시어스는 대공황 시기에도 소매 매장의 수를 거의 두 배로 불리면서 성장세를 이어갔다. 이런 성장세는 제2차 세계대전 종전 후에도 계속됐다. 1941년부터 1954년까지 시어스의 연매출은 세 배가 늘어 30억 달러가 됐다. 그 후 20년 동안 시어스의 연매출은 다시 세 배 이상 늘어나 100억 달러까지 올라갔고, 교외지역 전체에 걸쳐 수백 개의 쇼핑몰에서 핵심적인 매장을 가지게 됐다.

1970년대 초반이 되자 시어스는 미국의 소비문화의 얼굴로 자리 잡았다. 연매출은 미국 국민총생산GNP의 1%에 육박했다. 미국인 세 명 중 두 명은 적어도 3개월에 한 번은 시어스 매장에서 물건을 구입했다.

1969년에 시어스는 새 사옥을 건설하겠다는 계획을 발표했고 1973년에 110층짜리 시어스 타워를 완공했다. 당시에는 세계에서 가장 높은 건물이었다.

그러나 시어스는 이 건물에 입주한 지 얼마 되지 않아 영업 위기에 직면했다. 이전 50년 동안 직면했던 그 어떤 영업 위기보다 심각했다. 1920년대에 그랬던 것처럼 인구 이동이 다시 활발하게 일어났고 경쟁업체들이 강세를 보임에 따라 발생한 위기였다.

1890년대 이후 미국의 대표적인 소매업체로 성장해왔던 시어스는 너무 그 이미지에만 갇혀 있었다. 한편으로는 저가 소매업체들(특히 K마트, 월마트, 타깃)이 시어스의 자리를 치고 들어오기 시작했다. 시어스는 이렇게 새롭게 등장한 소매업체들과 가격경쟁을 하기에는 상부 조직이 너무 비대했다. 다른 한편으로는 부유한 고객들이 색스 피프스 애비뉴Sacks Fith Avenue(뉴욕 맨해튼 5번에 위치한 고급 백화점), 노드스트롬Nordstrom(시애틀에 본사를 둔 고급 백화점), 메이시스Macy's(뉴욕의 중상위급 백화점), 니먼 마커스Neiman Marcus(댈러스에 본점이 있는 고급 백화점 체인) 같은 고급 백화점으로 발길을 돌리고 있었다.

아이러니하게도 소비자들이 이런 경쟁업체들을 찾게 만든 원인은 시어스가 교외지역으로 쇼핑몰을 확장했기 때문이었다. 게다가 시어스의 다양한 상품 판매 전략은 장점에서 단점이 된 상태였다. 시어스의 쇼핑몰들이 경쟁 업체들을 자사 쇼핑몰 안으로 입점시킴으로써 (갭Gap이나 리미티드Limited 같은) 소매업체들이 시어스의 쇼핑몰 안에서 엄청난 소비자 시장에 접근할 수 있도록 내버려뒀기 때문이다.

이렇게 시어스는 고객들을 추가적으로 잃고 있었다. 1979년 연매출은 1978년 연매출에 비해 13% 떨어졌고, 1980년 연매출은 1979년 연매출에서 다시 43%나 떨어졌다. 1978년부터 1980년까지 시어스 소매 부문의 투자자본수익률Return on investment은 15% 이상 떨어져 당시 업계 평균의 31% 수준으로 곤두박질쳤다. 이 수익률은 월마트의 수익률보다 거의 40% 낮은 것이었다.

시어스는 이 소매 부문 문제를 다양한 방식으로 해결하려고 노력했지만 하락세를 멈출 수는 없었다. 결국 시어스는 가장 성공적인 소매업체라는 위치를 잃게 됐고, 1990년대 초반에는 더 이상 최대 소매업체가 아니었다. 1991년 2월에는 월마트와 K마트가 시어스를 제치고 각각 1위와 2위의 소매업체가 됐다.

시어스의 최종적인 몰락 과정은 사람들에게도 매우 잘 알려져 있다. 시어스 매장들은 낡은 상태로 셔터를 내렸고, 이런 매장을 보수하겠다는 본사의 약속도 지켜지지 않았다. 2005년에는 K마트에 적대적인 합병을 당했다(한 언론은 이 합병에 대해 "시어스를 두 번 죽이는 일"이라고 비판했다). 결국 시어스는 투자 자본을 모두 소진했고 2018년에는 많은 사람들의 예상대로 파산을 신청했다.

이 이야기는 한때 잘나가던 소매업체의 흥망 이야기로 지금도 회자되고 있다. 하지만 시어스에 대해 잘 알려지지 않은 이야기가 하나 있다. 시어스의 금융서비스 자회사 이야기이다. 시어스의 이 금융 부문 자회사는 소매 부문이 실패하고 있을 때도 성장을 거듭했다.

시어스는 우편 판매 사업을 시작한 지 3년 후인 1899년에 금융 서비스를 시작했고, 1911년부터는 신용판매를 시작했다.

자동차 소유가 늘어나고 있던 1931년에 시어스는 고객들에게 자동차 보험을 판매할 수 있는 기회가 생겼다고 판단했다. 시어스는 올스테이트Allstate라는 이름의 회사를 설립했다. 시어스는 우편 판매 카탈로그에 올스테이트의 자동차 보험 상품 안내를 실었고, 그로부터 3년 후에 올스테이트는 시어스 소매 매장에서 보험을 팔기 시작했다. 올스테이트는 시어스 계열사 중에서 잘나가는 회사 중 하나가 됐다.

1950년대가 되자 올스테이트는 시어스 매장 외에도 다양한 매장에서 보험을 팔기 시작했고, 자동차보험·손해보험·건강보험·생명보험·재산보험 등 다양한 보험으로 영역을 넓혀나갔다.

1970년대는 금융서비스가 비약적으로 성장한 시기였다. 시어스의 매장용 신용카드는 비자카드나 마스터카드보다 더 인기가 있었다. 미국 가정의 거의 60%가 시어스 신용카드를 보유하고 있을 정도였다. 올스테이트는 미국에서 가장 큰 손해보험 회사 중 하나가 됐다.

1970년대 후반 시어스는 소매 부문 하락세를 멈추기 위한 시도를 하면서도 한편으로는 금융서비스 사업을 확장하기 위해 노력했다.

1981년 10월 시어스는 두 건의 대규모 인수를 발표했다. 시어스는 미국에서 가장 큰 부동산 중개업체인 콜드웰 뱅커Coldwell Banker를 1억7,500만 달러에, 미국에서 가장 큰 증권 중개업체 중 하나인 딘 위터Dean Witter를 6억 달러에 인수했다. 1985년에 시어스는 이 회사들을 이용해 비자카드, 마스터카드, 디스커버 카드 등과 경쟁할 수 있는 일반 신용카드를 출시했다.

1990년대 초반이 되자 올스테이트, 딘 위터, 디스커버, 콜드웰 뱅커는 모두 시어스 계열사 중에서 성공적으로 수익을 내면서 성장세를 보이는 회사가 됐다. 당시 이 회사들의 자산을 모두 합치면 166억 달러가 넘을 정도였다. 이 회사들은 (딘 위터를 제외하면) 지금도 활발하게 움직이고 있다. 아마 많은 사람들은 이 회사들이 한때 시어스의 계열사였다는 사실을 모르고 있을 것이다.

시어스는 이렇게 잘나가는 회사들을 소유했는데도 왜 결국 파산했을까?

그만두기가 문제였다. 더 구체적으로 말하면, 잘못 그만둔 것이 문제였다.

소매 매장들이 시어스 전체의 수익을 계속 떨어뜨리자 시어스 주식의 대부분을 보유하고 있던 기관투자자들은 시어스 경영진에게 대책을 내놓으라고 요구했다.

경영진은 어떤 반응을 보였을까? 1992년 9월 시어스는 금융서비스 부분에 대한 분할 매각 결정을 내렸다. 경영진은 금융 부문 자회사들을 매각해 확보한 돈으로 "시어스의 뿌리인 소매 부문을 살리겠다"라는 결정을 내렸다.

그 후 2년 반 동안 시어스는 수익을 내고 있던 금융 부문 자회사들을 모두 매각했다. 시어스는 기업공개를 통해 올스테이트의 주식 20%를 20억 달러에 팔았고, 올스테이트의 나머지 주식은 90억 달러를 받고 투자자들에게 매각했다. 시어스는 딘 위터 디스커버의 주식도 두 단계로 나눠 매각했다. 기업공개를 통해 9억 달러의 주식을 매각한 뒤 나머지 주식은 약 45억 달러에 투자자들에게 매각했다. 마지막으로는 콜드웰 뱅커의 주식도 2억3,000만 달러에 모두 매각했다.

하지만 시어스는 결국 소매 부문의 문제를 해결하지 못했고 파산했다. 시어스가 만든 금융회사들은 다른 곳에 인수된 후에도 계속 성장세를 이어나갔다.

2021년 10월, 올스테이트의 시가총액은 400억 달러다. 올스테이트는 약 1,600만 가구를 고객으로 하는 미국 최대 규모의 개인보험사이다.

시어스가 딘 위터 디스커버를 매각한 뒤 5년 만에 모건스탠리는 100억 달러에 이 회사를 인수했다. 이 금액은 모건스탠리의 시가총액의 40%에 해당하는 금액이었다. 2021년 10월 모건스탠리의 시가총액은 1,800억 달러를 넘어섰다. 2007년에 모건스탠리로부터 (디스커버 금융서비스라는 이름으로) 분사해 기업공개를 한 디스커버의 시가총액은 포함되지 않은 금액이다. 2021년 10월에 디스커버의 시가총액은 400억 달러에 육박했다.

콜드웰 뱅커는 다른 부동산중개 업체들과 합병을 한 뒤 리얼로지 홀딩스Realogy Holdings라는 이름으로 2012년에 기업공개를 했다. 2020년에 리얼로지 홀딩스는 140만 건의 주택매매 중개를 진행했고 2021년 10월에는 전년도 대비 총수익이 20억 달러가 더 늘어나, 총 80억 달러의 수익을 올렸다.

1970년대 중반부터 시어스는 지는 싸움을 계속했다. 1990년대 초반부터는 경쟁업체들과 간격이 더 크게 벌어지기 시작했다. 같은 기간에 시어스는 성공적으로 금융서비스 비즈니스를 운영하고 있었는데도 말이다.

시어스가 어떤 자산을 매각하고 어떤 자산을 계속 보유해야 했는지는 외부인의 관점에서 보면 매우 분명했다. 그 외부인이 금융 전공 교수든 시어스가 두려워했던 기업사냥꾼이든, 시어스가 해야 했던 선택은 금융 부문 자산을 지키면서 실패하고 있는 소매 부문을 정리하는 것이었다.

하지만 시어스는 정반대의 선택을 했다. 시어스는 소매 매장에 대한 몰입을 상승시키면서 살아남기 위해 필요한 금융 부문 자회사들을 정리했다.

왜 이런 일이 일어났을까?

그 이유 중 하나는 시어스가 근본적으로 소매업체였고 사람들도 시어스를 소매업체로만 기억한다는 사실에 있다. "시어스"라는 이름은 "소매"라는 말과 동의어이기 때문이다.

시어스의 정체성은 소매업체였다는 뜻이다.

시어스가 금융서비스 부문에 집중하면서 소매 부문을 매각한다면 더 이상 시어스가 아니게 될 것이었다. 적어도 모든 사람이 알고 있는 시어스는 아니게 됐을 것이다. 시어스는 이 정체성을 포기하는 선택을 해야 하는 상황이었다.

무엇인가를 그만둘 때 가장 고통스러운 일은 자기 정체성을 포기하는 일이다.

정체성이라는 덫

....

20세기의 가장 유명한 심리학자 중 한 명인 리언 페스팅어Leon Festinger는 1954년 우연히 종말론을 믿는 사이비 종교집단에 관한 신문기사를 접했다.

종말론 추종자들의 흥미로운 특징 중 하나는 정확하게 어떤 시점에 세계가 끝난다고 믿는다는 것이다. 페스팅어가 읽은 기사에 나온 종말론 추종자들은 1954년 12월 21일이 종말의 날이 될 것이라고 믿고 있었다. 페스팅어는 이 날짜에 주목했다. 그는 종말의 날이 왔는데도 세상이 끝나지 않았을 때, 그들을 광신도집단에 합류하게 만든 믿음이 틀렸다는 게 분명해졌을 때, 신도들이 어떻게 행동할지 알고 싶었다. 페스팅어는 그들이 믿음을 버릴지 아니면 계속 그 믿음을 유지할지 궁금했다.

페스팅어는 동료 심리학자인 헨리 리켄Henry Rieken, 스탠리 샤크터stanley Schachter와 함께 이런 의문에 대한 답을 찾기 위해 연구를 진행했고, 1956년에 그 연구의 결과물로《예언이 틀렸을 때 When Prophecy Fails》라는 책을 출간했다.

이 연구자들이 읽은 기사는 교외에 사는 주부 매리언 키치 Marian Keech가 클래리언 Clarion이라는 외계행성에 사는 뛰어난 지능을 가진 외계인으로부터 메시지를 받았다고 주장하는 내용으로 시작된다. 12월 21일에 홍수가 일어나 지구의 서반구 대부분이 물에 잠기게 된다는 메시지였다.

연구자들은 키치가 "시커스 Seekers"라는 추종자 집단의 지도자 중 한 명이며, 추종자들은 종말의 날이 시작되는 자정에 외계인들이 우주선을 보내 자신들을 홍수로부터 구원해 줄 것이라고 믿고 있다는 사실을 알게 됐다.

이 추종자들은 모두 인생을 송두리째 바꾼 결정을 한 사람들이었다. 이들은 직장을 그만두고, 학교에 가지 않았으며, 종말론을 의심하는 가족이나 친구들과 관계를 끊은 사람이었다. 이들은 전 재산을 팔거나 다른 사람들에게 나눠주기도 했다.

연구자들은 이 집단에 사람들을 신도로 위장해 침투시킨 다음, 추종자들이 자신들의 믿음이 틀렸다는 것을 알게 됐을 때 어떻게 행동하는지 관찰하기로 했다. 페스팅어가 침투시킨 사람들은 12월 21일까지 추종자들과 함께 많은 시간을 보냈다.

12월 20일 초저녁 매리언 키치의 집에 모여 우주선을 기다린 사람의 수는 열다섯 명이었다. 자정이 가까워오자 거실에 있던 사람들은 외투를 무릎 위에 올려놓고 벽난로 선반 위 시계 몇 개에서 나는 째깍 소리에만 귀를 기울였다.

시계 하나가 자정을 알렸지만 외계인이 나타나지 않자 사람들은 혼란에 빠졌다. 그러자 신도 중 한 명이 다른 시계를 가리키면서 아직 자정이 되지 않았다고 말했다. 처음에 울린 시계가 빠르다는 말이었다.

몇 분 후 다른 시계가 자정을 알렸지만 여전히 외계인은 나타나지 않았다. 클래리언으로 가는 우주선이 나타나지 않을 것이라고 확신하게 된 신도 두 명이 집으로 돌아갔다. 자신의 믿음이 확실하게 틀렸다는 것을 알게 된 사람이 할 수 있는 합리적인 행동이었다.

그 후에 남은 사람은 신도 여덟 명과 페스팅어가 침투시킨 이들이었다.

《예언이 틀렸을 때》에서 묘사된 내용에 따르면 남은 신도 여덟 명은 자신의 믿음이 잘못된 것이라는 것이 확실해졌는데도 그 믿음을 포기하지 않았다. 오히려 그들은 그 믿음에 대한 몰입을 상승시켰다.

그들은 이 일이 있기 전에는 언론에 노출되는 것을 꺼렸지만 이 일이 있고 나서는 적극적으로 자신을 드러내기 시작했다. 키치가 외계인들로부터 새로운 메시지가 도착했고 곧 외계인들이 나타날 것이라고 말한 뒤부터 신도들은 언론과 자주 접촉하면서 외계인에 대해 아는 바를 떠벌였다. 신도들은 자신들이 속한 집단에 관심을 보이는 사람들에게도 적극적으로 설명을 하기 시작했다.

놀랍게도 종말 예언에 대해 가장 의심을 많이 가졌던 신도 두 명인 클레오 암스트롱과 봅 이스트먼이 가장 열성적인 추종자로 변했다. 그 두 명 가운데 더 열성적으로 변한 사람은 클레오였다. 클레오의 아버지 토머스 암스트롱은 작은 마을의 의사였는데, 키치와 함께 신도들을 이끈 사람 중 한 명이었다. 클레오의 어머니인 데이지도 신도였다. 봅 이스트먼은 토머스 암스트롱을 자신의 멘토로 생각했고 12월에는 암스트롱 가족과 거의 같이 살다시피 했다.

클레오와 봅은 종말의 날로 예언된 12월 21일 직전, 며칠 동안 일어난 몇 가지 일 때문에 의심을 가졌던 사람이었다. 이들은 엘라 로월 Ella Lowell이라는 영매가 주관한 주술의식 내용을 녹음한 테이프를 듣게 됐는데, 그 주술의식은 모순적인 예언과 메시지로 가득한 조잡스러운 의식이었다. 클레오와 봅은 다른 신도들이 클래리온에서 온 것이라고 맹목적으로 믿는 메시지가 설득력이 전혀 없으며 동네 십대 청소년들이 장난

으로 외우는 주문과 다르지 않다고 생각해 환멸을 느꼈다고
했다.

하지만 "12월 21일이 지난 지 며칠도 채 되지 않아서 이들
의 행동은 놀라울 정도로 달라졌다. 이들은 집단에 대한 환멸
을 느껴 믿음을 포기할 것이라고 예상됐지만, 실제로는 정반
대의 행동을 하기 시작했다."

이 집단은 12월 22일부터 일주일 동안 공격적인 홍보를 벌
였다. 그 기간 동안 클레오는 아버지 토머스 암스트롱과 키치
를 대신해 기자들의 질문에 답을 하기도 했다. 그 이전에 클레
오는 기자들이 질문을 하면 쓰러지는 시늉을 할 정도로 언론
을 기피했지만, 이 때부터 클레오는 적극적으로 집단의 대변
인 노릇을 하기 시작했다.

그로부터 5개월 후 클레오는 동네 호텔 주차장 앞에서 밤을
새우면서 외계인의 도착을 기다렸다. 엘라 로월이 토머스 암
스트롱에게 그의 가족의 우주선 탑승 위치가 그곳이라고 말
했기 때문이었다. 당시 대학생이었던 클레오는 외박 허락을
받지 않고 기숙사를 나온 상태였다. 우주선을 타고 떠나게 되
면 외박 허락 따위는 중요하지 않다고 생각한 터였다.

외계인이 나타나지 않았던 12월 21일 이후 믿음이 흔들리
던 사람들이 주차장 앞에서 밤새 우주선을 기다릴 정도로 몰

입을 상승시켰다는 것은 매우 이상한 일이었다.

사이비 종교집단의 일원이 된다는 것은 정체성이 변한다는 뜻이다. 위의 이야기에 나오는 신도들도 정체성이 변화한 사람들이었다. 집단에 대한 소속감이 사람의 정체성을 만들기 때문이다. 특히 그 믿음이 극단적인 형태를 띤다면 정체성은 더 공고해지며 그 믿음에 기초해 하는 행동들도 극단적이 된다. 이 경우 심지어는 가족이나 친구들과 관계를 끊고, 모든 재산을 포기하기도 한다. 그럼으로써 결국 외부 세계의 비웃음을 사게 되는 것이다.

우리는 자기 정체성이 변화하는 것을 꺼려한다. 정체성은 믿음을 기초로 형성된다. 따라서 우리는 그 믿음을 지키기 위해 노력한다. 사이비 종교집단의 일원이라는 사실이 정체성이 되었다고 가정하자. 그런데 애초에 그 집단에 합류하게 만든 믿음에 어긋나는 정보를 얻을 경우, 어떤 식으로 정체성을 유지할 수 있을까?

시커스들의 행동을 비웃으면서 이렇게 말할 수도 있을 것이다. "그 사람들은 나와 관계가 없는 사람들이야. 미친 사람들이니 말이야. 그 사람들은 사이비 종교집단에 속한 사람들이지. 그런 사람들이 어떻게 합리적일 수 있겠어?"

하지만 여기서 반드시 알아야 할 것이 있다. 우리는 모두 정체성이라는 종교를 믿는 집단의 일원이라는 사실이다.

왜 시어스는 수익을 내는 모든 자산을 매각해 15년 동안이나 휘청거리던 소매 부문을 살리려고 했을까? 소매업체라는 정체성의 덫에 갇혀 있었기 때문이었다. 시어스 사람들을 포함한 모든 사람이 시어스를 소매업체로 생각하고 있었다.

시어스 경영진은 소매부문을 매각한다면 시어스는 더 이상 사람들이 생각하는 시어스가 될 수 없다고 생각했다.

사샤 코언도 마찬가지다. 사샤의 정체성은 "피겨스케이팅 선수"였다. 사샤가 25세가 됐을 때는 이미 18년 동안 스케이팅 선수로 살아왔으며 부상을 극복하면서 세계적으로 유명한 선수가 된 상태였다. 사샤 자신도 자신을 그렇게 생각했고 세상 사람들도 마찬가지였다. 하기 싫었던 피겨스케이팅 공연을 계속하면서도 사샤가 그만두지 못한 이유 중 하나가 여기에 있었다. 사샤에게 피겨스케이팅을 그만두는 것은 자신의 정체성을 포기하는 일로 생각됐을 것이다.

세계적으로 유명한 사람이 되어야 이런 정체성 문제가 삶에 영향을 미치는 것은 아니다. 정체성 문제는 모든 사람의 문제다. "나는 교사야", "나는 프로그래머야", "나는 의사야", "나는 게이머야"라고 말할 때 사람들은 자신의 정체성에 대해 말하고 있는 것이다.

어른들은 아이들에게 "이 다음에 크면 뭐가 되고 싶니?"라고 묻지 "어떤 직업을 가지고 싶니?"라고 묻지 않는다.

우리는 아이들이 어떤 일을 하고 싶은지 묻지 않고, 무엇이 되고 싶은지 묻는다. 이 두 질문은 엄청나게 다른 질문이다.

하지만 아이들은 그 질문의 뜻을 잘 알아듣는다. 아이들은 "나는 소방관이 될 거예요", "의사가 될 거예요", "농구선수가 될 거예요"라고 대답하기 때문이다.

당신이 하는 일이 곧 당신의 정체성이라면, 당신이 하는 일을 그만두는 것은 쉬운 일이 아니다. 그 일을 그만둔다는 것은 당신의 정체성을 포기하는 일이기 때문이다.

인지부조화

페스팅어는 예언된 날짜에 외계인이 나타나지 않았을 때 종말론 추종자들이 한 행동을 인지부조화cognitive dissonance라는 개념으로 설명했다. 페스팅어에 따르면 인지부조화는 우리가 가지고 있는 믿음(또는 신념)과 새로운 정보가 충돌할 때 나타난다. 이런 충돌이 일어나면 우리는 불편해지고 그 불편함을 없애고자 한다. 믿음을 유지하기 위해 우리는 새로운 정보를 우리의 믿음에 맞춰 해석하려고 한다.

페스팅어의 제자인 사회심리학자 엘리어트 애런슨Elliot Aronson은 이런 갈등을 해결하는 과정에서 "우리는 자기합리화, 부정, 왜곡의 덫에 자주 걸리곤 한다"라고 말했다.

우리는 새로운 정보가 믿음과 충돌할 때 그 믿음을 수정함으로써 갈등을 해결할 수 있을 것이라고 생각한다. 하지만 실제로는 종말론 사이비 종교집단의 구성원들과 마찬가지로 믿음을 지키기 위해 새로운 정보를 그 믿음에 맞는 쪽으로 해석할 때가 많다.

그렇게 해야 우리가 실수를 했다는 것을 인정하지 않을 수 있으며, 우리가 믿고 있는 것이 틀리다고 인정하지 않아도 괜찮기 때문이다.

종말론 집단의 구성원들은 대부분 "나는 확실한 이유 없이 가족을 버리지도, 재산을 버리지도 않았다"라고 말한다.

다른 예를 들어보자. 당신이 선거 기간 동안 특정한 후보를 지지한다는 정치적인 입장을 공개적으로 밝힌 상태라고 가정해보자. 그 후보가 중시하는 가치와 당신이 중시하는 가치가 같기 때문에 당신은 그 후보를 지지한다. 당신은 차에 그 후보의 스티커를 붙였고, 집 앞마당에 그 후보의 포스터를 세워놓았으며, 그 후보 캠프에서 자원봉사를 하고 있다. 그러던 중 그 후보가 지저분한 사건에 연루됐다는 소식을 접하게 된다. 이 사건은 선거 초반에 그 내용을 들었다면 지지 후보를 바꾸게 만들 정도로 추악한 사건이다.

하지만 당신은 이미 공개적으로 그 후보에 대한 지지를 밝힌 상태다. 주변사람들 모두 당신이 그 후보를 지지한다는 것을 알고 있다.

그렇다면 이제 어떻게 해야 할까? 인지부조화 이론에 따르면 당신은 그 상황에서 앞마당에 세워둔 그 후보의 포스터를 치우거나 차에 붙인 스티커를 떼지 못할 것이다. 오히려 당신은 새로운 정보를 부정하면서 그 후보에 대한 지지를 더 강하게 나타낼 것이다. 당신은 경쟁자가 그 후보를 모함하고 있다고 말할 것이다.

새로운 정보만이 이미 가지고 있는 믿음과 충돌을 일으킬 수 있는 것은 아니다. 자신이 하는 여러 행동도 인지부조화를 일으킬 수 있다.

평소에 스스로 진실한 사람이라고 생각하던 당신이 어느 날 전날의 과음 때문이거나 알람을 듣지 못해 늦잠을 자게 된 일이 발생한다고 가정해보자. 직장 상사가 왜 지각을 했는지 물었을 때 당신은 길이 너무 막혀 늦었다고 변명을 할 수도 있다.

이렇게 거짓말을 하는 행동은 자신이 진실한 사람이라는 평소 생각과 충돌한다. 이 또한 인지부조화로 인한 갈등의 일종이다. 이렇게 한 번 거짓말을 했다고 자신은 늘 거짓말을 하는 사람이라고 갑자기 생각을 바꾸게 될까? 절대 그렇지 않다. 당신은 상사에게 한 거짓말을 이렇게 합리화할 것이다.

"거짓말 한 번 한다고 해서 누구한테 해를 끼치는 건 아니잖아? 늘 거짓말을 하는 것도 아닌데 말이야. 어쩌다 한 번 했을 뿐이야."

행동이든 기존의 믿음에 반하는 정보든, 자신이 가진 믿음과 충돌하게 되면 대부분의 사람은 믿음을 바꾸려하지 않고 사실을 왜곡한다.

우리가 앞에서 다룬 여러 가지 편향과 오류처럼 인지부조화도 덩어리(카타마리)를 더욱 크게 불림으로써 우리가 그만두는 것을 더 어렵게 만든다. 기존의 믿음을 지키기 위해 새로운 정보를 그 믿음에 부합되도록 조작하다보면 그 믿음은 정체성의 일부로서 더욱 더 견고해진다. 사실을 부정하는 행동은 악순환을 일으킨다. 따라서 새로운 정보나 자신의 행동이 기존의 믿음에 부합하지 않는 일이 거듭될수록 사람들은 더욱 더 그 믿음에 집착하게 된다.

종말론 광신도 중 일부가 매리언 키치가 예언한 날짜에 우주선이 오지 않았다는 것을 알게 된 후, 믿음이 더욱 더 강해진 현상도 이 인지부조화 이론으로 설명할 수 있다. 이들은 외계인이 예언된 날짜에 자신들을 홍수로부터 구하러 우주선을 타고 지구로 오지 않았지만, 곧 반드시 올 것이라고 기존의 믿음을 강화함으로써 자신이 가족과 친구, 재산을 모두 버린 행동을 합리화했다.

이들은 자신의 믿음 덕분에 세상이 멸망하지 않았다고 생각했다. 종말의 날에 대한 예언은 믿음을 시험하기 위한 것이었고, 자신들이 그 시험을 통과했다고 생각했다. 이들은 외계인들이 예언의 날에 모습을 드러내지는 않았지만 우주선을 타고 와서 이미 지구 어딘가에 도착했다고 믿었다.

광신도들은 사실을 왜곡하여 믿음을 강화함으로써 갈등을 해결했다. 사실 우리도 그들과 다르지 않다.

거울과 창

사람들은 누구나 자신의 정체성을 긍정적으로 생각하고 싶어 한다. 자신을 좋게 생각하고 싶어 한다는 뜻이다. 또한 사람들은 자신이 일관성 있고 합리적이며, 실수를 하지 않고, 세상에 대한 자신의 생각이 옳다고 믿는다.

거울을 볼 때 우리는 자신의 멋진 모습을 보고 싶어 한다.

또한 우리는 다른 사람들도 우리를 멋지게 보기를 원한다. 우리는 다른 사람들이 나의 현재와 과거의 결정 또는 행동이 불일치하다는 것을 알아차리고는 잘못된 사람, 비합리적이고 변덕스러운 사람, 실수를 자주 하는 사람으로 평가하지 않을지 걱정한다.

자신에 대한 긍정적인 이미지를 유지하고자 하는 이런 욕구도 그만두기를 어렵게 만드는 요소 중 하나다. 무엇인가를 그만둔다는 것은 심리적 계좌를 닫는 일이며, 우리는 손실을 보고 있을 때 그 심리적 계좌를 닫으려하지 않는다.

어떤 믿음을 포기한다는 것을 두고 사람들은 잘못을 인정하는 일이라고 여긴다. 사람들은 어떤 행동을 계속하다 마음을 바꾸면 "실패하고 있는 중"에서 "이미 실패했음"으로 상태가 바뀐다고 생각한다. 또한 실패하고 나면 처음부터 실수를 했기 때문이라고 생각한다.

물론 이런 생각은 틀렸다. 하지만 실제로 많은 사람들은 그렇게 생각한다.

사이비 종교집단에 몸을 담았다 빠져나왔다고 생각해보자. 애초에 왜 그 집단에 들어갔을까? 왜 모든 재산을 처분했을까? 왜 가족들과 관계를 끊었을까?

피겨스케이팅을 그만두었다면 피겨스케이팅에 쏟아부은 모든 시간과 노력이 사라지는 것일까? 피겨스케이팅을 그만두기 전에 한 모든 결정은 잘못된 것이었을까? 피겨스케이팅을 그만둔다고 해서 인생 목표 성취에 실패하는 것일까?

앞에서 살펴보았듯이, 내부적인 일관성을 유지하고자 하는 이런 욕구는 우리가 그만두는 것을 방해한다. 또한 그만두었을 때 다른 사람들이 우리를 어떻게 생각할지 걱정하는 것도 그만두기를 힘들게 만든다.

배리 스토는 그만두기를 다른 사람들이 어떻게 평가할지 걱정하기 때문에, 그만두기를 얼마나 더 어려워하는지 잘 보여줬다.

몰입상승은 내적인 일관성을 유지하려는 욕구에 의해 영향을 받는 것이 확실해 보인다. 지금부터 소개할 새로운 연구 결과를 읽기 앞서, 잠시 5장의 '덩어리는 얼마나 커질 수 있을까?'라는 소단락을 다시 읽고 오기를 바란다. 그러면 몰입상승의 문제를 더욱 극적이고 명확하게 이해할 수 있을 것이다.

몰입상승은 다른 사람들에게 긍정적으로 보이고 싶다는 욕구까지 더해지면 얼마나 더 악화될까?

1979년에 배리 스토는 일리노이대학의 프레데릭 폭스Frederick Fox와 함께 이 문제에 대해 연구했다. 이들은 외부의 인정을 받고자 하는 욕구가 처음 결정에서 선택했던 부서에 추가 자금을 더 많이 지원하게 만드는지 확인하고자 했다.

연구자들은 실험 참가자 일부에게 회사의 재무 책임자 입장에서 결정을 하라고 말했지만 그 직책은 임시로 맡은 것이라고 상황을 설정했다.

연구자들은 이 참가자들의 2,000만 달러 할당 결정으로 재무 책임자 자리를 유지할 수 있을지 그만두어야 할지가 결정될 수 있다고 말했다. 또한 연구자들은 이 참가자들에게 첫 번째 자금 할당 결정을 한 뒤 이사회가 그 할당 결정에 회의적인 반응을 보였기 때문에 이 참가자들의 두 번째 할당 결정을 승인하지 않으려 한다고 말했다.

그러자 이 참가자들은 처음에 선택했던 부서에 1,600만 달러를 할당한다는 결정을 했다. 확실히 몰입상승의 수준이 더 높아진 결과였다. 이 액수는 처음에 그 부서에 자금 할당을 한 뒤 (이사회의 반응을 듣지 않은 상태에서) 다시 그 부서에 자금 할당 결정을 했던 사람들이 선택한 1,300만 달러에서 약 25% 늘어난 것이었고, 첫 번째 결정을 하지 않고 두 번째 결정만 한 사람들이 선택한 900만 달러에서 약 75% 늘어난 것이었다.

다른 사람들이 자신의 결정을 평가한다는 말을 들었을 때 참가자들이 이런 비합리적인 행동을 증폭시킨 이유는 무엇일까?

우리는 항상 다른 사람들이 우리를 어떻게 판단할지 상상하고 그것을 기준으로 자신을 방어하려고 한다. 우리는 처음에 한 선택을 계속 유지하지 않으면 다른 사람들에게 부정적으로 보일 것이라고 생각한다.

아이러니한 것은 다른 사람들에게 합리적으로 보이고 싶은 이 욕구 때문에 더 비합리적인 결정을 한다는 사실이다.

다른 사람들에 의해 자신의 결정이 평가되는 상황에서 사람들은 '합리적인 사람의 결정'이란 무엇일지 상상한 기준으로 결정을 내릴 것이다.

그렇게 함으로써 더 적절한 결정을 할 수 있을 것이라고 생각지만, 사실은 정반대의 일이 일어난다. 어떤 일을 그만두었을 때 다른 사람들이 자신을 어떻게 판단할지 두려워 하기 때문에 오히려 합리적인 기준으로부터 더 멀어지는 것이다.

그 결과, 그만두기를 제대로 하지 못하고, 하던 일에 대한 몰입만 상승시키고 만다.

독불장군

자신의 믿음이 일반적인 믿음과 거리가 멀수록 그 믿음을 지키겠다는 의지는 강해진다. 와튼스쿨(펜실베이니아대학 경영전문대학원) 교수이자 2021년 베스트셀러인《슈퍼 해빗 How to Change》의 저자 케이티 밀크먼Katy Milkman은 하버드대학 경영대학원 교수 존 베시어즈John Beshears와 함께, "주류에서 벗어난 생각을 하고 있는 사람들은 그 생각이 틀리다는 것을 보여주는 정보를 접할 때 오히려 그 생각에 대한 몰입을 강화한다"는 연구결과를 발표했다.

이 연구자들은 종말론 추종자 집단 같은 비정상적인 집단을 연구해 이런 결론을 내린 것이 아니다. 이들이 연구한 것은 6,000명 이상의 주식분석가들이 내놓은 기업 수익 예측이었다.

주식분석가가 하는 중요한 일 중 하나가 기업 수익 예측이다. 사람들은 주식분석가들이 매우 합리적이고 분석적이라고 생각한다. "분석가"라는 말 자체가 그런 느낌을 줄 수밖에 없다.

밀크먼과 베시어스는 기업의 실제 수익이 자신들이 예측한 수익과 매우 다르게 나타날 때, 주식분석가들이 어떻게 행동하는지 살펴봤다.

주식분석가들은 기존 예측을 유지했을까 아니면 새로운 정보에 기초해 예측을 수정했을까?

이 책의 독자들이라면 놀라지 않겠지만, 주식분석가들은 처음 한 예측에 끈질기게 매달리는 경우가 많았다. 주식분석가들은 실제 결과가 자신의 처음 예측과 일치하지 않음에도 불구하고 계속 처음 결정에 대한 몰입을 상승시켰다.

이런 현상은 인지부조화와 정체성이라는 요소가 개입돼 나타난 것으로 보인다. 일반적인 예측과 다른 예측을 한 주식분석가들은 실제 결과가 자신의 예측과 다르게 나타났을 때 자신의 원래 예측에 대한 몰입을 두 배로 상승시켰다. 이런 행동은 외계인이 나타나지 않았을 때 오히려 몰입을 상승시킨 사이비 종교집단 신도들의 행동과 매우 비슷하다.

주식분석가들은 다른 사람들과 반대되는 의견을 내놓는다고 해서 특별한 이익을 얻는 일은 없다. 사실, 주식분석가들은 틀린 예측에 기초해 계속 행동을 하면 징계를 받는다.

그렇다면 주식분석가들은 자신의 잘못된 예측에 따른 행동을 계속해 징계를 받는데도 왜 그런 행동을 했을까?

바로 일관성 유지 욕구 때문이다. 특히 이 욕구는 자신의 행동이 현재 상태와 어긋날 때 훨씬 더 강하게 나타난다. 이런 극단적인 입장을 계속 유지하는 것은 자신이 속한 집단과 자신의 거리를 점점 더 멀어지게 만든다. 이 거리 때문에 사람들은 자신이 취하는 입장이 자기 정체성의 핵심이라는 생각을 더 강하게 하게 된다. 사람들은 이런 식으로 다른 사람들과 자신을 구별한다.

밀크먼과 베시어스는 주식분석가들이 주류에서 벗어나는 수익 예측을 했는지 아닌지에 따라, 새로운 정보에 반응하는 방식이 달라졌다는 사실에 주목했다. 연구자들은 입장이 더 극단적일수록 자기 정체성도 더 강화한다면, 반대로 주류의 입장을 가진 사람들은 몰입상승이 상대적으로 덜 일어날 것이라고 예측했다.

이 예측은 연구결과 정확한 것으로 증명되었다.

주류의 의견과 일치하는 예측을 한 주식분석가들은 나중에 그 예측이 틀린 것으로 밝혀지자 모두 자신의 예측을 수정했다. 반면, 극단적인 입장을 취했던 주식분석가들은 자신의 처음 예측에 따른 행동을 매우 끈질기게 이어나갔다.

앤드류 윌킨슨이 손실을 계속 발생시키던 플로를 접지 못했던 이유도 바로 여기에 있다. 윌킨슨이 취한 입장은 주류에서 벗어난 것이었다. 윌킨슨은 부트스트래핑 방식이 벤처 기업을 성장시킬 수 있는 가장 좋은 방식이라고 확신했기 때문에 벤처 투자사들의 투자 제의를 매번 거절했다. 이런 행동에 대해 나중에 그는 "나는 그 방식을 고수하는 것이 내 정체성의 일부라고 생각했다"라고 말하기도 했다. 벤처 투자사들의 투자를 받는 경쟁사들이 플로를 앞서나가기 시작할 때도 윌킨슨은 자신의 결정에 계속 몰입을 상승시켰다. 윌킨슨은 개인 재산 투입이 긍정적인 효과를 내지 못했다는 것이 확실해진 뒤에도 오랫동안 자기 돈을 플로에 쏟아부었다.

이 모든 이야기에서 우리가 얻을 수 있는 교훈은 자신의 정체성을 어떤 특정한 일, 즉 자신이 옳다고 생각하는 어떤 일과 연결시키지 말아야 한다는 것이다. 특히 우리는 주류의 생각에서 벗어날 때 더 조심해야 한다. 이런 믿음을 버리는 것은 매우 힘들고, 믿음을 유지하는 과정에서 항상 사실이 왜곡되기 때문이다.

정체성 인식 오류

이런 일들이 일어나는 이유는 자신에 대한 다른 사람들의 시각과 평가를 잘못 알고 있다는 데 있다. 다시 말해서, 우리는 다른 사람들이 어떻게 볼지 걱정이 돼 그만두는 결정을 잘 내리지 못하지만, 실은 그 걱정 자체가 잘못되었다는 뜻이다.

우리는 그만두기가 확실히 옳은 결정이기 때문에 그만두면서도, 다른 사람들이 나를 실패했다고 약하고 변덕스럽다고 생각하리라 지레 짐작한다.

어떤 일을 그만두었을 때 왜 우리가 그랬는지에 대해 다른 사람들이 이해하거나 공감하지 못할 것이라고 생각한다. 하지만 다른 사람들에 대해 이렇게 냉정한 시선을 가지는 것은 잘못된 일인 경우가 많다. 어떤 일을 그만둘 때, 내가 실패했다고 생각하는 사람은 거의 없다. 어떤 일을 그만두었을 때, 사람들이 나에 대해 부정적인 생각을 가질 수 있다는 걱정은 사실 전혀 할 필요가 없다.

세라 올스틴 마티네즈도 이와 비슷한 걱정을 했다며 "일을 그만두면 동료 응급실 의사들과 상사들이 나를 어떻게 생각할지 걱정이 됐어요"라고 말했다. 세라는 그만두겠다고 말하면 상사가 화를 내거나 실망할 것이라고 걱정했다.

하지만 세라가 결국 그만두겠다고 말했을 때 세라의 상사는 다 이해한다고 말했다. 상사는 일을 계속할 수 없을 정도로 스트레스를 받았던 상황이 미안하다고 말했다. 응급실 책임자도 같은 말을 했다. 세라는 그런 말을 들으면서 그만두는 결정이 옳았다는 것을 다시 한 번 확인했다.

우리는 어렸을 때 귀신이나 마녀, 용이 등장하는 무서운 이야기를 듣고 무서워했지만, 어른이 되면서 지어낸 이야기라는 것을 알게 된다. 어른이 된 우리는 그 이야기들 대신에 다른 이야기를 무서워하면서 산다. 다른 사람들이 자신에 대해 나쁘게 판단한다는 이야기다. 이 이야기는 계속 우리를 괴롭히고 있지만, 사실 그것도 실재하지 않는 지어낸 이야기에 불과하다.

희망의 빛

정체성, 매몰비용, 현상유지 편향 등 다양한 이유로 그만두지 못하는 사람들이 많은 것은 사실이다. 하지만 그렇다고 해서 우리가 항상 이런 요인들에 굴복해야 하는 것은 아니다. 스튜어트 버터필드, 세라 올스틴 마티네즈, 알렉스 호놀드 같은 사람들이 우리에게 희망의 빛을 비추기 때문이다.

시어스, 블록버스터, ABC 체인점 같은 사업체의 몰락에는 정체성이라는 요인이 작용했다. 하지만 모든 기업이 정체성 때문에 망하지는 않는다. 정체성과 동의어였던 핵심 비즈니스를 버리고 새로운 비즈니스로 전환해 지속적인 성공을 거둔 예도 꽤 있다.

전구를 판매했던 필립스는 시어스만큼 사람들에게 정체성이 분명했던 기업이었다. 어렸을 때 집에서 사용하던 전구에 필립스라는 로고가 새겨져 있던 것을 본 기억이 있을 것이다.

시어스와 필립스는 둘 다 1890년대에 창업됐다. 시어스가 몰락한 뒤 몇 십 년이 지난 2012년에도 필립스는 180개국에서 제품을 파는 세계 최대의 전구 생산 업체였다. 1960년대 이후 필립스는 전구 외에도 다양한 전자제품을 생산했고 그 이후에는 카세트테이프, CD, DVD, VCR 같은 제품을 발명해내 생산했다.

이 제품들을 직접 개발했던 필립스는 당연히 소유감을 가지고 있었다.

하지만 2020년에 필립스는 전구를 비롯한 조명 제품들을 더 이상 판매하지 않기로 결정했다. 전구 회사라는 정체성을 버리는 데 따를 저항감이 있을 것이라고 판단했지만 필립스는 전구 생산 중단이라는 결정을 내렸다. 현재 필립스 전체 매출의 98%를 차지하고 있는 부문은 진단·치료 커넥티드 케어(Connected Care, 의료진과 환자 그리고 데이터를 긴밀하게 연결하는 의료 통합 시스템), 퍼스널 헬스Personal Health다.

현재 필립스는 연매출이 200억 유로에 이르는 헬스케어 기업으로 탈바꿈한 상태다.

시어스가 금융서비스를 시작했던 것처럼 필립스도 조명제품 비즈니스를 계속하면서 일찍부터 헬스케어 비즈니스를 시작했다.

1914년에 필립스 형제는 조명 제품과 연계될 수 있는 헬스케어 제품을 개발하기 위해 일종의 "혁신 허브"를 설립했고, 1919년에 필립스는 X선 튜브 생산을 시작했다. 그 후부터 현재까지 필립스는 헬스케어 제품과 연구에 계속 상당한 규모의 투자를 해왔다. X선 튜브를 생산한 지 대략 100년이 지난 2014년, 필립스의 비즈니스 규모에서 헬스케어가 차지하는 비중은 40%까지 늘어났다.

시어스가 올스테이트를 비롯해 여러 개의 금융서비스 회사를 소유하고 있었다는 사실을 아는 사람이 거의 없는 것처럼, 필립스가 헬스케어 기술을 개발하고 있었다는 사실을 아는 사람도 거의 없었다. 10년 전에 길거리에서 사람들에게 "필립스가 뭐 만드는 회사지요?"라고 물어봤다면 사람들은 십중팔구 "전구와 TV를 만드는 회사지요"라고 대답했을 것이다.

시어스는 수익을 내는 자회사들을 매각해 정체성의 핵심이었던 소매 부문을 살리는 몰입상승 행동을 보였지만, 필립스는 정반대의 행동을 했다. 필립스는 2014년에 핵심 부문인 조명 부문을 매각하고 헬스케어 비스니스로 전환했다. 2016년에 필립스는 기업공개를 통해 조명 부문의 주식 25%를 매각했다. 당시 필립스는 나머지 75%도 매각하겠다고 발표했고, 실제로 2019년 말에 실행했다.

시어스와 달리 필립스는 정체성과 관련된 부분을 정리하고, 사람들에게 덜 알려지긴 했지만 기대가치가 상승할 가능성이 더 높은 부문에 집중하는 선택을 했다.

우리는 그만두는 결정을 할 때 인지편향과 정체성이라는 덫이 우리의 발목을 잡는다는 것을 잘 알고 있다. 앞에서 언급한 세 사람과 필립스를 포함한 성공적인 기업들과 사람들은 어떤 방식으로든 이 덫을 끊어냈다. 우리는 이들의 사례로부터 더 잘 그만두기 위한 체계적인 모델을 다음과 같은 형태로 만들어낼 수 있다.

어떤 일을 계속해야 할지 신중하게 선택하라.

중요한 일, 당신을 행복하게 만드는 일, 당신은 목표 쪽으로 움직이게 만드는 일을 끈기 있게 계속하라.

그 일 외에는 모두 그만두어야 한다.

그렇게 확보한 자원을 목표를 이루는 데 사용하라. 당신의 진전을 늦추는 것들에 대한 집착을 과감하게 끊어야 한다.

앞에서 우리는 이미 이렇게 하는 데 필요한 전략들, 즉, "어려운 부분을 먼저 해결하고, 진전처럼 보이지만 그렇지 않은 가짜 진전을 피하라", "그만두어야 하는 결정을 실제로 해야만 하는 상황이 오기 훨씬 전에 어떤 상황에서 그만두어야 할지 미리 생각하라", "사전조치를 취하고 중단 기준을 설정하라" 등의 전략을 살펴보았다.

이제 또 다른 전략에 대해 살펴보자. 그 전략은 바로 "외부의 도움을 얻어라"이다.

8장에서
이것만은 꼭 기억해두기!

- 그만두기에서 가장 고통스러운 일은 자신의 정체성을 포기하는 것이다. 정체성은 생각, 믿음, 행동 등으로 구성된다.

- 새로운 정보가 믿음과 충돌할 때, 우리는 인지부조화 현상을 경험한다.

- 새로운 정보가 믿음과 충돌할 때, 우리가 그 상황을 해소하는 길은 두 가지이다. 믿음을 바꾸거나 새로운 정보를 믿음에 맞춰 왜곡하는 것이다. 그리고 대부분의 경우 우리는 정보를 왜곡하는 쪽을 선택한다.

- 새로운 정보가 우리의 이전 행동과 충돌하여 인지부조화 현상이 발생하기도 한다.

- 우리는 내적인 일관성을 유지하려는 욕구가 있다. 내적인 일관성이란 과거의 믿음이나 행동이 현재의 믿음이나 행동과 일치하는 것을 말한다.

- 우리는 다른 사람들이 자신을 향해 저 사람은 일관성이 있다라고 생각해주기를 바란다. 우리의 현재와 과거의 결정, 믿음, 행동에 일관성이 없으면 다른 사람들은 우리를 잘못되고, 비합리적이고, 변덕스럽고, 실수를 잘하는 사람이라고 생각하게 되리라 걱정한다.

- 우리가 내리는 결정이 다른 사람들에 의해 평가받는다고 생각할 때 우리는 더 합리적인 결정을 내릴 것이라고 생각한다. 하지만 사실은 그 반대 현상이 일어난다. 다른 사람들이 평가한다는 생각은 오히려 몰입을 상승시킨다. 그리고 비합리적인 결정을 내리게 된다.

- 입장이 극단적일수록 그것을 방어하기 위해 더 많은 인지 오류를 범한다. 이 상황에서 자신의 입장에 반대되는 새로운 정보를 얻어도 왜곡하고 신뢰하지 않는다. 그리고 곧 주류의 입장(즉, 극단적이지 않은 입장)에서 더욱 멀어질 위험이 높다.

- 우리는 어떤 일을 그만둘 때 다른 사람들이 우리를 어떻게 생각할지 걱정한다. 하지만 대부분은 쓸데없는 걱정이다.

9장

당신을 사랑하지만 가슴 아픈 말을 할 수 있는 사람을 찾아라

론 콘웨이Ron Conway는 역사상 가장 위대한 엔젤 투자자angel investor(기술력은 있지만 창업자금이 부족한 초기 단계 벤처기업에 투자자금을 제공하는 개인) 중 한 명으로 유명하다. 하지만 콘웨이가 어떤 일을 그만두게 만드는 뛰어난 능력을 가지고 있다는 사실은 잘 알려져 있지 않다.

콘웨이는 벤처 투자사 SV 엔젤SV Angel의 설립자로 1990년대부터 스타트업 기업들에 투자해온 전설적인 벤처 투자가다. 지난 25년 동안 콘웨이는 수많은 스타트업 기업에 투자를 해 성공을 거뒀다. 대표적인 예로는 페이스북, 구글, 페이팔PayPal, 드롭박스Dropbox, 에어비앤비Airbnb, 핀터레스트Pinterest, 트위터 Twitter, 스냅챗 Snapchat을 들 수 있다.

확실히 콘웨이는 승자가 될 기업을 찾아내는 데 탁월한 능력을 지닌 사람이라고 할 수 있다.

벤처기업을 시작하려면 끈기가 필요하다. 콘웨이는 아이디어밖에 없었던 기업을 세상을 바꾸는 성공적인 기업으로 만드는 과정에서 창업자들이 겪는 어려움을 잘 헤쳐 나갈 수 있도록 도움을 주는 사람으로 알려져 있다.

론 콘웨이 정도의 위치에 있는 사람이 창업자들이 적절한 전략적 비전을 만들어내 그 비전을 현실화하는 데 도움을 줌으로써 엄청난 가치를 창출하는 것은 놀라운 일이 아니다. 하지만 콘웨이가 그만두어야 할 적절한 시점을 창업자들이 판단할 수 있도록 도움을 주는 자신의 능력에 자부심을 가지고 있다는 것은 놀라운 일이라고 할 수 있다.

콘웨이는 세 단어로 자신의 철학을 요약한다. "인생은 너무 짧다."

콘웨이는 우리가 살면서 다양한 기회들을 모두 추구하기에는 시간이 너무 짧다는 것을 잘 알고 있다. 스타트업을 창업하고, 운영하고, 키우는 것은 극도로 힘든 일이다. 콘웨이는 자신의 경험으로 인해 대부분의 창업자들이 목적의식이 강하고, 끈기가 있으며, 똑똑한 사람들이라는 것을 알고 있다. 일반적인 기업들은 이런 자질을 가진 사람을 늘 원하고 있기 때문에 그곳에서 이들이 일한다면 시간에 쫓기지 않으면서도 높은 연봉을 받을 수 있다. 하지만 창업자들은 이 길과는 완전히 다른 길을 선택한 사람들이다. 이들은 일주일에 100시간 넘게 일하면서 거의 급여를 받지 못하고, 끊임없이 스트레스를 받는다. 또한 창업자 중에는 부모님 집 차고나 사무실 바닥에서 새우잠을 자면서 일에 몰두하는 사람들도 많다.

이들은 세상을 바꿀 수 있는 기업을 만들고 그로 인해 엄청난 보상을 받는 꿈을 꾸는 사람들이다. 그 이유만으로 이들은 어려움을 참고 견딘다. 하지만 콘웨이는 꿈이 이뤄질 가능성이 없다는 것이 확실해졌을 때에도 이런 어려움을 참고 견디기에는 인생이 너무 짧다고 생각한다.

콘웨이처럼 가치를 긍정적으로 판단하는 사람도 스타트업 기업에 투자해 수익을 낼 수 있는 확률은 약 10%에 불과하다고 생각한다. 콘웨이는 미래에 대한 꿈으로 가득 찬 사람들이 실패하는 것은 인간의 잠재능력을 낭비하는 비참하고 비극적인 일이라고 생각한다.

콘웨이가 "인생은 너무 짧다"라고 말하는 것은 이런 이유 때문이다.

대부분의 창업자들은 자신이 하고 있는 일이 더 이상 계속할 가치가 없어지는 순간이 와도 쉽게 일을 접지 못한다. 안에서 밖을 보고 있기 때문이다. 지식과 경험이 풍부한 외부자로서 콘웨이는 창업자들이 스스로 그 순간을 인식하기 전에 미리 예측한다. 콘웨이는 창업자들이 일을 계속해도 성과가 없을 것이라고 깨닫게 만들어 더 가치가 있는 다른 기회를 추구하게 돕는 것이 자신의 의무라고 생각한다.

콘웨이가 이 과정에서 가장 큰 장애물이 된다고 생각하는 것은, 창업자들에게 그들의 기업이 실패하고 있기 때문에 접어야 한다고 깨닫게 만드는 일이다. 콘웨이는 창업자들이 깨닫지 못하게 만드는 수많은 인지편향과 심리적 요소들에 대처하기 위해 노력하고 있다. 창업자는 기업을 만든 사람이자 그 기업을 소유한 사람이다. 그 기업은 창업자의 아이디어로 만들어졌고, 그 아이디어는 창업자의 정체성의 일부이다. 창업자들은 자신이 만든 기업에 엄청난 시간과 노력 그리고 돈을 쏟아부으면서 큰 희생을 하는 사람들이다.

그런 창업자들에게 그만둔다는 것은 어떤 의미일까? 그들은 그만두는 결정을 하는 순간 기업을 창업한 것은 실수이며, 그때까지 돈을 낭비했고, 정체성을 포기해야 한다는 생각을 할 것이다.

그럼에도 불구하고 콘웨이는 스타트업 기업의 상황이 잘

풀리지 않으면 창업자에게 이런 자신의 생각을 전달한다. 대부분의 경우 창업자들은 조금만 더 노력한다면 성공할 수 있다며 사업을 계속하겠다는 의지를 굽히지 않는다. 그들은 자신이 가진 비전을 설득하는 능력이 뛰어난 사람들이기 때문에 모든 능력을 동원해 콘웨이를 설득하려고 한다.

이들은 "아직은 초기 단계라 그렇습니다", "다음 버전을 만들어낸 다음에 이야기하시지요", "제품이 사람들에게 알려지려면 시간이 좀 걸릴 겁니다", "상황을 역전시킬 수 있는 방법을 정확히 알고 있습니다" 같은 말을 콘웨이에게 하면서 회유하려 한다.

이들의 이런 말을 들었을 때 콘웨이는 어떻게 반박할까?

아무 반박도 하지 않는다.

콘웨이는 창업자들의 말에 동의한다. 그는 창업자들의 생각이 틀렸다고 이야기하지 않는다.

대신 그는 향후 몇 달 동안 어떤 성공을 거둘 수 있는지 물으면서 "구체적인 예"를 들어달라고 말한다. 콘웨이는 이런 식으로 대화를 하면서 창업자와 머리를 맞대고 스타트업 기업이 올바른 방향으로 가고 있다는 것을 보여줄 수 있는 실적 벤치마크를 설정한다. 그 후 몇 달의 시간이 지난 다음 콘웨이와 창업자는 기업이 실적 벤치마크에 도달했는지 확인한다. 이때 기업이 벤치마크에 도달하지 못하면 콘웨이는 기업을 접는 방법에 대해 창업자와 진지한 토론을 시작한다.

그는 분명히 중단 기준을 이용했을 것이다.

몇 달 전 창업자는 콘웨이를 좋은 방향으로 상황을 역전시킬 수 있다고 설득했다고 믿었을 것이다. 하지만 콘웨이는 설득당한 것이 아니었다. 즉 콘웨이는 자신이 볼 수 있었던 것을 창업자도 보았다면 벤치마크를 설정하던 날 기업을 접겠다는 결정을 했을 것이라고 생각했다. 콘웨이는 그날 자신이 창업자에게 기업을 접으라고 설득해도 아무 소용이 없을 것이라고 생각하면서 창업자와 같이 벤치마크를 설정했던 것이었다.

콘웨이는 창업자가 스스로 중단 기준을 설정하도록 도움을 줌으로써 다음번에 만날 때 자신의 편향을 되돌아보고 올바른 결정을 내릴 수 있도록 만든 것이었다.

콘웨이가 사용하는 그만두기 전략은 실로 절묘하다. 창업자가 스스로 실적 벤치마킹을 설정하고, 과거에 달성하지 못했던 것은 지금도 달성하기 힘들며, 미래에는 더더욱 힘들어진다는 사실을 자각하도록 돕기 때문이다.

창업자들은 자신이 하는 일이 더 이상 가치가 없음에도 불구하고 "아직 안에서 밖을 보고 있기 때문에" 사업을 '계속한다'라는 비합리적인 선택에 갇힌다. 이때 콘웨이가 하는 일은 창업자에게 미래의 어느 시점을 제시하고, 시간이 흘러 미래의 순간이 도래했을 때, 다시금 더 훗날의 일을 내다보게 하는 것이다. 그 결과로써 창업자는 지금까지의 비합리적인 선택에서 벗어나 '그만둔다'라는 합리적인 결정을 내릴 수 있다.

이 방법은 확실히 실패하고 있다고 콘웨이가 판단한 기업에 창업자가 몇 달 동안 시간, 돈 그리고 노력을 계속 더 쏟아붓게 만드는 방법이다. 하지만 콘웨이는 그 몇 달이라는 시간을 사용해 적절한 시점에 그만두었다면 그 시간이 낭비됐다고 생각하지 않는다. 그 시간을 사용하지 않았다면 창업자는 더 오랫동안 자원을 낭비하게 됐을 것이기 때문이다.

이런 방식의 개입이 이뤄지지 않는다면 대개 기질적으로 끈기가 많은 창업자들은 끝까지 노력하다 비참한 결과를 맞이할 가능성이 매우 높다. 몇 달이라는 시간을 사용해 몇 년을 아낄 수 있다면 그 몇 달은 가치가 있는 시간이다. 몇 년을 일찍 그만둘 수 있다면 창업자들은 더 성공 가능성이 높은 다른 일을 더 빨리 찾아내 움직일 수 있기 때문이다. 하지만 벤치마크에 이르지 못해 사업을 접어야 할 때에도 동의하지 못하는 창업자가 꽤 많이 있다. 당연하게도 이런 일은 많이 발생할 수밖에 없다. 콘웨이의 방법은 더 빨리 그만두게 하는 방법이지 당장 그만두게 만드는 방법은 아니기 때문이다.

이런 창업자들은 사업을 접으면 기업이 가진 모든 것을 투자자들에게 돌려주어야 한다는 점을 들어 그만두지 않겠다고 말할 때가 많다. 또한 이들은 투자받은 자금 중 남은 자금을 투자자들에게 반환하고 사업을 접으면 사람들이 자신을 실패자로 생각할 것이고, 다시는 자신이 만든 기업에 투자를 하지 않을 것이라고 말한다.

창업자들도 우리와 똑같은 사람들이다. 그들도 다른 사람들이 자신에 대해 어떻게 생각하고 반응할지에 대해 비합리적인 상상을 한다. 콘웨이는 그 상황에서 창업자들의 상상이 틀렸다는 것을 지적해 도움을 주는 사람이다. 투자자로서 창업자들에게 다른 투자자들이 그들을 어떻게 생각하는지에 대해 정확하게 알려주는 역할을 한다는 뜻이다.

실제로 창업자가 사업을 접었을 때, 투자자들은 창업자가 믿는 바와는 거의 모든 측면에서 정반대 되는 생각을 한다.

실패하고 있는 사업을 계속하면서 투자자금을 마지막까지 다 소비하는 것은 옳은 일이 아니다. 이런 상황에서 창업자가 투자자들에게 자본을 반환하면 투자자들은 창업가가 그만둬야 할 때 그만둔다는 어려운 결정을 내리는 능력을 가진, 책임감이 강한 사람이라고 생각한다. 투자자들은 이런 행동이 창업자가 기대가치를 잘 파악하고 있으며, 새로운 정보와 변화하는 상황에 유연하게 대처하는 능력을 가진 사람이라는 것을 보여준다고 생각한다.

그리고 투자자들은 이런 능력을 가진 사람에게 다시 투자를 하고 싶어 한다.

콘웨이는 창업자들의 생각과는 반대로 자본을 반환하는 것은 투자자들이 다시 투자하게 만들 가능성을 높인다고 본다. 콘웨이는 자신도 그런 상황에서 같은 창업자에게 재투자를 했던 사례가 여러 번 있다고 말했다.

창업자들이 더 이상의 손실을 입지 않고 중단하는 것을 어렵게 만드는 요인은 의무감 외에도 여러 가지가 있다. 창업자들은 직원들에 대한 책임감 때문에도 사업을 중단하기가 어려워한다. 회사의 문을 닫으면 직원들이 일자리를 잃게 되기 때문이다. 직원들은 창업자와 함께 온갖 고생을 하면서 회사를 위해 많은 것을 희생한 사람들이다. 글리치 프로젝트를 중단하겠다는 단호한 결정을 한 스튜어트 버터필드도 이런 책임감 때문에 고민을 했다.

창업자는 직원들 때문이라도 계속 사업을 해야 하는 것일까?

하지만 콘웨이는 그러기에는 인생이 너무 짧다고 말한다. 그는 직원의 인생도 마찬가지로 짧다고 역설한다.

스타트업 기업에 합류한다는 것은 월급을 거의 받지 않는 대신에 미래의 지분을 약속받는 일이다. 이런 사람들은 자신이 세상을 바꿀 수 있는 어떤 것을 만들고 있으며, 성공하면 그동안의 노력에 대한 보상을 받을 수 있을 것이라는 생각을 가지고 일을 한다.

하지만 그런 일이 일어나지 않을 것이 확실해졌는데도 창업자가 계속 일을 하는 것은 실패하고 있는 일에 직원들을 가두는 것이고, 직원들이 더 나은 일을 할 수 있는 기회를 박탈하는 것이다.

콘웨이는 창업자들이 이런 덫에 발목을 잡히는 일이 일어나지 않기를 바란다. 그는 창업자들도 직원을 생각한다면 자신처럼 생각해야 한다고 믿는다.

이상적으로 생각한다면, 해오던 일을 그만두는 결정과 처음부터 어떤 일을 하지 않겠다는 결정은 같은 정도로 합리적이어야 한다.

하지만 실제로는 전혀 그렇지 않다는 것을 우리는 잘 알고 있다. 한 번 내린 결정을 계속 밀고 나가다 보면 덩어리가 점점 커져 그 결정에서 벗어나기가 점점 힘들어진다.

론 콘웨이가 하고 있는 일은 창업자들이 "그 안에" 있을 때 보기 힘든 것들을 볼 수 있게 도와주는 일이다. 콘웨이를 전설적인 그만두기 코치로 만든 것은 창업자들에게 이런 시각을 제시하고 중단 기준을 효율적으로 설정할 수 있게 만드는 능력이었다.

(지나친) 낙관론

헬렌 켈러Helen Keller는 "낙관적인 생각은 성취를 가능하게 하는 믿음이다"라고 말했다.

사람들 사이에는 낙관적인 생각을 가지면 더 빠르게 목표에 다가갈 수 있다는 믿음이 널리 퍼져 있다. 노먼 빈센트 필Norman Vincent Peale의 《노먼 빈센트 필의 긍정적 사고방식The Power of Positive Thinking》, 나폴레온 힐Napoleon Hill의 《생각하라 그리고 부자가 되어라Think and Grow Rich》, 론다 번Rhonda Byrne의 《시크릿The Secret》 같은 책이 수년째 베스트셀러 목록에 있는 것만 봐도 알 수 있다. 이 세 권의 책은 모두 합쳐 7,400만부가 넘게 팔렸다. 《씩씩한 꼬마 기관차the Little Engine That Could》 같은 아동 베스트셀러도 "나는 할 수 있어!" 하는 메시지를 담은 책이다.

사람들은 자신을 믿어야 성공 가능성이 높아진다는 메시지에 변함없이 귀를 기울이고 있다.

현대 심리학의 아버지로 불리는 윌리엄 제임스William James 조차 "비관적인 생각을 하면 약해지고, 낙관적인 생각을 하면 강해진다"라는 말을 했다. 제임스는 긍정적인 생각의 힘에 대해 설명하면서 산악 등반의 예를 들었다. 그는 등반 도중 "가파르고 위험한 지점"에서 더 이상 올라가기 힘들 때, 올라갈 수 있다고 상상하면 계속 올라갈 수 있지만, 자신을 의심하고 망설이면 절망에 빠져 크레바스로 추락하게 된다고 말했다.

캘리포니아대학 버클리캠퍼스 하스경영대학원 교수 돈 무어Don Moore는 제임스가 든 이 예가 얼마나 어처구니없는 예인지 지적했다. 무어는 2020년에 낸 책《완벽한 자신감Perfectly Confident》에서 제임스가 예로 든 상황에서 낙관적인 생각이 도움을 준다고 해도 그 도움에는 한계가 있을 수밖에 없다고 지적했다. 무어는 2미터 깊이의 크레바스를 건너뛰는 데는 낙관적인 생각이 도움을 줄 수 있지만, 6미터 깊이의 크레바스 앞에 서 있다면 낙관적인 생각이 현실적인 계산보다 더 많은 도움을 주진 않는다고 말한다.

무어는 자신의 생각을 증명하기 위해 실제로 불타는 석탄 위를 직접 걸어가는 실험에 참여해 화상을 입기도 했다. 그는 "불 위를 걸어가도 화상을 입지 않을 것이라고 확신을 했지만 결국 화상을 입게 됐다"고 말했다.

또한 무어는 유타대학의 엘리자베스 테니Elizabeth Tenney, 조지타운대학의 제니퍼 로그Jennifer Logg와 함께 사람들이 실제로 낙관적인 생각을 많이 할수록 성과가 좋아진다고 믿고 있는지 확인하기 위해 연구를 진행했다. 이들은 수학 문제 풀기에서 《월리를 찾아라!Where's Wally?》 같은 퍼즐 풀기에 이르기까지 다양한 과제를 이용한 연구를 진행해 2015년에 논문을 발표했다.

연구자들은 실험 참가자들 한 그룹에게 결과에 대해 낙관적인 생각을 하게 만든 뒤, 이 그룹의 사람들이 결과에 대해 낙관적으로 생각을 하지 않았던 다른 그룹에 비해 얼마나 더 좋은 결과를 낼지 추측해보라고 별개의 사람들에게 요청했다. 그 결과, 연구자들은 사람들이 낙관적인 그룹의 사람들이 더 좋은 결과를 낼 것이라고 생각하는 것을 확인했다. 사람들은 산을 오르든, 수학 문제를 풀든, 월리를 찾는 퍼즐을 풀든, 낙관적인 생각을 하면 실제로 과제 해결에 성공한 가능성이 높을 것이라고 응답했다.

낙관적인 생각의 힘에 대한 확신은 특히 실리콘밸리에서 두드러진다. 따라서 지나칠 정도로 낙관적인 생각을 갖는 것이 창업자들의 장점으로 칭송받는 실리콘밸리에서 론 콘웨이가 주류에서 벗어난 사람으로 여겨지는 것도 이상한 일이 아니다. 실제로 실리콘밸리의 창업자들은 거의 모두가 이런 낙관적인 생각을 가지고 있다. 실리콘밸리의 벤처 창업자 3,000명을 대상으로 한 설문조사 결과에 따르면 응답자의 81%가 성공 확률을 70% 이상으로 생각하고 있었으며, 응답자의 3분의 1 이상은 성공 확률을 100%로 생각하고 있었다.

콘웨이가 투자한 창업자 중 성공한 사람이 10분의 1에 불과하다는 사실을 생각하면, 낙관적인 생각이 가지는 힘이라는 것은 거의 허상에 불과하다고 할 수 있다.

낙관적인 생각이 실제로 결과를 더 좋게 만들 수 있다면 그런 생각을 할 가치가 있을 것이다. 성공 확률이 10%에 불과할 때 낙관적인 생각을 가지면 그 확률이 40%까지 올라갈 수도 있을 것이다. 이 확률은 당신이 바라는 70%에는 훨씬 못 미치는 수치이지만, 그 정도만 올라가도 애초에 확률을 잘못 계산함에 따라 치러야 하는 대가가 줄어들 수 있을 것이다.

무어와 동료 연구자들은 더 낙관적인 생각을 가진 참가자들이 실제로 수학 문제나《월리를 찾아라!》퍼즐을 더 잘 풀게 되는지 확인하기 위해 실험을 진행했다. 그 결과, 연구자들은 더 낙관적인 생각을 가진 사람들이 과제 해결에 더 많은 시간을 쓰기는 하지만 낙관적이지 않은 사람들에 비해 과제 해결을 더 잘하지는 않는다는 것을 발견했다.

다시 말해서, 낙관적인 생각을 가진 사람들은 과제 해결을 더 나중에 그만두었음에도 불구하고 결과가 더 좋지는 않았다는 뜻이다.

끈기와 낙관적인 생각은 공통점이 있다. 낙관적인 생각은 가치가 있는 일에 계속 집중하게 만들지만 가치가 없는 일에도 계속 집중하게 만든다. 그러기에 인생은 너무 짧다.

문제는 낙관적인 생각이 성공의 확률과 규모를 모두 과대평가하게 만든다는 데에 있다. 즉, 낙관적인 생각은 기대가치를 너무 높게 계산하게 만든다.

그렇게 되면 어떤 결과가 발생할까? 현실을 제대로 인식하지 않은 채 낙관적인 생각을 갖게 되면, 그만두어야 할 때 그만두지 못하는 일이 발생하게 된다.

물론 론 콘웨이도 창업자들이 자신감이 있어야 한다고 생각한다. 콘웨이는 창업자들이 자신과 직원들에 대해 긍정적인 생각을 가져야 한다고 생각하지만, 그 자신감이 이미 실패하고 있는 일을 끝까지 밀어붙이게 만들 정도가 되어서는 안 된다고 본다.

목적의식이 강한 창업자들이 낙관적인 생각과 현실 인식을 스스로의 힘으로 조화시키기는 쉽지 않다. 이런 창업자들에게는 새로운 관점을 제시하면서 그만두는 것을 도와줄 코치가 필요하다. 이 경우에도 코치는 인내심을 가져야 한다. 코치가 창업자들의 생각을 바꾼다고 해도 곧 다시 원래의 생각으로 돌아가려고 하는 경우가 많기 때문이다.

좋은 사람과 친절한 사람의 차이

대니얼 카너먼에게 잘 그만둘 수 있는 비결이 무엇인지 물어본 적이 있다. 그는 내게 "사람들에게는 진정으로 사랑하지만 감정을 상하게 하는 말을 서슴없이 할 수 있는 친구가 필요합니다"라고 말했다.

사람들은 어떤 일 "안에" 있으면서 그 일을 그만두어야 할지 아니면 계속해야 할지 결정할 때, 그만두지 못하게 만드는 인지편향의 영향을 가장 많이 받는다. 카너먼은 어떤 상황 안에 있는 당사자보다 친구나 사랑하는 사람 같은 외부 관찰자가 상황을 훨씬 더 합리적으로 볼 수 있다고 말했다. 그들은 당사자의 상황 "안에" 같이 있지 않기 때문이다.

문제는 당신이 어떤 사람이 실패의 길을 가고 있는 것을 밖에서 보는 관찰자일 때 발생한다. 당신은 불편한 진실을 말하면 그 사람이 마음의 상처를 입을 것이라고 생각해 말하지 않는 것이 좋다고 생각할 것이다. 하지만 그 사람의 감정을 상하게 하지 않는다면 당신이 보고 있는 것을 그 사람은 보지 못하게 된다.

그 사람의 감정을 상하게 하고 싶지 않은 이유는 당신이 그를 사랑하기 때문이다. 하지만 그 사람의 감정을 상하게 하지 않으면 단기적인 효과밖에는 낼 수 없다. 당신이 그 사람에게 말을 해주지 않는다면 그는 실패의 길로 계속 몸을 던지게 되고, 결국 훨씬 더 큰 상처를 입을 것이기 때문이다.

우리에게 필요한 사람은 우리를 사랑하지만 우리가 그만두어야 하는 일에 매진하고 있을 때 우리의 장기적인 행복을 고려해 그 불편한 진실을 솔직하게 말해주는 사람이다.

대니얼 카너먼이 한 말의 핵심이 바로 여기에 있다.

그런 친구를 만나게 된다면, 그 사람에게 당신의 그만두기 코치가 되어서 언제 그만두어야 할지 알아내는 데 도움을 달라고 요청해야 한다.

평생을 인지편향과 결정 오류에 대해 연구한 대니얼 카너먼 같은 사람에게도 그만두기 코치가 필요했다. 우리 같은 보통 사람들에게는 더더욱 그만두기 코치가 필요할 것이다. 카너먼의 그만두기 코치는 노벨상 수상자인 리처드 탈러였다.

불행히도 대부분의 사람에게는 이런 그만두기 코치가 없

다. 하지만 우리는 진실을 말해줄 수 있는 친구를 찾기 위해 노력해야 한다. 친한 친구든, 멘토든, 직장동료든, 형제자매든, 부모든, 누구라도 당신의 그만두기 코치가 될 수 있다.

그만두기 코치는 당신의 장기적인 행복에 진심으로 관심이 있는 사람이어야 하며, 우리가 듣고 싶은 말이 아니라 우리가 들어야 할 말을 해주는 사람이어야 한다.

많은 이들이 상황을 정확하게 볼 수 있도록 도움을 주는 사람들보다는 감정을 상하게 하지 않기 위해 진실을 말해주지 않는 사람들에게 둘러싸여 있다. 누군가와 관계를 정리한 뒤 친한 친구에게 그 사실을 말한다면 그 친구는 "그 사람과는 이미 몇 달 전에 관계를 끊었어야 했어"라고 말할 것이다. 직장을 그만두고 가족에게 그 사실을 말한다면 가족은 "그동안 네가 계속 안돼 보였어. 결정하는 데 오랫동안 고민했을 거야"라고 말할 것이다.

이런 말을 해주는 사람들에게 우리는 똑같은 반응을 보인다. "왜 진작 말해주지 않은 거야?"

그때 돌아오는 답도 언제나 같다. "네가 상처받을 것 같아서 그랬어."

사람들은 그만두어야 한다는 말을 듣고도 그냥 넘기는 경우가 많다. 하지만 장기적인 행복에 도움이 안 되는 어떤 일이나 사람을 몇 달, 몇 년을 계속 붙잡고 있다 보면 돌이킬 수 없는 지경에까지 이르게 된다.

앤드류 윌킨슨도 이런 경험을 한 적이 있다. 윌킨슨이 계열사 CEO 중 한 명을 해고했을 때, 그 이야기를 들은 친구들이 진작 그를 해고했어야 했다고 말했고 윌킨슨은 "그럼 왜 진작 내게 말해주지 않았지?"라고 말했다. 그러자 친구들은 "마음 상할까 봐 그랬지"라고 대답했다.

그 말을 듣는 순간 윌킨슨은 친구들이 좀 더 일찍 솔직하게 의견을 말해주었다면 더 빨리 해고 결정을 내려 소중한 시간과 자원을 절약할 수 있었을 것이라는 생각이 들어 괴로웠다고 말했다.

론 콘웨이가 창업자들을 대상으로 하고 있는 자신의 일에 자부심을 느끼는 부분이 바로 이 부분이다. 콘웨이는 자신이 창업자들이 그만둘 수 있도록 새로운 관점을 제공하는 사람이라는 데에 대해 진정으로 자부심을 느끼고 있다.

사업을 하든, 직장을 결정하든, 사생활과 관련된 결정을 내리든, 우리는 두 가지를 명심해야 한다. 첫째, 그만두기 코치가 되어줄 수 있는 사람을 적어도 한 명은 찾아야 하며, 둘째, 우리가 사랑하는 사람들에게 우리가 그 역할을 할 수 있어야 한다.

당신을 말릴 수 있는 코치가 진정한 코치다

그만두기 코치는 당신이 굴리면서 덩치를 크게 만들고 있는 덩어리에 영향을 받지 않는 새로운 관점을 제공함으로써 도움을 준다. 그렇지만 결국 그만두는 결정을 하는 사람은 당신 자신이다. 그만두기 코치의 충고를 무시할 수도 있기 때문이다. 그만두기 코치가 있으면 없을 때보다 빠르게 그만둘 수 있다. 하지만 콘웨이의 조언을 받는 창업자들처럼 당신도 코치의 충고를 무시할 확률이 높다.

코치가 당신이 그만두게 만들 정도의 힘을 실제로 가지고 있는 경우도 있다. 예를 들어, 부서장은 부서원들이 프로젝트를 접게 만들 수 있다. 영업 부서장도 영업사원들이 거래 협상을 중단하게 만들 수 있다.

중단 기준과 어떤 일을 그만두게 만들 수 있는 힘이 있는 코치가 모두 있다면 가장 효율적으로 손실을 줄일 수 있다. 끈기가 매우 강한 사람들의 경우, 이 두 가지 요인이 그만두는 데 특히 크게 도움이 된다.

미국 해군 특수부대Navy Seal(네이비 실) 요원들은 특수훈련을 통과했다는 사실만으로도 끈기를 인정받는 사람들이다. 이 요원들은 보통 사람이라면 대부분 포기할 수밖에 없는 극한의 훈련을 견뎌내야 정식 특수부대 요원이 될 수 있다. 훈련생들은 며칠 동안 수면을 취하지 못하는 상태에서 온갖 육체적 괴로움을 견뎌야 하고, 극도로 차가운 바다 속에서 몇 시간씩 잠수훈련을 받는다. 이 해상 훈련장에는 청동 벨이 늘 준비돼 있다. 훈련생들은 훈련을 견디지 못할 때 이 청동 벨을 울려 훈련 포기 의사를 표시한다. 이 벨을 울리지 않아야 특수부대 요원이 될 수 있다. 즉, 해군 특수부대 요원이 된 사람들은 해군이 훈련을 포기하게 만들 수 없었던 사람들이라고 할 수 있다.

맥레이븐 장군은 자신의 일 중 하나가 포기하는 것보다 죽음을 택하는 사람들을 그러지 못하도록 통제하는 일이라고 생각한다. 맥레이븐은 이렇게 말했다. "모든 작전에는 기관총 진지로 용감하게 돌격해 아군의 생명을 구하는 군인이 필요합니다. 하지만 돌격을 할 수 있는 적절한 시점과 장소를 알려주는 사령관도 반드시 있어야 합니다."

사령관으로서 맥레이븐이 가진 장점은 중단 기준에 기초해 작전을 중지해야 하는 시점을 결정하는 능력에 있었다. 맥레이븐은 특수부대 요원들이 계속 작전을 수행하고자 할 때(특수부대 요원들은 거의 항상 작전을 계속 밀어붙이기를 원한다) 중단시킬 수 있는 힘을 가지고 있었다.

론 콘웨이가 하는 역할도 맥레이븐이 하는 역할과 비슷하다. 둘 다 힘을 가지고 통제력을 발휘함으로써 그만두게 만드는 코치 역할을 했기 때문이다. 론 콘웨이는 스타트업 기업이 실패하고 있어 접어야 할 때 창업자가 사업을 접는 것에 동의할 때까지 기다렸다. 사업을 접는 것은 콘웨이의 결정이 아니라 창업자의 결정이기 때문이다.

그만두어야 할 때 계속 밀어붙이는 사람들을 주변에서 보면서 말리지 못해 안타까워할 때가 있다. 그런 상황에서 우리는 그들을 대신해 결정하고 싶은 마음이 생긴다. 특히 그들이 합리적인 결정을 할 가능성이 매우 낮은 상황에서는 특히 그런 마음이 든다.

우리는 그런 상황을 지켜보면서 그 사람들에게 실망하곤 한다. 하지만 중요한 것은 그들도 우리를 같은 시선으로 볼 수 있다는 사실이다. 그만둘지 계속할지 결정해야 하는 것은 우리 자신이고, 우리도 그들처럼 비합리적인 결정을 할 가능성이 매우 높은 상황에 처할 수 있다.

다른 사람을 대신해서 결정을 내리고 싶다고 생각한 적이 있다면, 당신이 결정을 해야 할 때 그 결정권을 코치에게 넘기는 것이 더 나을 수 있다는 생각도 할 수 있을 것이다.

분할해 정복하라

다른 누군가에게 통제권을 넘기는 게 얼마나 강력한 그만두기 전략인지 알아보기 위해 다시 한번 배리 스토의 연구를 살펴보자. 1997년에 스토는 예일대학의 시걸 바세이드Sigal Barsade 애리조나대학의 케네스 코펏Kenneth Koput과 함께 은행들의 기업 대출 승인 결정에 대한 연구를 진행했다. 은행에는 대출의 승인 여부를 결정하는 담당자들이 있고, 이 사람들은 대출 승인에 대한 책임을 진다. 대출을 받은 기업이 제때에 상환을 한다면 이 담당자들은 결정할 것이 없다.

하지만 어려움을 겪고 있는 기업이 상환을 제대로 하지 못하는 상태에서 사업을 살리기 위해 추가로 대출을 받기 원하거나 기존 대출의 조건을 재협상하기를 원하면 이야기가 달라진다. 이 상황에서 은행은 추가 대출을 승인하거나 조건 재협상을 해야 할지에 대해 결정을 내려야 할 뿐만 아니라 기존 대출금을 계속 은행 자산으로 유지해야 하는지, 또는 대출금 회수를 포기하고 손실로 잡아야 할지도 결정해야 한다. 은행의 주주들과 감독기관에 정확한 재무 보고서를 제출해야 하기 때문이다.

이 모든 결정을 하는 과정에서 몰입상승 효과가 나타날 가능성이 있다. 지금까지 이 책을 읽은 독자라면 대출금 회수가 힘들어질 때 처음에 대출을 승인했던 담당자들은 그 대출을 승인한 경험이 없는 담당자들에 비해 추가 대출을 해주거나 대출 조건을 조정할 가능성이 더 높다는 사실을 예상할 수 있을 것이다. 대출 담당자들이 이러는 이유는 대출금이 손실로 잡히는 것을 피하기 위해서다.

스토와 동료 연구자들이 캘리포니아주 소재 132개 은행의 9년 동안의 대출 승인 결과를 살펴본 뒤 내린 결론도 바로 이 것이었다. 은행 대출 담당자가 바뀌어 새로운 책임자가 온 경우, 이 새로운 담당자는 기존 대출의 회수가 힘들다는 것을 이전의 담당자보다 훨씬 빠르게 인식했다. 기존 대출에 대한 승인을 자신이 하지 않았기 때문에, 새로운 담당자는 회수 가능성이 낮은 기존 대출을 훨씬 더 빠르게 손실로 설정했다.

스토의 이 연구결과에서 얻을 수 있는 요령이 하나 있다. 은행 대출금을 갚기 어려울 때 그 대출을 승인한 담당자와 상담하면 추가 대출을 받을 가능성이 훨씬 더 높아진다는 것이다.

좀 더 진지하게 생각하면, 이 연구결과는 그만두는 결정을 더 잘하고 싶은 기업이 사용할 수 있는 전략을 제공한다고도 말할 수 있다. "가능하면 분할해서 정복하라"라는 전략이다. 즉, 이 전략은 어떤 일의 시작을 결정하는 사람과 그만두기의 결정을 내리는 사람이 따로 있어야 한다는 뜻이다.

내게 상담을 받는 기관투자자들에게 나는 이 전략을 사용해 매도 결정의 질을 개선하라고 충고한다. 나는 주식 매입을 승인하는 위원회는 주식 매도와 매도 시점을 승인하는 위원회와 다른 위원회여야 한다고 충고한다. 물론 그러기 위해서는 조직이 충분히 커야 한다.

대부분의 비즈니스 상황에서는 인력을 분할해 이용할 수 있다. 하지만 개인의 경우에는 이렇게 인력을 분할해 이용할 수 없다. 마인드컨트롤을 해서 자신이 다른 사람이라고 생각하고 어떤 결정을 처음 하는 사람처럼 행동할 수는 없다는 뜻이다.

그만두기 코치가 필요한 또 하나의 이유가 바로 여기에 있다. 그만두기 코치가 있으면 분할해 정복하는 전략을 사용하는 것과 비슷한 효과를 낼 수 있기 때문이다.

적절한 허용으로 그만두기 코치의 역할을 극대화하라

그만두기 코치와의 관계가 성공적이려면 그만두기 코치에게 많은 것을 '허용'해야 한다. 여기서 허용한다는 말의 의미는 그만두기 코치가 불편한 진실을 말할 수 있도록 허용한다는 뜻이다. 리처드 탈러가 대니얼 카너먼에게 훌륭한 그만두기 코치가 될 수 있었던 이유는 탈러가 카너먼이 불편할 수 있는 말을 할 수 있도록 카너먼이 허용했기 때문이다.

이렇게 허용하지 않는다면 그만두기 코치는 당신이 듣고 싶은 말만 하면서 격려만 할 것이다. 이 경우 코치는 당신을 좋게만 대함으로써 그만두기 코치의 역할을 제대로 하지 못하게 될 것이다. 당신이 불편한 진실을 들을 준비가 돼 있다고 해도 코치에게 그 마음을 전달하지 않는다면, 코치는 당신이 생각하고 있는 것이 옳다고 확인해주는 것이 자신의 역할이라고 생각해 더 이상의 행동은 하지 않으려 할 것이다.

입장을 바꿔 생각해보자. 당신도 다른 사람이 의견을 구할 때 그 사람이 항상 불편한 진실을 듣고 싶어 한다고 생각하지는 않을 것이다. 그 사람이 확실하게 불편한 진실을 듣고 싶다는 의사를 표시하기 전까지는 그럴 것이다.

앤드류 윌킨슨은 이와 비슷한 경험에서 교훈을 얻었다고 내게 말했다. 계열사 CEO 한 명을 해고하고 난 뒤, 그 CEO를 해고해야 한다는 것을 이미 알고 있었던 친구들 중 누구도 자신에게 미리 말해주지 않았다는 것을 알게 된 윌킨슨은 그 후로 누군가가 자신에게 의견을 구한다면 자신의 생각을 있는 그대로 말해주겠다는 결심을 했다.

물론 사람들이 당신에게 조언을 구한다고 해서 항상 당신이 불편한 진실을 말해도 된다고 허용하는 것은 아니다.

누군가 당신에게 조언을 구한다면 론 콘웨이의 방식을 사용하는 것이 좋다. 콘웨이의 방식은 다음 4단계로 요약할 수 있다.

- **1단계**: 당신이 그만두어야 한다고 생각한다는 것을 그들에게 알려준다.
- **2단계**: 그들이 반대 의견을 표시하면 한 발 물러서서, 상황을 역전시킬 수 있다는 그들의 생각에 동의하라.
- **3단계**: 그들에게 가까운 미래에 성공할 수 있다는 그들의 말이 정확하게 어떤 의미인지 분명하게 정의하고, 그 정의에 기초해 중단 기준을 설정하라.
- **4단계**: 정해진 시간이 지난 뒤 그들과 다시 대화를 했을 때 이전 대화에서 정의된 성공 수준에 이르지 못했다면, 그만두는 것에 대한 진지한 대화를 시작한다.

3단계와 4단계는 조언을 구하는 사람이 그만두는 것에 대해 당신이 자유롭고 거침없이 말할 수 있도록 허용했다는 전제에서 시행해야 한다.

물론 이 모든 단계들을 거치면서 당신은 인생은 너무 짧다는 것을 계속 주지시켜야 한다.

조언을 구하는 사람과 조언을 하는 사람의 관계가 성공적이려면 양쪽 모두 서로에게 상당 수준을 허용해야 한다. 조언을 구하는 사람이 허용을 한다고 해도, 조언자는 그 사람에게 어떻게 해야 한다고 말하는 것보다 스스로 결정을 할 수 있도록 도움을 주는 것이 좋다.

세라 올스틴 마티네즈가 내게 조언을 구하면서 솔직한 말을 해도 된다고 내게 허용했다. 하지만 나는 그녀가 어떤 결정을 내려야 한다고 말하지 않았다. 나는 세라가 기대가치에 기초해 결정을 내릴 수 있도록 생각의 틀을 제시했을 뿐이다. 그것만으로도 세라는 빠르게 현실을 직시할 수 있었다.

당신이 리더의 위치에 있다면 에릭 탈러 같은 뛰어난 그만두기 코치에게서 배울 것이 많을 것이다. 에릭은 X의 직원들이 받침대 만들기를 피하고 원숭이 훈련을 먼저 하게 만드는 방식으로, 합리적인 결정을 더 빨리 내릴 수 있도록 중단 기준을 설정하여 더 잘 그만둘 수 있도록 만들었다. 에릭은 이런 방식을 사용함으로써 그만두기가 피해야 할 일이 아니라 칭

찬반을 일이라고 생각하는 문화를 만들었다.

그만두기는 온전히 혼자만의 힘으로는 하기 쉽지 않다. 우리는 매몰비용 효과, 보유효과, 현상유지 편향, 손실회피 성향처럼 몰입상승을 유도하는 수많은 인지적 방해요소에 시달린다. 우리의 정체성은 우리가 하고 있는 일과 직결된다. 우리는 본능적으로 정체성을 유지하려고 하기 때문에 현재 하고 있는 일에 더 집착하게 된다.

이 책을 읽음으로써 나는 독자들이 이 문제에 대해 확실하고 인식하고, 다른 사람의 관점을 수용하고, 외부의 시선으로 자신의 상황을 관찰해 자신이 할 수 없는 일이 어떤 것인지 정확하게 파악하는 데 도움을 받기를 원한다. 대니얼 카너먼 같은 사람에게도 그만두기 코치가 필요하다. 우리 같은 보통 사람들에게는 더더욱 그만두기 코치가 필요하다.

인생은 가치 없는 일에 시간을 낭비하기에는 너무 짧다. 우리에게는 우리가 잘못된 길을 가고 있다고 말해주는 사람들이 필요하다.

9장에서
이것만은 꼭 기억해두기!

- 낙관적으로 생각하기는 정말 좋은 일일까? 그렇지 않다. 실제로 낙관적인 생각은 성공 확률을 높이지 못하며 그만두기를 어렵게 만들 뿐이다. 지나치게 낙관적인 생각은 가치 없는 일에 더 오래 집착하도록 만든다. 이 때에는 가치계산부터 제대로 해야 한다.

- 가치 없는 일에 시간을 낭비하기에 인생은 너무 짧다.

- 외부에서 당신을 보는 사람들은 당신 자신보다 더 합리적으로 당신의 상황을 직시한다.

- 가장 좋은 그만두기 코치는 당신의 장기적인 행복을 생각하는 사람이다. 최고의 그만두기 코치는 단기적으로는 당신의 마음을 상하게 만드는 말을 하지만 장기적으로 당신에게 도움이 되는 불편한 진실을 말해주는 사람이다.

- 조직 내에서 어떤 일을 시작하기로 결정을 내리는 사람과 그 일을 그만두기로 결정을 내리는 사람은 따로 있어야 한다.

- 그만두기 코치의 효과를 극대화하고 싶은가? 그렇다면 코치가 당신에게 진실을 말하는 일을 허용해줘야 한다.

늘 변화하는 세상에서
새로운 기회 찾기

자연 다큐멘터리나 만화에는 개미들이 하나의 목표를 향해 일렬로 기어가는 모습이 많이 나온다. 우리는 개미들이 늘 그렇게 목표를 향해 부지런히 움직인다고 생각한다. 실제로 먹이를 구하는 개미들은 그렇게 움직인다.

하지만 개미들이 전부 그렇게 움직이는 것은 아니다. 전부가 아니라 대부분의 개미가 그렇게 움직인다는 뜻이다.

대부분의 개미들은 일렬로 먹이를 향해 또는 먹이를 가지고 기어가지만, 좀 더 자세하게 살펴보면 그 개미 중 일부는 행렬에서 벗어나 여기저기를 두리번거리면서 움직인다는 것을 알 수 있다. 이 개미들은 행렬을 따라 일렬로 움직이지 않는 개미들이다.

이 개미들은 먹이를 둥지로 가져와야 하는 책임을 회피하고 무위도식하는 것처럼 보인다. 이 개미들은 게으르거나 성격이 이상한 개미들일까? 아니면 무정부주의자 개미나 체제에 저항하는 개미라도 되는 것일까?

하지만 사실 이 개미들은 매우 중요한 역할을 한다. 그 역할은 그만두기와 밀접한 관련이 있다.

이 개미들의 행동을 이해하려면 처음에 개미들이 어떻게 행렬을 구성하는지 알아야 한다.

새로운 영역에 진입할 때 모든 개미는 그 영역 전체에 흩어져 탐색을 시작한다. 우리가 보던 일렬로 전진하는 개미들과는 사뭇 다른 모습이다. 개미들이 이런 행동을 하는 것은 아직 먹이를 확실하게 발견하지 못해 탐색을 하고 있기 때문이다.

그러다 개미 한 마리가 먹이를 찾으면 그 개미는 둥지로 그 먹이를 운반한다. 이 운반 과정에서 이 개미는 페로몬이라는 화학물질을 분비해 흔적을 남긴다. 개미 한 마리가 분비하는 페로몬의 양은 매우 적지만, 다른 개미들은 이 페로몬을 감지해 먹이가 있는 곳으로 접근한다. 먹이의 질이 좋을 경우 이 개미들도 먹이를 가지고 둥지로 돌아가면서 같은 경로에 페로몬을 분비한다.

이렇게 페로몬 냄새가 짙어지면 또 다른 개미들이 그 경로를 따라 움직이기 시작한다. 먹이의 질이 좋을수록 개미들은 그 경로를 따라 더 많이 움직이고, 그 과정에서 그 경로는 점점 더 확실해진다. 개미들이 일렬로 행진하는 모습은 바로 이 상황에서 볼 수 있다.

결국 개미들의 이 경로에는 페로몬이 점점 더 많이 뿌려지게 된다.

새로운 것을 찾는 데 시간을 투입하거나 이미 발견한 어떤 것을 이용하는 선택은 전형적인 탐색-활용-explore-exploit 문제의 일부분이다.˚ 새로운 기회를 찾기 위해 얼마나 많은 시간을 사용해야 할까? 그리고 이미 기대가치가 양수로 판명된 것들을 활용하는 데에는 또 얼마나 많은 시간을 사용해야 할까?

이 상황에서 탐색은 어떤 것을 조작하거나 비밀스럽게 어떤 일을 한다는 뜻이 아니다. 여기서의 탐색은 이미 가지고 있는 기회를 최대한 이용한다는 뜻이다.

제품을 이미 출시한 기업의 경우 그 기업은 이미 발견한 어떤 것을 활용하는 데 마케팅 비용, 생산 비용, 판매비용을 투입하는 셈이다.

예를 들어 블록버스터는 비디오테이프를 매장에서 빌려주고 판매해 수익을 내는 비즈니스 모델을 활용했다고 할 수 있다. 반면 어떤 기업이 새로운 제품 또는 전략의 연구와 개발에 사용되는 자원을 사용한다면, 그 기업은 새로운 제품이나 비즈니스 모델을 찾아내는 일을 하고 있는 것이라고 할 수 있다.

기업의 자원은 제한돼 있다. 따라서 탐색과 활용 사이에서 어떻게 균형을 유지하는지가 가장 중요한 문제라는 것을 쉽게 알 수 있다. 그 균형을 잘 유지하지 못하면, 즉 탐색을 너무 적게 함으로써 혁신을 멈추거나 이미 실패하고 있는 비즈니스 모델에 계속 집착한다면 문제가 발생할 것이다.

이 탐색-활용 문제는 개인적인 삶에서도 등장한다. 우리는 살면서 시간과 돈 그리고 노력이라는 자원을 새로운 기회를 탐색하는 데 사용할 것인지 아니면 우리가 이미 하고 있는 일에 계속 투입할 것인지 결정해야 한다.

학자들은 탐색-활용 문제에 대해 설명하면서 탐색과 활용 사이에서 적절한 균형을 유지하는 대표적인 사례를 개미로 들곤 한다.

여기서 두리번거리는 개미들에 대한 의문이 다시 든다. 대부분의 개미들이 페로몬이 뿌려진 경로를 따라 움직이면서 안정적으로 먹이에 접근할 때, 이 개미들처럼 행동하지 않고 두리번거리는 개미들은 왜 그런 행동을 하는 것일까?

그 답은 이 개미들이 군집을 위해 영역을 계속 탐색하는 개미라는 사실에 있다. 이 개미들이 계속 영역 탐색을 하는 이유는 두 가지다.

첫째, 개미들은 자신이 활용하고 있는 먹이를 어쩔 수 없이 포기해야 하는 경우가 있다. 먹이가 갑자기 사라지는 경우다. 두리번거리는 일부 개미들은 이 경우를 대비해 계속 차선책을 탐색하고 있는 것이다.

둘째, 먹이가 안정적으로 같은 위치에 있다고 해도, 그 먹이보다 더 좋은 먹이가 다른 위치에 있지 말라는 법은 없다. 그 일부 개미들은 더 좋은 먹이가 있을 수 있는 위치를 계속 탐색하고 있는 것이다.

모든 개미가 활용 모드에 진입한다면 그 개미들은 한 마리의 예외도 없이 페로몬 경로를 따라 움직일 것이다. 그렇게 되면 개미들은 더 좋은 먹이를 찾을 수 없다. 더 좋은 먹이를 찾아 두리번거리는 개미가 없기 때문이다.

더 좋은 먹이가 다른 곳에 있을 수 있는데 한곳의 먹이에만 모두가 집중하는 것은 개미들의 생존에 불리하다.

행렬을 따라가지 않고 두리번거리는 개미들은 군집의 생존을 위해 그런 행동을 하고 있는 것이다.

이 개미에게서 우리가 배울 것이 있다. 새로운 영역에 진입할 때 개미들은 먼저 기회를 탐색한다. 기회를 찾아낸 후에는, 즉 좋은 먹이를 찾은 후에는 그 먹이를 활용하기 시작한다.

하지만 개미들 중 일부는 절대로 탐색을 멈추지 않고 차선

책을 계속 모색한다. 이런 차선책은 찾은 먹이를 포기해야 할 때, 즉 먹이가 사라졌을 때 효과를 발휘한다. 또한 개미들은 차선책을 탐색하기 위해 두리번거리다 이미 찾은 먹이보다 훨씬 더 좋은 먹이를 발견하기도 한다.

우리도 이 개미들처럼 행동해야 한다. 일이든, 직장이든, 제품이든, 비즈니스 전략이든, 레스토랑이든, 어떤 좋은 것을 찾아내려 할 때 차선책이 있을지 계속 탐색해야 한다. 우리가 사는 세상은 불확실성으로 가득한 세상이기 때문이다.

탐색을 멈춰서는 안 된다.

이 책의 마지막 두 장에서는 이 주제를 다룰 것이다.

---

* 어떻게 하면 가장 잘 멈출 수 있는지에 대한 문제도 탐색-활용 문제다. 어떤 것을 선택하기 전에 얼마나 오래 대안들을 탐색해야 할까? 아파트를 구할 때, 최종 선택을 하기 전에 얼마나 많은 아파트를 둘러보아야 할지의 문제도 탐색-활용 문제라고 할 수 있다. 최적의 멈춤 문제는 이 책의 범위를 벗어난다. 이 문제는 이 책에서 집중적으로 다루고 있는 인지 문제가 아니라 게임이론과 관련된 문제다. 이 문제에 관심이 있다면 브라이언 크리스천 Brian Christian과 톰 그리피스 Tom Griffith가 쓴 《알고리즘, 인생을 계산하다 Algorithm to Live By》를 읽어보기를 강력하게 추천한다.

4부

어쩔 수 없이 그만둘 때
발견하는 새로운 기회들

10장

어쩔 수 없이 그만둬야 하는 상황에서 배울 점

마야 샹카르Mayar Shankar가 처음 바이올린을 접한 것은 여섯 살 때였다. 엄마가 코네티컷 집 다락에서 꺼낸 작은 바이올린이었다. 이 바이올린은 마야의 엄마가 인도에서 미국으로 이민올 때 가지고 온 것이었다. 엄마는 마야의 언니 세 명에게 이 바이올린을 보여줬지만 언니들은 별 흥미를 보이지 않았다. 하지만 마야는 바이올린을 보는 순간 푹 빠져버렸다.

마야는 곧 비상한 재능을 보이기 시작했다. 아홉 살 때 마야는 줄리아드음대의 예비대학 과정에 합격했다. 줄리아드음대는 뉴욕에 위치한 전설적인 공연예술학교다. 마야의 엄마는 토요일마다 마야를 줄리아드 음대로 데려갔고, 마야는 그곳에서 매번 10시간 동안 집중적으로 수업을 받았다.

마야는 13세에 이츠하크 펄먼 Itzhak Perlman의 제자를 선발하는 오디션에 합격할 정도로 뛰어난 능력을 보였다. 펄먼은 16번의 그래미상과 평생공로상, 4번의 에미상을 수상한 역대 최고의 바이올리니스트 중 한 명이다.

펄먼의 개인지도를 받으면서 마야의 기량은 더욱 더 빛을 발하기 시작했다. 마야는 세계 최고 수준의 바이올리니스트가 되기 위한 길을 걷고 있었다.

그러던 어느 날이었다. 고등학교 3학년이 되기 직전의 어느 여름날, 마야는 파가니니 변주곡 13번의 까다로운 부분을 연습하다 손가락 인대가 파열되는 부상을 입었다.

수술을 받기는 했지만 통증은 계속됐다. 그 후 1년 동안 마야는 항염증 약물을 복용하면서 계속 연습을 했고, 결국에는 소아 류머티스 관절염 진단까지 받게 됐다. 이 진단은 마야가 바이올린을 포기해야 할 뿐만 아니라 평생 통증에 시달려야 하고, 나중에는 걸을 수 없게 될 수도 있다는 것을 뜻했다.

전도유망하던 마야의 경력이 갑자기 끝나게 된 순간이었다.

생각해보자. 어떤 사람이 평생 동안 추구해온 목표를 어쩔 수 없이 포기해야 할 때 어떤 행동을 해야 할까? 답은 자명하다. 새로운 목표를 찾기 시작해야 한다.

삶을 살다 보면 세상이 우리가 하는 일을 멈추게 하는 경우가 있다. 예를 들어, 어떤 관계를 당신은 유지하고 싶은데 상대방이 그 관계를 끊기를 원할 수 있다. 자신의 의사와 상관없이 직장을 그만두어야 하는 경우도 있다. 고용주가 당신이 하는 일에 만족하지 못해 당신을 해고할 수도 있고, 당신의 성과와는 상관없이 회사가 감원을 하거나 문을 닫아야 할 수도 있다. 당신이 기업을 경영하는 경우에도 이런 일이 일어날 수 있다. 직원이 당신의 의사와는 상관없이 퇴사하는 경우다. 안정적으로 진행되고 있던 계약을 경쟁사에 빼앗기는 경우도 있을 수 있으며, 자본이 바닥나 회사의 문을 닫아야 하는 경우도 있다.

즉, 그만두는 결정은 당신이 할 때도 있지만 세상이 당신을 그만두게 만들 수도 있다는 뜻이다.

그만두겠다는 결정이 자신이 내린 것이 아닐 때 사람들은 고통스러워한다. 하지만 그런 일이 일어나더라도 우리는 툭툭 털고 일어나 새로운 할 일을 찾아야 한다.

마야 샹카르가 그렇게 했다. 처음 마야는 자신의 열정이자 정체성을 본인의 의지와는 상관없이 잃게 되자 분노했다. 하지만 마야는 곧 그 분노를 극복했고, 예일대학에 지원해 합격했다. 대학 입학 직전의 어느 여름날 마야는 집 지하실에서 언니 중 한 명이 대학 시절 읽었던 책 한 권을 발견했다. 스티븐 핑커Steven Pinker의 《언어본능The Language Instinct》이라는 책이었다. 마야는 언어학을 다룬 이 책을 읽기 시작한 순간 흥분을 주체할 수 없었다.

마야는 예일대학에서 인지심리학 학사 과정을 마치고 로즈 장학금Rhodes Scholarship을 받았고, 그 후에는 옥스퍼드대학에서 박사학위를 받았다.

옥스퍼드대학에서 공부할 때 마야는 자신이 받은 류마티스 관절염 진단이 오진이었다는 것을 알게 됐다. 마야는 평생 류마티스 관절염이라는 퇴행성 질환에 시달리지 않아도 된다고 안도하면서 어쩌면 다시 바이올린을 시작할 수 있을지 모른다는 생각을 했다. 몇 번 바이올린 연습을 한 뒤 협주곡 경연대회에 나갈 수 있는 기회를 모색하기도 했지만 결국 마야는 자신이 최고 수준의 연주를 하는 것은 불가능하다는 판단을 내려야 했다. 여러 번의 인대 수술 과정에서 생긴 흉터 조직 때문에 그 정도로 정교한 연주는 할 수 없었기 때문이었다.

박사과정을 마친 뒤 마야는 미국으로 돌아와 스탠퍼드대학 인지·시스템 신경과학연구소에서 박사 후 과정을 마쳤다. 하지만 마야는 박사 후 과정 연구원으로 지내면서 신경과학자로 사는 것에 행복을 느끼지 못했다. 지하 연구실에 틀어박혀

fMRI(기능성 자기공명영상) 결과를 분석하면서 혼자 시간을 보내야 했기 때문이다.

마야는 사람들과 협력하면서 일하고 싶었고 여러 사람들과 함께 상호작용을 하는 일을 하고 싶었다.

어쩔 수 없이 바이올린을 그만둔 경험으로 마야는 자신에 대해 많은 것을 알게 됐다. 시간이 지나면서 그녀는 자신이 바이올린 연주의 많은 부분을 좋아하지만 싫어하는 부분도 있다는 것을 깨닫게 됐다. 바로 솔로 바이올린 파트를 혼자 연주하는 것이었다. 스탠퍼드대학 지하 연구실에서 마야는 자신이 가장 싫어하는 솔로 연주를 다시 하고 있다는 생각을 하게 됐다.

그 생각을 한 뒤 마야는 바로 신경과학자를 그만두기로 결심했다.

마야는 박사 후 과정이 끝나면 더 이상 학자로 살지 않겠다고 다짐했다. 그리고 실제로 그만두지 못하게 만드는 인지편향들을 극복했다. 마야는 이 책에 등장한 수많은 사람들이 겪었던 인지편향을 극복해냈다. 사실 이런 인지편향은 우리 모두가 겪고 있다.

마야는 학위를 취득하기 위해 10년 동안 매몰비용을 쏟아부었다. 진행하던 연구 프로그램에 대한 소유의식도 있었다.

또한 마야는 신경과학 연구로 여러 가지 상을 수상했고 연구 지원금도 여러 차례 받았으며 성공적으로 학위를 마친 상태였다. 마야는 박사 학위를 취득함으로써 이름 뒤에 박사라는 타이틀을 붙일 수 있게 됐고, 그 박사라는 타이틀은 마야의 정체성의 상당 부분을 차지하고 있었다.

나는 마야가 이 모든 것들에도 불구하고 신경과학자를 그만둘 수 있었던 이유를 짐작할 수 있다. 마야는 어쩔 수 없이 그만두어야 했던 경험을 통해, 목표를 추구할 때 자신이 보지 못한 다른 기회들이 항상 있다는 것을 알게 됐기 때문에 그만둘 수 있었을 것이다. 이런 기회들은 찾으려고 하지 않아서 눈에 띄지 않는 것뿐이다.

신경과학자를 그만두면서 마야는 또다시 다음에 어떤 일을 해야 할지 결정해야 하는 상황에 처하게 됐다.

마야에게 또 다른 진로를 선택하는 일은 쉬운 일이 아니었다. 마야는 내게 "인지신경과학 분야에서 박사 후 과정을 마친 사람이 학자나 컨설턴트가 되지 않는다면 뭘 해야 했을까요? 길이 잘 보이지 않았어요"라면서 당시 상황을 회상했다.

그러던 중 마야는 지인의 결혼식에서 예일대학 시절 자신을 가르쳤던 로리 산토스Lauri Santos 박사를 우연히 만나 차를 함께 마시게 됐다. 산토스는 당시 미국 정부가 행동경제학, 그

중에서도 특히 사람들에게서 긍정적인 행동을 유도할 수 있는 기본값default 설정의 힘에 지대한 관심을 보이고 있다고 말했다.

행동경제학에서 기본값이란 일반적으로 넛지nudge라고 알려져 있다. 넛지라는 말은 리처드 탈러와 캐스 선스타인Cass Sunstein이 쓴 베스트셀러 《넛지》를 통해 널리 알려지게 된 말이다. 산토스는 선스타인에게 마야를 소개했고, 선스타인은 당시 오바마 대통령의 과학기술정책 담당 부국장이던 톰 칼릴Tom Kalil에게 다시 마야를 소개했다.

마야는 칼릴에게 행동경제학 연구결과에 기초해 연방기관에 정책을 조언하는 행동과학 전문가 팀을 만들자고 제안했다. 칼릴은 마야의 생각을 받아들여 그녀를 수석 행동과학 자문역으로 채용했다. 초기 마야에게는 예산도, 권한도, 팀원도 주어지지 않았다. 하지만 1년이 채 안 돼서 마야는 다양한 연방기관 직원, 정책 전문가, 프로그램 설계자 등으로 구성된 백악관 최초의 사회·행동과학 팀을 출범시켰다.

마야는 2017년 오바마가 퇴임할 때 백악관에서 나와 구글의 행동과학 연구부문 글로벌 이사가 됐고, 2021년부터는 자신의 경험이 반영된 "약간의 계획 변화A Slight Change of Plans"라는 이름의 팟캐스트를 제작하고 진행하고 있다.

마야 샹카르는 살면서 갑작스러운 변화를 여러 번 맞이한 사람이다. 하지만 그런 변화에 직면했을 때마다 마야는 자신의 힘으로 일어나 새로운 길을 개척했다.

물론 모든 일이 마야의 경우처럼 잘 풀리는 것은 아니다. 예를 들어, 인대가 파열되는 일을 당했다고 해서 누구나 마야처럼 빠르게 진로를 수정해 로즈 장학금을 받을 정도의 능력을 보일 수 있는 것은 아니다. 학계를 떠난다고 해서 누구나 백악관이나 구글에서 중요한 직책을 맡을 수 있는 것도 아니다.

우리는 대부분 마야처럼 대단한 일을 이뤄내지는 못한다. 하지만 마야의 이야기에서 배울 수는 있다. 마야가 인대 부상을 당하지 않았다면 인지심리학을 공부하지도 않았을 것이고, 백악관과 구글에서 일하게 되지도 않았을 것이다. 인대 부상을 당하지 않았다면 마야는 바이올린 연주 외에 다른 일은 모색하지도 않았을 것이기 때문이다.

어쩔 수 없이 어떤 일을 그만두어야 할 때 더 나은 것을 항상 찾아내지는 못하겠지만, 더 나은 것을 찾을 수 있는 가능성은 언제나 존재한다. 문제는 더 나은 것을 찾으려는 시도조차 하기 않기 때문에 많은 사람들이 다른 기회들을 발견하지 못한다는 데에 있다.

마야의 이야기에서 우리가 배워야 할 점은 어쩔 수 없이 플랜 B를 찾아야 하는 상황이 올 때까지 기다려서는 안 된다는 것이다. 우리는 항상 탐색을 해야 한다. 플랜 B가 현재 하고 있는 일보다 더 나은 일이 될 수도 있기 때문이다.

잠시 했던 일이 직업으로 바뀔 수 있다

스물여섯 살까지만 해도 나는 학자가 되기 위한 길을 걷고 있었다. 그 길은 내가 컬럼비아대학에 들어가면서 시작되었다. 공부를 하면서 돈도 벌 수 있는 일자리를 찾고 있던 나는 그때 우연히 바버라 랜도Barbara Landau 박사의 연구보조 학생을 찾는다는 공고를 보게 됐다. 랜도 박사는 제1언어(모국어) 습득에 대해 연구하는 인지과학자다. 나는 대학에 다니는 4년 내내 랜도 박사의 연구실에 일했다. 랜도는 내 멘토이자 친구가 됐다. 그녀는 내가 자신이 다녔던 펜실베이니아대학에서 자신의 멘토 역할을 했던 사람들에게 가서 공부할 수 있도록 주선해줬다. 전설적인 인지과학자 라일라 글라이트먼Lila Gleitman과 그녀의 남편 헨리 글라이트먼 Henry Gleitman이 바로 그 멘토들이었다.

국립과학재단의 연구지원을 받아 펜실베이니아대학에서 5년 공부하면서 석·박사 학위 과정을 거의 마칠 때가 되자 뉴욕대학, 듀크대학, 텍사스대학 오스틴캠퍼스, 오리건대학 등에서 교수 초빙 제안이 들어오기 시작했다. 정년이 보장되는 일자리가 바로 눈앞에 있었던 때였다.

하지만 그때 나는 만성 위 질환 때문에 자주 토했고 계속 통증을 느끼고 있었다. 의사는 내게 위 마비라는 진단을 내렸다. 위 마비는 위가 제대로 비워지지 않는 심각한 질환이다. 하지만 당시의 나는 계속 논문 준비를 하면서, 대학 인사담당자들과 대화를 마친 다음에 건강에 신경 써도 될 거라 생각했다.

하지만 내 몸은 내 생각을 따르지 않았다.

뉴욕대학 인사담당자와 만나기로 한 날을 며칠 앞두고 위 마비 증상이 갑자기 심해져 먹은 음식이나 물이 위에서 빠져나가지 못했다. 결국 나는 병원에 2주 동안 입원을 할 수밖에 없었다. 인사담당자들과의 만남도 모두 연기해야만 했다. 나는 어쩔 수 없이 대학원을 쉬어야 했고, 건강 회복에 신경을 쓸 수밖에 없었다.

내 몸이 대학원을 떠나라고 요구하고 있었기 때문에 나는 그때까지 제공받고 있던 연구자금도 포기해야 했다. 연구자금이 끊어지고 나니 생활이 힘들어졌다.

나는 정말로 절실하게 돈이 필요했다.

그때 내가 당분간 돈을 벌기 위해 할 수 있는 일이라고 판단한 것이 바로 포커였다. 당시는 포커 게임이 지금처럼 TV에 중계되기 전이었고, 인터넷 포커가 인기를 끌 때도 아니었다. 대부분의 사람들은 포커 플레이어가 직업이 될 수 있을 것이라고는 상상도 하지 못할 때였다.

하지만 마침 그때 오빠인 하워드 레더러 Howard Lederer는 10년째 포커 플레이어를 하고 있었다. 오빠는 뉴욕에 살면서 동부지역에서 가장 뛰어난 포커 플레이어들과 판돈이 큰 게임을 하면서 상당한 수입을 올리고 있었다. 오빠는 23세에 이미 "라스베이거스 월드 시리즈 오브 포커 메인 이벤트 Las Vegas World Series of Poker Main Event"결승전 같은 대규모 경기에서 최연소 우승을 한 상태였다.

내가 대학원에 다닐 때 오빠는 월드 시리즈가 열리는 유명한 게임장인 골든 너겟 Golden Nugget 룸에 같이 가서 자기가 게임하는 것을 지켜보라고 제안하곤 했다. 휴가를 갈 돈이 넉넉하지 않았던 나는 흔쾌히 오빠를 따라 가서 휴가를 즐기곤 했다.

내가 판돈이 적은 포커 게임을 처음 시작하게 된 계기가 바로 그 휴가였다. 그때 나는 오빠와 함께 뉴욕에 살면서 게임을 하는 것을 자주 봤기 때문에 게임에서 이길 수 있는 방법을 어느 정도 알고 있는 상태였다.

어쩔 수 없이 갑자기 대학원을 잠시 떠나야 했을 때, 오빠는 대학원으로 돌아가 논문을 다시 쓸 수 있을 때까지만 포커로 생활비를 벌어보라고 권했다.

당시 나는 여러 가지 이유로 돈을 벌기가 힘든 상황이었다. 몸 상태가 매일 어떻게 달라질지 몰랐기 때문에 나는 일정한 시간에 계속 일을 해야 하는 일자리는 구할 수가 없었다. 또한 그 이듬해에는 교수가 되어야 한다는 생각이 확고했기 때문에 언제든지 쉽게 그만둘 수 있는 일자리를 구해야만 했다.

그 상황에서 내가 할 수 있는 가장 적절한 일이 포커 게임이었다. 포커는 하고 싶을 때만 해도 됐기 때문이다. 포커는 게임을 하는 날짜와 시간을 내가 정할 수 있고, 언제든지 그만둘 수 있었다. 또한 포커 게임은 내가 그만둔다고 해도 다른 사람이 불편해하거나 걱정을 할 필요가 없었다.

그 후의 이야기는 잘 알려져 있다. 나는 몬태나주 빌링스의 담배 연기가 자욱한 술집 지하에서 열린 포커 게임도 마다하지 않았다. 나는 연구했던 것들과 인지에 관한 이론을 포커 게임에 적용했다. 불확실한 요소들이 많은 환경에서 내 능력을 시험하는 것을 즐겼고 특히 이 책에서 다룬 인지편향들을 극복하는 과정을 즐겼다.

다음해 봄, 그리고 그 다음해 봄에도 나는 펜실베이니아대학으로 돌아가지 않았다.

나는 계속 포커를 했다. 결국 포커 월드 시리즈와 WSOP 챔피언 토너먼트, NBC 내셔널 헤즈업 포커 대회를 비롯한 많은 대회에서 좋은 성적을 내면서 오랫동안 포커를 계속했다. 결국 나는 "정말 당분간" 하려던 일을 결국 18년 동안이나 하게 됐다.

26세 때에 나는 학자가 되는 길 외에 다른 길을 거의 모색하지 않았다. 라스베이거스의 포커 게임장으로 오빠를 따라가 재미로 포커 게임을 했을 때도 나는 포커가 내게 취미 이상의 어떤 것이 될 것이라고는 꿈에도 생각하지 못했다.

나는 라스베이거스에서 재미로 포커 게임을 하면서 약간의 돈을 따기도 했다. 하지만 그때 나는 포커가 일종의 기회가 될 것이라고 생각하지 않았다. 라스베이거스에서 학교로 돌아와 라일라 글라이트먼을 만났을 때 나는 그녀에게 "포커가 너무 재미있어서 못 돌아올 뻔 했어요"라고 말했지만, 그 말은 농담이었다.

내가 전문적인 포커 플레이어가 된 것은 몸이 안 좋아 어쩔 수 없이 적어도 1년은 대학원을 쉬어야 했고, 그로 인해 생활이 너무 힘들었지만 할 수 있는 일은 너무 제한적이었기 때문이었다.

나와 마야가 그랬던 것처럼 열정적으로 추구하던 일을 어쩔 수 없이 그만두어야 했던 사람들에게, 그 어쩔 수 없었던 상황은 새로운 발견을 위한 기회를 제공할 수도 있다. 또한 어쩔 수 없이 그만두어야 하는 상황은 바로 코앞에 계속 있었지만 그동안은 보지 못했던 것들을 볼 수 있게 해준다.

내게는 포커가 그런 존재였다.

개미들에게서 배우는 백업 플랜

세상은 불확실하다. 프로젝트든, 스포츠든, 일이든, 관계든 어떤 것을 추구하기로 결정하든 그것들이 내일 어떻게 변할지는 아무도 알 수 없다. 세상은 당신이 추구하는 것을 당신으로부터 떨어뜨릴 수도 있다. 또는 당신이 하고 있는 일의 상황이 변화하면 스스로 그 일을 포기하게 될 수도 있다.

직장에서 당신의 멘토 역할을 하던 상사가 떠나고 그 자리에 못된 상사가 올 수도 있다. 아파트가 마음에 들어 살기 시작했는데 위층에서 밤마다 춤을 추면서 소음을 낼 수도 있다. 산에 오르다 갑자기 짙은 안개를 만날 수도 있다.

당신이 가는 길의 기대가치가 처음에 생각했던 기대가치와 같지 않은 상황이 언제든지 발생할 수 있다는 뜻이다.

세상만 변하는 것이 아니다. 때로는 당신도 변한다. 시간이 지나면서 당신의 취향, 선호, 가치가 변하기 때문이다. 20대에 좋아했던 일이 30대에는 싫어하는 일이 될 수도 있다. 사람들은 젊었을 때는 힘들고 도전적인 일을 하고 싶어 하지만 30대가 되면 시간에 대한 가치 판단이 달라져 가족과 함께 보낼 수 있는 시간을 희생하면서까지 일을 해 직장에서 성공하려고 하지 않는다.

변하는 것이 세상이든 당신이든, 당신은 그만둘지 말지 결정해야 할 때가 있고, 때로는 그 결정을 하도록 세상이 당신에게 강요할 때도 있다.

실제로 우리는 인생을 살면서 이런 두 가지 상황에서 중요한 결정을 해야 할 때가 많다. 이 두 상황 중 어떤 상황이든, 그만두는 결정을 적절하게 하기 위해서는 미리 다른 기회들을 탐색하면서 백업 플랜을 세워놓아야 한다.

개미들이 그렇게 한다.

개미들이 베란다 테이블에서 떨어진 수박 조각 같은 좋은 먹이를 발견했을 때도 그 개미 중 일부는 다른 먹이를 찾아 두리번거린다. 그 수박 조각은 사람이 언제든지 치워버릴 수 있기 때문이다. 설령 수박 조각이 계속 그 자리에 남아 있어도 개미 중 일부는 계속 다른 먹이를 찾기 위해 탐색을 한다.

하지만 우리 인간은 어쩔 수 없이 탐색을 해야 할 때가 되기 전에는 탐색을 하지 않는다.

마야 샹카르에게는 바이올린이, 내게는 인지심리학이 수박 조각이었다. 마야와 나 둘 다 백업 플랜을 세울 생각을 하지 않았다. 어쩔 수 없이 그만두어야 하는 상황이 올 거라고 생각하지 않았기 때문이다. 우리는 둘 다 활용 가능한 먹이가 있는 동안에는 주변을 둘러보지 않았다. 이 책에서 언급된 많은 사람들도 우리와 비슷했다.

스튜어트 버터필드도 글리치에 집중하느라 바로 코앞에 있는 엄청난 기회를 인식하지 못했다. 슬랙이라는 기회가 계속 버터필드 앞에 있었지만 그는 글리치를 포기하고 나서야 슬랙의 가능성을 인식하기 시작했다. 또한 그 이전에 버터필드는 네버엔딩 게임 개발을 위한 자금이 바닥나고 나서야 플리커의 가능성을 인식했다.

사샤 코언은 나이가 들었기 때문에 어쩔 수 없이 피겨스케이팅을 그만뒀다. 피겨스케이팅을 그만두고 나서야 사샤는 자신이 만족하지 못했던 일에서 벗어나 새로운 일을 찾기 시작했다. 결국 사샤는 컬럼비아대학에서 학위를 받은 뒤 모건스탠리의 투자매니저가 됐고 가정을 꾸렸다. 피겨스케이팅을 그만두기 전, 몇 년 동안 공연을 하면서 불행하다고 느꼈던 사샤는 피겨스케이팅을 그만두고 나서야 새로운 기회를 찾기 시작했다.

개미들은 탐색과 활용 사이에서 적절한 균형을 유지한다. 개미들은 대부분 페로몬이 많이 뿌려진 경로를 따라 움직이지만, 아무리 페로몬 냄새가 강해도 개미 중 일부는 항상 탐색을 한다. 개미들은 불확실성이 항상 존재하는 세상에서 이런 식으로 생존을 이어나간다. 모든 것은 변한다. 영원히 같은 상태로 유지되는 것은 없다.

우리가 사는 세상도 개미들이 사는 세상과 같은 세상이다. 따라서 우리는 개미들에게서 교훈을 얻어야 한다.

개미들은 이런 방식으로 1억 년 이상을 지구에서 살아남았다. 개미들은 기후와 지역에 상관없이 어디에서든 살아남는다. 그 비결은 개미들이 항상 탐색을 한다는 데 있다.

간단하게 말하자면, 개미들의 이런 탐색은 개미 군집에 백업 플랜을 제공하는 행동이라고 할 수 있다. 개미들은 어쩔 수 없이 먹이를 포기해야 하는 상황이 되기 전에 백업 플랜을 마련한다. 또한 개미들은 이런 탐색을 통해 더 좋은 먹이를 찾을 수도 있다.

우리 인간도 개미들처럼 항상 탐색을 해야 한다. 어쩔 수 없이 그만두어야 할 때까지 기다려서는 안 된다.

영업사원에게 강의를 할 때의 일이다. 강의가 끝날 무렵 영업사원 중 한 명이 내게 질문을 했다. 자신이 하고 있는 일에 만족하고 있을 때도 다른 회사 인사담당자의 대화 제의를 받아들어야 하느냐는 질문이었다.

나는 당연히 그래야 한다고 대답했다. 그 이유에 대해 나는 현재의 일자리가 언제든지 사라질 수도 있기 때문이라고 말했다. 회사는 언제든지 경쟁에서 도태될 수도 있고, 감원을 할 수도 있다. 다른 회사 인사담당자들과 계속 관계를 유지한다면 그런 상황에서 도움을 받을 수 있다. 또한 회사에 어떤 변화가 생겨 영업사원이 자신의 일에 대해 이전처럼 열정을 가지지 못하게 될 수도 있다. 제품의 질이 계속 떨어지거나, 새로 온 영업 책임자와 관계가 나빠질 수도 있다. 이 경우 다른 선택지들이 있으면 회사를 그만두어야 할지 아니면 계속 다녀야 할지 합리적인 결정을 내리기가 쉬워진다.

물론 변화가 없을 수도 있다. 하지만 영업사원이 자신의 일에 계속 만족감을 느낀다고 해서 다른 회사 인사담당자들과 관계를 끊는다면, 더 좋은 기회를 발견할 수 없게 될 것이다.

개미가 인간보다 나은 점은 이런 질문을 하지 않는 것이다. 개미는 말없이 계속 탐색을 이어나간다.

런던지하철에서 얻은 교훈

사람들이 처음 가는 곳을 찾아갈 때 가장 효과적인 경로를 찾아 탐색을 한다는 점에서는 개미와 비슷하다. 하지만 사람들은 일단 경로를 결정하면 그 경로를 현재 상태의 일부로 생각한다. 그 점에서는 개미와 다르다. 한번 경로를 결정하면 사람들은 더 이상 탐색을 하지 않고, 매일 아침 똑같은 경로를 이용해 출근하고 매일 저녁 똑같은 경로를 이용해 퇴근한다.

사람들은 어쩔 수 없이 탐색을 해야 하기 전까지는 그렇게 행동한다.

200만 명에 이르는 런던지하철 이용자들에게 2014년에 일어났던 일을 예로 들어보자.

런던지하철은 7개 노선과 270개 역으로 구성돼 있으며, 지하철 전 구간의 길이가 400킬로미터가 넘기 때문에 한 지점에서 다른 지점으로 이동하는 방법도 많다.

2014년 1월, 영국의 최대 운송노조가 2월 4일 저녁부터 48시간 파업을 한다고 발표함에 따라 270개 역 중 171개 역이 이틀 동안 폐쇄됐다. 상당수의 지하철 통근자들은 다른 경로를 찾아야만 했다.

그 이틀 동안 새로운 경로를 찾아야 했던 통근자들에게는 어떤 일이 일어났을까? 케임브리지대학의 숀 라콤Shaun Larcom은 옥스퍼드대학의 퍼디넌드 로치Ferdinand Lauch, IMF(국제통화기금)의 팀 윌럼Tim Willem과 함께 어쩔 수 없이 대안을 찾아야 할 때 사람들이 어떻게 행동했는지 알아내기 위해 관련 데이터를 분석했다.

분석 결과에 따르면 수많은 사람들이 파업 이전에는 직장까지 쓸데없이 길기만 한 경로를 이용하고 있었다는 게 밝혀졌다. 수많은 사람들이 최대한 짧은 경로를 찾아내지 못했다는 사실이 놀라울 수도 있다. 하지만 런던지하철 지도를 자세히 살펴보면 그 이유를 알 수 있다.

이 지도는 일정한 축척을 따라 그려진 지도가 아니다. 이 지도는 노선이 매우 간단하게 잘 정리돼 있어 세계에서 가장 알아보기 쉬운 지하철 지도 중 하나로 유명하지만, 서로 다른 경로를 이용할 때 A지점에서 B지점까지의 거리 또는 소요시간을 비교하는 것은 불가능하다.

파업이 진행된 이틀 동안 지하철 통근자의 70%는 직장으로 가는 새로운 경로를 찾아야 했다. 하지만 파업이 끝났을 때 자신이 찾은 새로운 경로를 계속 이용한 사람은 5% 정도에 불과했다. 이 5%의 사람들은 지하철을 타는 시간을 평균 6분 이상 줄일 수 있었다. 런던지하철을 이용해 통근하는 사람들의 평균적으로 32분 동안 지하철을 탄다는 사실을 생각하면, 이들의 경우 출퇴근 때 지하철을 타는 시간이 20% 정도 줄어든 셈이었다. 즉, 지하철 탑승 시간이 하루에 12분, 한 주에 1시간, 한 달에 4시간 줄어들었다는 뜻이다.

이 사람들은 지하철 탑승 시간을 줄일 수 있는 방법이 계속 있었는데도 그 방법을 찾지 않았던 것이다. 이들은 어쩔 수 없이 기존의 경로를 포기해야 하는 상황을 맞고 나서야 더 빠른 경로를 찾기 위한 탐색을 시작했다.

파업이 더 오래 지속됐다면 더 많은 사람들이 더 빠른 경로를 탐색했을 것이다. 여기서 우리는 어쩔 수 없이 그만두어야 하는 상황이 오기 전에 탐색을 해야 한다는 교훈을 얻을 수 있다. 새로운 경로를 찾아내 그 경로를 계속 이용하게 된 5%의 사람들 외에도 수많은 런던 사람들이 이 파업 기간 동안 했던 경험에서 탐색의 중요성을 깨달았던 것 같다. 연구자들에 따르면 파업 이후 런던 사람들이 새로운 경로를 찾는 일이 더 많아졌기 때문이다.

어쩔 수 없이 그만두어야 했던 경험을 하면서 통근자들은 개미들과 비슷한 행동을 하기 시작한 것이었다.

백업 플랜

마이크 네이버스Mike Neighbors는 전설적인 대학 여자농구 감독이다. 그는 코치에서 감독으로 승진한 뒤 (2013년에서 2022년까지) 여덟 시즌 동안(워싱턴대학에서 4년, 아칸소대학에서 4년 동안) NCAA(전미 대학 체육 협회) 디비전 I(최고 수준 리그) 소속 팀 감독으로서 최고의 능력을 보여준 사람이다. 그 기간 동안 네이버스는 176승을 올렸고(역대 대학 여자농구 사상 2위), 여섯 명의 선수를 WNBA(미국여자프로농구) 팀에 진출시켰다. 그 기간 동안 네이버스는 최고의 감독이었다.

네이버스는 자신의 성공 비결이 그만두기라고 말한다.

그는 10여 년 동안 보조 코치로 활동하면서 능력을 인정받았고, 2013년에 워싱턴대학의 여자농구팀 감독이 됐다. 네이버스는 선수들이 일주일에 6일을 경기 또는 연습하는 기존 프로그램을 그대로 이어받았다. 이 프로그램은 당시 대학 농구팀들이 모두 채택하고 있던 프로그램이다. NCAA 규정에 따르면 디비전 I 소속 선수들은 일주일에 최소 하루의 휴식을 취해야 한다. 하지만 NCAA 팀 소속 감독 중에서 하루 이상의 휴식을 주는 감독은 아무도 없었다.

네이버스가 보조 코치로 왔을 때 워싱턴대학의 여자농구

팀 허스키스Huskies는 몇 년 동안 계속 지기만 하다 케빈 맥거프Kevin McGuff를 감독으로 맞아 두 시즌 동안 성장세를 보이고 있었다. 그러던 중 맥거프가 오하이오대학 여자농구팀 감독으로 가게 되자 감독 자리를 네이버스가 맡게 됐다. 네이버스를 데려온 사람이 맥거프였기 때문에 사람들은 네이버스에게도 큰 기대를 걸고 있었다.

네이버스가 감독이 된 후 허스키스는 연속 두 경기에서 패했다. 특히 포틀랜드대학 팀과의 홈경기에서는 91 대 77로 비참하게 졌다. 포틀랜드대학 팀은 맥거프 감독이 있을 때는 20점 차이로 이겼던 팀이었다.

허스키스는 조금씩 나아지기는 했다. 크리스마스 휴가가 시작됐을 때의 전적은 6승 4패까지 좋아졌다. 하지만 네이버스는 팀에 변화가 필요하다는 것을 느끼고 있었다. 선수들이 계속 가벼운 부상에 시달리고 있었고, 선발로 투입된 선수들이 연습 강도에 비해 코트에서 오래 버티지 못하고 있었다.

크리스마스 휴가 기간 동안 네이버스는 이런 상황을 바꿀 수 있는 방법을 연구했다. 그리고 그는 휴가에서 돌아오는 비행기 안에서 팀에 근본적인 변화를 주겠다고 결심했다.

팀에 일주일에 하루 휴식이 아니라 이틀 휴식을 주겠다는 결정을 한 것이었다.

네이버스가 이렇게 관례에 어긋나는 결정을 내린 이유는 선수들이 부상에 시달리고 있었기 때문이었다. 그는 선수들이 지쳐가고 있었고, 여러 해 동안 코치를 했던 경험으로 시즌이 계속됨에 따라 선수들의 부상이 더 심해진다는 것을 알고 있었다. 네이버스는 휴식 일수를 하루 늘리면 선수들이 코트에서 뛰는 시간이 중요할 때 그 시간을 더 잘 활용할 수 있을 것이라고 판단했다.

네이버스의 이 결정은 매우 파격적인 것이었다. 당시 디비전 Ⅰ 소속 팀 감독 중 그 누구도 선수들에게 이틀 휴식을 주지 않았기 때문이다. 때는 2013년 말이었다. 당시까지만 해도 선수들이 스스로 몸을 보살피는 것의 중요성이 거의 인식되지 않고 있었다. 네이버스는 자신이 모험을 하고 있다는 것을 알고 있었다. 그는 이 결정이 효과를 내지 못하면 모든 책임을 져야 한다는 것도 잘 알고 있었다. 그는 이것이 잘못된 결정으로 판명되면 자신의 감독 경력과 허스키스 팀의 모두가 내리막길을 걷게 될 것이라고 생각했다.

허스키스 선수들이 휴가에서 복귀했을 때 네이버스는 일주일에 이틀 휴식을 실시한다고 발표했다. 당시 다른 팀의 감독들은 선수들을 조금이라도 더 연습시키기 위해 혈안이 돼 있는 상태였다.

네이버스의 이 결정은 바로 거센 비판에 직면했다. 같은 대학 남자농구팀 코치들로부터는 네이버스의 팀이 시도도 하지 않고 포기한다는 비판을 받기도 했다. 네이버스가 자신의 멘토들에게 이 결정에 대해 말하자 그들은 그러다 해고될 수도 있다며 걱정했다. 네이버스가 선발한 선수 중 최고였던 1학년생 켈시 플럼Kelsey Plum은 "지금도 연습 시간이 부족하다고요. 이건 정말 이상한 결정이에요. 효과가 없을 겁니다"라고 말하며 반발하기도 했다.

하지만 이 결정이 시행되자 플럼은 생각을 바꿨다. 나머지 선수들도 이 결정에 따른 변화를 감지하면서 네이버스의 결정을 확실히 지지하게 됐다. 당시 허스키스는 서열 3위였던 스탠퍼드대학 팀과의 시합을 한 달 앞두고 있었다. 스탠퍼드대학 팀은 그 전해에 35점 차이로 허스키스에 패배를 안긴 팀이었고, 그해에도 연승 가도를 달리고 있던 팀이었다. 그로부터 한 달 후 허스키스는 TV로 중계된 스탠퍼드대학 팀과의 경기에서 사람들의 예상을 깨고 87 대 82로 승리를 거뒀다.

허스키스의 승리는 단 한 번으로 그친 우연이 아니었다. 허스키스는 그 시즌 내내 좋은 성과를 냈고, WNIT(대학 여자농구 토너먼트)에 출전해 준준결승에서 패할 때까지 연승가도를 달렸다. 네이버스는 그 다음 시즌에서는 허스키스를 NCAA 토너먼트로 복귀시켰다. 그로부터 1년 뒤 허스키스는 최종 4강에 진출했다. 네이버스가 선발한 선수들이 4학년이 됐을 때 허스키스는 미국에서 가장 강한 팀 중 하나가 됐고, 29승 6패를 기록하며 16강에 진출했다. 그리고 허스키스는 해가 갈수록 성적이 좋아졌다.

이 선수들이 졸업했을 때 네이버스는 모교인 아칸소대학의 스카우트 제안을 받아들여 레이저백스Razorbacks의 감독이 됐다. 네이버스는 레이저백스 선수들에게도 일주일에 이틀을 휴식하도록 했고, 레이저백스는 그때부터 4년 동안 팀 역사상 최고의 성적을 기록했다.

네이버스가 맡았던 팀들은 일주일에 하루를 더 휴식했지만 경쟁력이나 성과가 떨어지거나 않았고 오히려 승률이 더 높아졌다.

하루를 더 쉬게 한 결정은 승률만 높인 것이 아니었다. 이 결정으로 선수들은 다른 기회들을 모색할 수 있는 여유도 더 많이 가질 수 있게 됐고, 그에 따라 다양한 경기 기법을 탐색할 수 있게 됐다. 대학을 졸업하고도 선수들은 오랫동안 농구 선수 시절 일주일에 하루를 더 휴식해 얻은 것들의 도움을 받았다.

단 하루의 차이가 이런 놀라운 효과를 나타낸 것이다.

WNBA 진출을 목표로 하는 플럼 같은 선수들은 그 하루를 농구가 아닌 운동을 하면서 자신의 몸을 보살피고 단련시켰다. 플럼은 역대 최고의 대학 여자 농구선수 중 한 명이 됐고, 2017년 WNBA 드래프트에서 가장 높은 순위를 기록했다.

남는 하루에 공부를 해서 교과 성적을 올린 선수들도 있었다. 그 하루가 선수들이 졸업한 뒤 일자리를 구하는 데에도 도움을 준 것이었다. 그 시간에 공인중개사 자격증을 딴 학생도 있었다. 이 학생은 졸업 후 시애틀 지역에서 가장 성공적인 고급 주택 중개인이 됐다. 그 하루를 이용해 나이키에서 인턴을 한 학생도 있었는데, 이 학생은 졸업 후 나이키에 입사해 빠르게 승진을 거듭했다.

대부분의 사람들은 (특히 스포츠 분야에서) 성공하기 위해서는 한 가지 생각만 해야 한다고 믿는다. 사람들은 백업 플랜이 있으면 실패하기 쉽다고 생각한다. 하지만 네이버스는 이런 생각을 완전히 뒤집은 사람이다. 네이버스가 지도하던 선수들 대부분은 추가적인 하루의 휴식을 이용해 백업 플랜을 세웠고, 네이버스의 팀들은 모두 더 좋은 성과를 냈다.

기회를 다양화하라

네이버스가 선수들이 하루 더 쉴 수 있게 만든 결정을 한 것은 부상을 줄이기 위해서였다. 하지만 선수들은 그 하루를 자신의 관심 분야, 능력 그리고 기회를 다양화하는 데에도 사용했다. 이런 선수들의 행동은 개미들의 행동과 비슷하다. 개미들은 계속 탐색을 함으로써 군집의 먹이 포트폴리오를 다양화하기 때문이다. 개미들은 이런 다양화를 통해 운이 나빠질 때를 대비한다. 개미들은 현재의 먹이가 소진되거나 없어질 때 이런 다양화를 통해 이미 탐색해놓은 다른 먹이를 활용한다.

다양화의 효과는 주식 투자를 할 때 확실하게 나타난다. 투자자들은 개미들과 똑같은 이유, 즉 투자한 주식 중 일부가 폭락했을 때 그 주식이 전체 주식 포트폴리오에 미치는 영향을 줄이기 위해서 포트폴리오를 다양화한다.

다양화는 주식 투자자나 개미에게만 도움이 되는 것이 아니다. 누구라도 관심분야와 능력, 그리고 기회를 다양화함으로써 불확실성으로 인한 피해를 줄일 수 있다.

상황이 어떻게 진행될지에 대한 불확실성이 전혀 없다면 다양화를 할 필요도 없을 것이다. 먹이가 항상 같은 자리에 있다면 문제가 될 일도 전혀 없을 것이다. 어떤 주식이 기대가치가 가장 높을 것이라고 확신할 수 있다면 포트폴리오는 그 주식만으로 구성하면 된다. 가장 좋은 일을 한번 선택한 후 그 일을 계속하면 된다.

하지만 현실은 그렇지 않다. 그렇기 때문에 다른 회사 인사 담당자들과 계속 관계를 유지해야 하는 것이다. 탐색을 위한 대화를 계속함으로써 당신은 회사가 경쟁력을 잃거나, 정리해고를 하거나, 현재의 직장에 만족하지 않을 때 도움을 받을 수 있다.

의도적이지는 않았지만, 나는 내 포트폴리오에 포커가 있었기 때문에 대학원을 쉬어야 할 때 그것에 의존할 수 있었다. 스튜어트 버터필드도 포트폴리오에 플리커와 슬랙이 있었기 때문에 네버엔딩 게임과 글리치 게임을 포기한 뒤에도 빠르게 회복을 할 수 있었다.

우리는 우리가 어떤 포트폴리오를 가지고 있든 최대한 관심 분야와 능력 그리고 기회를 다양화해야 한다.

삶에서 다양화를 할 수 있는 방법은 수없이 많다. 예를 들어 직장 생활을 하면서 업무에 지장을 주지 않는 선에서 다양한 교육이나 훈련 프로그램에 참가해 자신이 할 수 있는 다른 일들을 탐색하는 것도 좋은 다양화 방법 중 하나다.

다른 일들을 탐색하는 것은 여러 가지 측면에서 도움이 된다. 선택할 수 있는 일자리와 직장의 범위가 늘어나며, 직장이 어떤 이유로 없어질 경우에도 다른 직장으로 옮길 수 있는 가능성도 높아진다.

다양화를 함으로써 현재 하고 있는 일과는 전혀 다른 일을 할 수 있는 능력을 새롭게 발견할 수도 있다. 포트폴리오에 새로운 능력을 추가하고, 탐색을 통해 그 능력을 발전시킨다면 그 능력이 필요한 새로운 일을 더 쉽게 전환할 수 있다.

교육에도 다양화가 필요하다. 하나의 전공만을 생각하고 대학에 들어가서는 안 된다. 미래의 경력에 도움이 될 수 있는 여러 가지 전공을 생각해야 한다. 어떤 강의를 들을지 선택할 때도 최대한 많은 전공에 도움이 되는 강의를 선택하는 것이 좋다. 그렇게 함으로써 개발할 수 있는 능력을 최대한 다양화해야 한다. 최종적으로 전공을 선택할 때도 미래에 가장 기회를 많이 제공할 수 있는 전공을 선택해야 한다.

대학 1학년 때는 최대한 다양한 전공들을 탐색해야 한다. 개인적인 관계에서도 탐색 기간(데이트 기간)이 있어야 어떤 사람을 최종적으로 평생의 파트너로 선택할 때 더 좋은 선택을 할 수 있다. 교육을 받을 때도, 취미 생활을 할 때도, 직장생활을 할 때도, 언제나 탐색 기간은 필요하다.

다양화를 하면 어떤 것을 어쩔 수 없이 그만두어야 할 때 피해를 최소화할 수 있을 뿐만 아니라, 더 이상 가치가 없는 것을 그만두는 결정도 더 합리적으로 할 수 있다. 그만두는 결정은 당신이 목표를 향해 전진하고 있다는 것을 아는 상태에서 더 쉽게 할 수 있기 때문이다.

다양한 선택지를 가지게 되면 당신을 그만두지 못하게 만드는 불확실성을 상당 부분 제거할 수 있다.

필립스의 사례는 목표가 무엇인지 알고 있을 때 어떻게 그만두는 것이 쉬워지는지 잘 보여준다. 필립스 형제는 이미 100여 년 전에 혁신 연구소를 세워 새로운 제품과 기술을 개발함으로써 포트폴리오를 다양화했다. 이 혁신 연구소는 후에 필립스가 의료기술 전문기업으로 변신할 수 있는 발판이 됐다. 제품 포트폴리오를 계속 다양화했기 때문에 필립스는 핵심 비즈니스였던 조명기기 부문 사업을 포함해 전망이 없는 다른 사업들을 접고, 그동안 탐색해온 더 좋은 사업 기회를 잡을 수 있었다.

그만두기를 쉽게 만들 수 있는 다른 모든 것들이 그렇듯이, 포트폴리오를 다양화한다고 해서 어떤 것을 그만두고 어떤 것을 계속 추구할지 더 잘 결정할 수 있게 되는 것은 아니다. 시어스는 포트폴리오를 다양화했지만 무너지고 있는 소매 부문을 살리기 위해 수익성과 성장성이 높은 금융 서비스 부분을 포기했다.

그럼에도 불구하고 다른 기회를 갖는 것이 무엇을 그만두고 무엇을 계속 추구할지에 관한 결정을 더 잘할 수 있게 만드는 것만은 사실이다. 새로운 기회들을 계속 탐색함으로써 포트폴리오를 다양화하는 것은 하던 일을 어쩔 수 없이 그만두어야 할 때, 현재 하고 있는 일이 더 이상 추구할 가치가 없어질 때 더 좋은 기회를 발견하도록 도움을 준다.

그만두려고 하는 이유가 무엇이든, 우리는 백업 플랜이 플랜 A가 되는 경우가 많다는 것을 항상 염두에 두어야 한다.

거대한 퇴직과 그레이트 리오프닝

2020년 3~4월에 미국을 강타하기 시작했던 코로나 팬데믹으로 엄청나게 많은 사람들이 어쩔 수 없이 일을 그만두는 상황이 발생했다. 그 두 달 사이에 약 2,000만 명이 일자리를 잃었다. 하루에 100만 명이 일자리를 잃기도 했다.

소매업, 숙박업, 외식업에 종사하던 미국인 약 2,800만 명이 짧은 시간 안에 일자리를 잃었다. 손님이 없었기 때문이다. 이 분야의 수많은 기업과 업소가 폐업 또는 휴업을 했다. 다른 분야의 수많은 기업과 업소도 임시 휴업을 하거나 직원들을 임시 해고해야 했고, 남은 직원들의 근무시간도 크게 줄여야 했다. 2020년 말이 되자 상황의 불확실성은 훨씬 더 높아졌다.

사람들이 다시 호텔과 식당 같은 업소들에 편안하게 가게 됐을 때, 우리는 이 업소들에서 임시 해고된 사람들이 직장에 복귀하려 할 것이라고 생각했다. 하지만 놀라운 일이 일어났다. 2021년 4월에 엄청나게 많은 사람들이 스스로 직장을 그만두는 일이 발생한 것이었다.

'거대한 퇴직Great Resignation현상'이 시작된 것이었다.

2021년 4월 자발적으로 직장을 그만둔 사람은 거의 400만 명에 이르렀다. 이 수치는 노동통계국이 2001년에 처음 집계를 시작한 이래 가장 높은 수치였다. 가장 많은 사람들이 그만둔 분야는 서비스업 분야, 즉 팬데믹이 시작됐을 때 가장 많은 사람들이 일자리를 잃었던 분야였다. 130만 명이 넘는 사람들이 이 분야에서 자발적으로 퇴사했다. 2021년 4월 한 달 동안 서비스 분야 종사자 20명 중 한 명 정도가 그만둔 셈이었다.

5월에도 4월에 일을 그만둔 서비스 분야 종사자만큼 많은 수의 사람들이 일을 그만뒀다. 6월에는 더 많은 사람들이 그만뒀고, 이 기록은 7월과 8월에도 계속 갱신됐다.

왜 팬데믹 기간 동안 일자리를 잃었던 수많은 사람들은 다시 일자리를 찾은 후에 그만두는 선택을 했을까?

그만둔다는 결정에 대해서 이 책에서 살펴본 것들을 기초로 하면 다음과 같은 추측이 가능하다.

첫째, 팬데믹이 시작됐을 때 일자리를 잃은 사람들은 생계를 유지하기 위해 어쩔 수 없이 대안을 찾아야 했다. 이들은 팬데믹 상황이 아니었다면 고려하지도 않았을 대안들을 찾게 되면서 상황을 더 정확하게 인식하게 되고, 그동안 관심을 가지지 않았던 기회들을 볼 수 있게 된 것이었다.

둘째, 팬데믹 상황은 자신이 하고 싶은 일이 무엇인지 다시 생각하게 만들었다. 마야 샹카르도 어쩔 수 없이 바이올린을 그만두게 되면서 자신이 바이올린 연주의 솔로 파트를 싫어한다는 사실을 새삼스럽게 인식하게 됐다. 직장에 출근하는 것이 좋을까, 아니면 원격으로 일하는 것이 좋을까? 자유롭게 시간을 선택해 일하는 것이 더 좋지 않을까? 내가 정말 지금 하고 있는 일을 좋아하고 있는 것일까? 그 일이 내게 성취감을 주는 일인가? 나를 더 행복하게 만들 수 있는 다른 일이 있지 않을까? 사람들은 이런 질문을 자신에게 했을 것이다. 사람들은 늘 이런 질문을 스스로에게 던지지만, 그 질문에 대해 진지하게 생각하기 시작하는 것은 어쩔 수 없이 그만두고 나서다.

셋째, 어떤 직장에 고용될 때 사람들은 심리적인 계좌를 열지만, 어쩔 수 없이 그만두어야 할 때는 그 계좌를 닫아야 한다. 하지만 한번 열어놓은 심리적인 계좌를 닫는 일은 쉬운 일이 아니다. 심리적인 계좌를 닫는 것은 실패를 인정하는 일이고, 자신이 부족했다는 것을 인정하는 일이며, 포기를 인정했다는 일이라고 생각하기 때문이다. 심리적인 계좌를 닫는 것을 방해하는 인지편향들도 수없이 많다. 하지만 팬데믹 때문에 어쩔 수 없이 일자리를 잃어야 했던 사람들은 이 심리적인 계좌를 완전히 닫을 수 있었다.

이 상황은 우리가 계속 굴리면서 덩치를 키웠던 덩어리가 다시 작아지는 상황이라고 할 수 있다. 우리는 새로운 영역에 진입하면서 탐색을 하는 개미들과 비슷한 상황에 놓이는 것이다.

팬데믹으로 일자리를 잃게 된 사람들은 이 덩어리가 작아졌기 때문에 "내가 지금 하고 있는 일을 정말 좋아하고 있는 것일까?"라고 스스로에게 더 쉽게 질문할 수 있었을 것이다. 그리고 이 질문에 대한 더 합리적인 답을 찾기가 더 쉬웠을 것이다. 그 상황에서는 어쩔 수 없이 대안을 찾아야 했기 때문이다. 이들 중 많은 사람은 자신이 하던 일을 계속하기를 원하지 않았고, 다른 기회를 찾고 싶어 했던 것으로 보인다.

사람들이 다른 일을 하려면 다른 기회가 존재해야 한다. 다행히 거대한 퇴직 현상은 그레이트 리오프닝Great Reopening이라는 형태로 다른 기회를 제공했다. 일상이 회복되면서 직장들이 다시 사람들을 고용하게 됨에 따라 비약적으로 일자리가 늘어났다. 다른 일을 하고 싶었던 수많은 사람들에게 기회가 생기기 시작한 것이었다.

그레이트 리오프닝으로 인해 다른 일을 찾는 사람들은 더 다양한 기회를 가질 수 있게 됐다.

그레이트 리오프닝으로 다양한 분야에서 새로운 일자리들이 점점 더 많이 생겨났다. 그러나 일을 그만두거나 다른 일로 전환한 사람들은 주로 팬데믹 초기에 일자리를 잃었던 사람들이었다. 파업이 끝나 폐쇄됐던 역들이 다시 문을 열었을 때의 런던지하철 이용자들처럼, 일자리를 잃었던 사람들은 직장에 복귀하고 나서도 탐색을 계속했다.

이들이 얻은 교훈은 개미들의 행동에서 얻을 수 있는 교훈과 같다. 그 교훈은 "어쩔 수 없이 그만두기 전에 대안을 모색하라"이다.

기본적으로 우리는 어떤 일을 할 때 그 일에 집중하느라 다른 일들에 대해 거의 생각하지 않는다. 우리는 다른 기회들을 탐색하지 않을뿐더러 그 기회들이 코앞에 있는 것도 알아채

지 못한다. 근시안적인 사고를 하기 때문이다. 우리는 활용 가능한 다른 기회들을 보지 못하는 데다, 그만두기를 어렵게 만드는 요인들의 영향을 받기 때문에 다른 일로 잘 전환하지 못한다. 다른 기회들이 존재한다는 것을 알지도 못하는데 어떻게 다른 일로 전환할 수 있겠는가?

다음 장에서는 이런 근시안적인 시각에 대해 다룰 것이다.

10장에서
이것만은 꼭 기억해두기!

- 어쩔 수 없이 그만두어야 하는 상황은 안 좋은 상황인가? 그렇지 않다. 그런 상황은 우리가 새로운 대안과 기회를 찾게 해준다. 하지만 더 좋은 상황을 만들 수도 있다. 어쩔 수 없이 그만두어야 하는 상황이 오기 전 미리 새로운 대안과 기회를 탐색해보라.

- 계속 추구하고 싶은 길을 발견하고 나서도 탐색은 계속해야 한다. 상황은 변하기 마련이고, 당신이 현재 가고 있는 길이 미래에는 최선의 길이 아닐 수도 있다. 더 많은 대안을 가진다면 적절한 시점에 다른 일로 쉽게 전환할 수 있다.

- 탐색은 능력, 관심분야 그리고 기회를 다양화하는 데 도움이 된다.

- 포트폴리오 다양화는 불확실한 상황에 대처하는 데 도움이 된다.

- 백업 플랜은 세우는 게 좋다. 때로는 백업 플랜이 현재 우리가 추구하고 있는 일보다 더 나은 일이 되기 때문이다.

11장

목표에 대한 근시안적 시각

2019년 런던 마라톤 대회는 4만2,000여 명이 42.195킬로미터를 완주한 역대 최대 규모의 마라톤 대회였다. 참가자가 많았기 때문에 이 대회에서는 흥미로운 이야기가 수없이 펼쳐졌고, 특이한 성취를 이룬 사람들도 많았다. 또한 이 대회에서는 기네스 기록만 38개가 갱신되기도 했다.

기네스 기록 중에는 "남녀 두 사람이 수갑을 같이 차고 완주하기", "크리스마스트리 분장을 하고 완주하기(남자)", "나무 분장을 하고 완주하기(남자)" 등이 있었는데, 재미있는 것은 나무 분장을 하고 완주한 사람이 크리스마스트리 분장을 하고 완주한 사람보다 4분 늦게 들어왔다는 사실이다.

이런 이야기 중에서 주목할 만한 것이 있다. 시오반 오키프 Shiobhan O'Keeffee이라는 사람의 완주 이야기다. 이 대회를 위해 4개월 동안 준비했던 오키프의 목표는 5시간 안에 결승선을 통과하는 것이었다. 하지만 6킬로미터 정도 달렸을 때 발목이 아프기 시작했고, 통증은 계속 심해졌다. 그럼에도 불구하고 오키프는 몸이 보내는 신호를 무시한 채 계속 달렸다.

그 상태에서 그는 6킬로미터를 더 달렸고, 결국 종아리뼈가 반으로 쪼개졌다.

오키프는 왜 다리가 부러질 때까지 통증을 참으면서 계속 달렸을까?

사람들은 마라톤을 준비해온 사람이 12킬로미터 지점에서 다리가 부러질 것을 스스로 알고 있었다면 애초에 경기에 참가하지도 않았을 것이라고 생각할 것이다. 경기에 참가했는데 통증을 느꼈다면 다리가 부러지기 전에 포기할지 말지 사람들에게 물어보자. 그 답은 분명히 "그럴 것이다"일 것이다.

하지만 다리가 부러졌을 때 오키프는 사람들의 일반적인 생각에서 벗어나는 행동을 했다. 그 뒤의 행동은 더 이상했다.

의료요원들은 오키프에게 달리기를 멈춰야 한다고 말했다. 종아리뼈가 반으로 쪼개진 환자에게 할 수 있는 당연한 조언이었다. 하지만 오키프는 조언을 거부하고 계속 달렸다. 그는 극도의 고통을 참으면서 나머지 30킬로미터를 달려 6시간 14분 20초 만에 결승선을 통과했다.

사람들은 이런 일이 비정상적인 일이며, 이런 일을 한 사람은 오키프밖에 없을 것이라고 생각할 것이다. 하지만 이런 일은 사람들이 생각하는 것처럼 드물게 일어나지 않는다. 실제로 같은 날 같은 마라톤 대회에서, 오키프의 종아리뼈가 쪼개진 바로 그 지점에서 다른 참가자의 다리가 부러지는 일이 발생했다. 이 참가자도 나머지 30킬로미터를 달려 결승선을 통과했다. 스티븐 퀘일Steven Quayle이라는 사람이었다. 퀘일은 12킬로미터 지점에서 물병을 밟고 넘어져 오른쪽 발과 종아리 그리고 엉덩이를 다쳤다. 퀘일은 26킬로미터 지점에서 멈춰 의료요원의 도움을 받은 뒤 4~5번을 더 멈췄지만 결국 3시간 57분 33만에 결승선을 통과했다.

그로부터 4주 후에 열린 에든버러 마라톤 대회에서도 마이크 루이스코플런드Mike Lewis-Copeland라는 사람이 26킬로미터 지점에서 종아리뼈가 부러지는 부상을 당했다. 하지만 그는 생애 처음 느끼는 엄청난 통증을 견디면서 다친 다리를 질질 끌고 16킬로미터를 더 달렸고, 4시간 20분 만에 결승선을 통과했다.

2014년 런던 마라톤 대회에서는 그레이엄 콜본Graham Colborne이 5년 후 스티븐 퀘일이 한 부상과 비슷한 부상을 당했다. 콜본도 12킬로미터 지점에서 물병을 밟고 넘어져 다리가 부러졌지만 극도의 통증을 참으면서 나머지 30킬로미터를 달려 결승점을 통과했다.

구글 검색을 해보면 이와 비슷한 일이 여러 번 있었다는 것을 알 수 있다. 2012년 대런 올리버Darren Oliver는 1.6킬로미터 지점에서 다리가 부러졌지만 극심한 고통을 참고 완주에 성공했다. 2021년에 열린 한 마라톤 대회에서는 앤지 홉슨Angie Hopson이라는 사람이 출발할 때부터 고통을 느꼈고 달리면서 통증이 더 심해졌다. 통증 때문에 홉슨은 9.6킬로미터 지점에서 잠시 멈추긴 했지만, 결국 그녀는 다친 다리로 6시간 만에 결승선을 통과했다.

장거리 달리기를 하는 사람들에게는 이런 부상이 흔하게 발생한다. 이들 중 일부는 고통을 참으면서 계속 달림으로써 상태가 더 안 좋아지거나 더 심각한 통증을 유발하는 부상을 당하기도 한다. 그렇게 계속 달림으로써 이들은 미래에 훈련하고 경기에 참가할 수 있는 기회를 잃게 되기도 한다. 이들은 자신이 가장 좋아하고 중요하게 생각하는 일을 하지 못하게 될 수 있음에도 불구하고 계속 달린 사람들이다. 올리버와 홉슨은 부상을 당한 상태에서 끝까지 달린 결과로 오랫동안 마라톤 연습을 하지 못하게 된 것에 대해 매우 큰 아쉬움을 표시했다. 2019년 런던 마라톤 대회에서 완주한 뒤 에든버러 마라톤 대회에서 종아리뼈 부상을 입은 루이스 코플런드는 에든버러 마라톤 대회에서 입은 부상 때문에 재활 치료를 받느라 그해 참가 예정이었던 6개 대회에 참가하지 못한 것을 아쉬워했다.

이 사람들은 왜 다리가 부러질 때까지 고통을 참으면서 계속 달렸을까? 다리가 부러진 다음에도, 미래의 마라톤 경기에 참가하기 힘들어질 것이라는 것을 알면서도 왜 계속 달렸을까?

거기에 결승선이 있기 때문이었다.

결승선이라는 존재는 매우 이상한 존재다. 결승선은 통과하거나 통과하지 못하거나 둘 중 하나이기 때문이다. 성공과 실패 두 가지 경우밖에는 없다. 그 둘의 중간은 존재하지 않는다. 결승선을 향해 얼마나 전진했는지는 중요하지 않다.

지금까지 다룬 마라톤 대회 참가자들의 행동은 왜 우리가 그만두어야 하는 확실한 상황에서도 그만두지 못하는 잘못된 결정을 하는지 설명해준다. 사람들은 경주를 시작하면 결승선

통과 여부로만 성공을 평가한다. 다리가 부러진 상태에서도 이 마라톤 대회 참가자들이 중간에 그만두지 않고 고통을 참으면서 완주하는 선택을 한 이유가 바로 여기에 있다.

성공 아니면 실패라는 인식의 문제

우리는 목표 설정의 장점을 잘 알고 있다. 목표 설정은 방향 설정이자 추구해야 할 대상의 설정이다. 목표는 상황이 어려워질 때 용기를 가지고 버틸 수 있게 만든다. 이루기 어렵지만 구체적인 목표를 설정하면 모호하고 일반적인 목표를 설정할 때보다 더 열심히 노력하게 된다는 연구결과도 수없이 많다. "일주일에 25킬로미터를 뛰겠다", "다음 학기에는 학점을 0.5점 올리겠다" 같은 구체적인 목표를 설정하면 "더 많이 뛰겠다", "더 열심히 공부하겠다" 같은 목표를 설정할 때보다 더 많은 진전을 이룰 수 있다.

하지만 목표 설정에는 단점도 있다. 이미 짐작하고 있을지도 모르지만, 확실하게 결승선을 설정하는 것에는 몰입상승 가능성이 높아지는 위험이 따른다.

와튼스쿨의 모리스 슈바이처Maurice Schweitzer와 애리조나 대학의 리자 오르도녜스Lisa Ordóñez는 맥스 베이저먼Max Bazerman, 애덤 갈린스키Adam Galinsky, 밤비 두마Bambi Douma 등의 학자들과 함께 목표 설정의 단점에 대한 연구를 진행했다. 이들의 연구결과에 따르면 목표설정에는 수많은 단점이 있으며, 그 단점 중 일부는 그만두는 결정을 합리적으로 하는 것을 방해한다. 특히 이들은 목표에는 성공 아니면 실패라는 두 가지 속성밖에 없으며, 유연성이 없다는 점을 지적했다. 또한 이 연구결과에 따르면 목표 추구 행동은 사람들이 활용 가능한 다른 기회들을 무시하게 만든다.

이 연구결과의 핵심은 목표가 우리를 더 끈기 있게 만들 수는 있지만 끈기가 항상 미덕은 아니라는 발견에 있다. 앞에서 이미 살펴보았듯이, 끈기는 가치 있고 어려운 일을 계속하게 만들지만 더 이상 가치가 없는 일에 끊임없이 집착하게 만들기도 한다.

목표가 계속해서 결승점에 집중하도록 만들고 전진할 수 있도록 용기를 준다는 것은 부분적으로는 맞는 말이다. 하지만 목표의 바로 그 속성이 나쁜 상황에서 그만두기 힘들게 만들기도 한다.

그 이유는 목표가 성공 아니면 실패라는 두 가지 잣대로만 평가된다는 데 있다.

목표의 이런 속성이 왜 진전을 방해하고 몰입상승을 일으키는지 이해하기 위해 사고실험을 하나 해보자. 아예 처음부터 마라톤 경기에 참가하지 않는 것과 참가했지만 26킬로미터 지점에서 포기하는 것 중 어떤 쪽이 더 좋지 않게 느껴질까? 전자의 경우는 마라톤 연습을 하지도 않고, 경기에 참가하지도 않고, 결승선을 통과하지도 않는 경우다. 후자의 경우는 연습을 하고 경기에 참가했지만 26킬로미터 지점에서 포기하는 경우다.

나는 대부분의 사람들이 후자의 경우를 더 안 좋게 생각한다고 본다. 사람들은 연습을 한 뒤 42.195킬로미터 중 26킬로미터를 달리다 포기하는 것이 아예 마라톤 경기에 참가하지 않는 것보다 더 좋지 않다고 느낄 것이다.

그렇게 느끼는 이유는, 아예 처음부터 경기에 참가하지 않았다면 목표를 설정하지도 않았기 때문에 결승선 통과에 실패하는 일도 없을 것이라고 생각한다는 데 있다.

성공 아니면 실패라는 목표의 속성이 진전을 방해하는 이유는, 그 속성이 결국 성공하지 못할 거라는 두려움을 가진 사람들이 애초부터 시작을 하지 않게 만든다는 데 있다. 훈련을 한 뒤 26킬로미터를 달린 사람은 아예 훈련도 하지 않은 사람보다 더 건강할 것이 확실하다. 목표가 건강해지는 것이라면 마라톤을 시도한 사람은 그렇지 않은 사람에 비해 훨씬 더 목표에 가까워진 상태라고 할 수 있다.

하지만 사람들은 중도에 포기하는 것에 대한 두려움 때문에 아예 시작도 하지 않으려 하는 경우가 많다.

이런 맥락에서 리처드 탈러는 이런 말을 한 적이 있다. "올림픽에서 금메달 외에 메달이 없다면 사람들은 아예 처음부터 운동을 시작하지 않으려 할 것이다."

사람들은 일단 목표를 설정하면 그 목표를 기준으로 스스로를 평가한다. 마라톤을 예로 들면, 사람들은 42.195킬로미터를 완주하지 못하면 실패했다고 생각한다. 목표는 이런 식으로 몰입상상 현상을 가속화한다. 사람들은 결승선을 통과하지 못하면 성공으로 인정하지 않는다. 사람들은 세상에서 무슨 일이 일어나든, 몸 안에서 무슨 일이 일어나든 상관없이 그렇게 생각한다. 또한 사람들은 실패했다는 느낌을 갖고 싶어 하지 않는다.

그래서 사람들은 다리가 부러질 때까지 결승선을 향해 계속 달린다.

사람들은 지고 있을 때 심리적인 계좌를 닫는 것을 싫어하는데, 목표의 성공 아니면 실패라는 속성은 그 상황을 더 악화시킨다. 사람들은 목표를 설정하는 순간부터 자신이 목표와 멀리 떨어져 있다고 느끼기 시작한다. 출발선에서 달리기 시작하는 순간부터 사람들은 자신이 결승선에 미치지 못하고 있다는 생각을 한다.

경제학자들은 어떤 일을 시작했을 때를 기준으로 현재 상태에서의 이득 또는 손실을 논한다. 하지만 목표에 대한 사람들의 인식은 경제학자들이 말하는 이득 또는 손실 개념과는 거리가 매우 멀다.

사람들은 자신의 마음 상태에 따라 손실 여부를 판단한다. 즉, 사람들은 어떤 일을 시작했을 때를 기준으로 매우 많은 것을 이루고도 이득을 봤다고 생각하지 않는다. 사람들은 자신을 출발선에서 얼마나 멀리 왔는지를 기준으로 판단하지 않기 때문이다. 사람들은 자신을 결승점에서 얼마나 떨어져 있는지를 기준으로 평가한다.

손실을 입고 있을 때 사람들은 심리적인 계좌를 닫으려 하지 않기 때문에 결승선까지 계속 달려간다. 다리가 부러지려고 해도, 부러지고 나서도 사람들은 계속 달려간다.

사람들은 에베레스트산 정상을 100미터 앞두고 하산할 때 실패했다고 느낀다. 존 크라카워가 책에서 다룬 1996년의 에베레스트 원정 1년 전인 1995년에 롭 홀과 더그 핸슨이 그랬을 것이다. 그 당시 핸슨은 8,500미터를 올라왔다는 사실을 중요하게 생각하지 않았을 것이다. 그 사실을 중요하게 생각할 수 있는 사람은 거의 없다.

핸슨은 1995년에 에베레스트산 정상 바로 밑에서 하산해야 했을 때 느낀 열패감에 대해 크라카워에게 이렇게 털어놨다. "정상이 바로 코앞이었습니다. 그 후로 나는 하루도 그날을 떠올리지 않은 적이 없습니다."

그날 홀은 핸슨에게 나중에 다시 시도하자고 설득해 하산했지만, 그 두 사람 모두는 실패했다는 느낌을 떨칠 수 없었다. 그 후 이들은 심리적인 계좌를 새로 열었다. 다시 도전하기로 한 것이었다. 이들은 두 번째 시도로도 정상에 오르지 못한다면 또다시 실패하는 것이라고 생각했다.

이번에는 핸슨이 결승선을 통과하게 해주어야 한다는 의무감을 느낀 홀은 원정대장으로서의 침착함과 냉철함을 잃고 정상에서 핸슨이 도착하기를 두 시간 동안이나 기다렸다. 홀은 자신이 설정한 반환시간을 크게 넘기면서까지 핸슨을 기다린 것이다. 그리고 그 둘은 결국 비극적인 최후를 맞았다.

목표를 향해 가는 과정에서의 진전 자체가 중요함에도 불구하고 사람들은 목표에 대해 성공과 실패 차원에서만 생각한다. 사람들은 '부분적인 진전'은 중요하게 생각하지 않는다.

요약해보자. 목표에 대해 성공과 실패 차원에서만 생각하는 것은 진전을 방해하고, 몰입을 상승시키며, 과정에서의 부분적인 진전을 성공으로 생각하지 않도록 만든다.

문제는 결승선이 매우 자의적인 개념이라는 데 있다.

5킬로미터 단축 마라톤 대회에서 5킬로미터를 완주한다면 성공하는 것이다. 하지만 하프 마라톤 대회에서 5킬로미터를 달리다 그만두면 실패한 것으로 여겨진다. 하프마라톤 대회에서 21.0975킬로미터를 완주하면 성공으로 여겨지지만, 42.195킬로를 달려야 하는 풀코스 마라톤 대회에서 21.0975킬로미터를 달리다 그만두면 실패한 것으로 여겨진다. 또한 울트라 마라톤 대회에서 42.195킬로미터를 달리다 그만둬도 실패로 간주된다.

2006년 동계올림픽 이후 3년 동안 사샤 코언이 불행한 삶을 살았던 이유는 사샤가 성공 아니면 실패라는 생각을 가지고 있었기 때문이다. 사샤의 결승선은 2006년 동계올림픽에서 금메달을 따는 것이었다. 하지만 사샤는 롱 프로그램에서 넘어져 금메달을 따지 못했고, 은메달에 그침으로써 자신이 설정한 결승선을 통과하지 못했다고 생각했다.

사샤는 금메달 획득이라는 목표를 설정했기 때문에 은메달을 따는 것은 의미가 없다고 생각했다. 피겨스케이팅 공연을 하면서 불행하다고 생각했던 사샤가 피겨스케이팅을 그만두지 못한 것은 2010년 동계올림픽에서 자신이 설정한 목표를 달성해야 한다는 생각을 했기 때문이다. 사샤는 나이가 많은 상태에서 참가한 2010년 동계올림픽 선수 선발전에서 탈락한 뒤에야 어쩔 수 없이 피겨스케이팅에 대한 심리적인 계좌를 닫았다. 그 시점이 돼서야 사샤는 성공과 실패로만 평가되는 목표 달성의 부담감에서 벗어나 자유로움을 느꼈다.

목표 설정이 긍정적인 효과를 내는 것은 사실이다. 하지만 목표는 그 목표가 더 이상 추구할 가치가 없어졌다고 알려주는 확실한 신호들을 무시하게 만들기도 한다. 또한 목표 달성이 성공과 실패로만 평가될 때 사람들은 애초에 일을 시작하려고 하지 않거나, 목표가 무엇이든 거기에만 집착하는 성향을 보인다.

그만두는 선택은 불확실한 상황에서도 쉽게 할 수 있다는 장점이 있다. 경주를 시작하든, 등반을 시작하든, 사업을 시작하든, 관계를 시작하든 어떤 결정을 할 때 우리는 확률이 지배하는 세상에서 불완전한 정보를 가지고 결정을 내려야 한다. 운의 영향도 받는다. 세상도 변하고, 우리도 변한다.

우리는 어떤 행동을 선택하든, 어떤 믿음을 선택하든 나중에 언제든지 마음을 바꿀 수 있다. 우리가 마음을 바꾸려고 할 때는 처음에 결정을 했을 때 가지고 있던 정보보다 훨씬 더 좋은 정보를 얻었을 때다.

하지만 그만두는 선택은 실제로 우리가 그 선택을 해야만 도움이 된다. 문제는 우리가 그만두는 선택을 하지 않는다는 데 있다. 그만두는 선택을 하지 않는 이유는 우리가 어떤 일을 시작하는 것과 동시에 자신이 실패하고 있다고 생각하기 때문이다. 목표를 완벽하게 달성하지 못하고 있을 때 우리는 목표 달성을 위한 과정에서 이룬 진전은 중요하지 않다고 생각한다.

다리가 부러져도 사람들이 결승선을 향해 계속 달리는 이유가 여기에 있다.

변화하는 세상에서 변하지 않는 것들

목표 달성을 성공과 실패의 두 가지 차원으로만 평가하는 문제는 사람들이 일단 목표를 설정하면 그 목표를 다른 관점에서 생각하지 않는다는 사실에 의해 더 악화된다. 사람들은 목표를 설정해놓고는 그 목표에 대해 망각할 때가 많다. 결승선이 고정되는 것이다. 목표에 대해 성공과 실패의 두 가지 차원에서만 생각하는 사람들은 한번 목표를 설정하면 그 목표를 다른 관점에서 보지 않음으로써 상황을 악화시키곤 한다. 사람들은 한번 설정한 목표를 바꾸려 하지 않는다. 결승선이 고정되는 것이다.

불확실성이 존재하지 않고 세상이 변화하지 않는다면 우리가 어떤 쪽으로 경로를 설정했든 그 경로는 항상 변하지 않고 그대로일 것이다. 그렇기 때문에 우리는 목표에 대해 다시 생각하지 않아도 문제가 될 것이 없다. 하지만 세상은 불확실하며 늘 변한다. 따라서 우리의 목표도 그 변화에 맞춰 변화해야 한다. 하지만 대개 우리는 새로운 정보를 접해도 한 번 설정한 목표를 그 정보에 맞춰 수정하지 않는다.

목표를 설정할 때 우리는 어떤 것들은 포기하고 어떤 것들은 선택한다. 목표를 설정할 때 우리는 우리가 소중하게 여기는 수많은 것들, 예를 들어, 돈, 가족과 함께 보내는 시간, 취미 활동을 위한 시간, 친구들과 보내는 시간, 건강, 다른 사람에게 도움이 된다는 느낌 같은 것들을 대상으로 포기와 선택을 한다. 이 모든 것을 하나도 포기하지 않고 극대화할 수 있는 목표를 설정하는 것은 불가능하다.

목표라는 것은 본질적으로 어떤 것을 다른 것들보다 더 우위에 두는 일이다. 목표를 설정할 때 우리는 "어떤 것을 성취하려면 무엇을 포기해야 할까?"라고 스스로에게 묻는다. 이때 우리는 목표를 추구했을 때의 이득이 다른 것을 포기하는 비용보다 커야 한다고 생각한다.

목표 설정은 그 이득과 비용 사이에서 균형을 맞추는 일이다. 우리는 기대가치를 최대화하기 위해 노력하면서, 자신을 위해 설정한 목표가 그 기대가치를 최대화하는 데 도움이 되어야 한다고 생각한다.

예를 들어 마라톤 완주를 목표로 설정한다면 그 목표를 달성해서 얻을 수 있는 것과 그 목표를 달성하기 위해 포기해야 하는 것이 있을 것이다. 이 경우 당신에게는 어떤 일을 성취하기가 힘들 것이라는 생각이 중요할 수도 있다. 또한 마라톤 완주라는 목표는 건강의 중요성에 대한 당신의 생각이 반영된 것일 수도 있고, 밖에서 달릴 때의 좋은 느낌이 반영된 것일 수도 있다. 이 외에도 마라톤 완주라는 목표에는 여러 가지 요소들이 반영될 수 있다. 사람들이 이루고자 하는 목표와 그 목표의 중요성은 사람마다 모두 다를 수 있다.

목표를 설정하려면 당신이 소중하게 여기는 것들을 희생해야 한다. 마라톤 훈련을 하려면 가족이나 친구와 보내는 시간이나 취미 활동을 위한 시간을 희생해야 한다. 대부분의 사람들은 몸이 편한 것이 중요하다고 생각하기 때문에 마라톤 훈련을 위해서는 그 생각도 어느 정도 버려야 한다. 장거리 달리기를 하다 보면 몸이 힘들고 부상을 입을 수도 있다. 그리고 춥거나 비가 올 때도 밖에서 일정한 시간을 훈련해야 한다. 또한 이른 아침에 자고 싶은 욕망을 떨치고 일어나 밖으로 나갈 수 있어야 한다.

직장에서 목표를 설정할 때도 이런 종류의 비용-이득 분석을 해야 한다. 포춘 500대 기업에 드는 기업의 경영진이 되는 것이 목표라면 스트레스를 덜 주는 일을 하겠다는 생각을 포기하고 승진이나 돈을 모으는 일을 우선순위에 두어야 한다.

우리가 설정하는 목표는 목표를 성취했을 때 얻을 수 있는 이득과 그 과정에서 치러야 하는 비용 사이에서 균형을 잡기 위한 기대가치 방정식을 풀기 위한 대리 변수proxy(어떤 특정한 변수에 대해 직접적으로 획득이 곤란하거나 사용이 어려운 경우 또는 반영이 제대로 이루어지지 않는 경우에 원래 변수 대신 사용되는 변수)이다.

이런 과정을 통해 목표를 설정했다고 치자. 그렇다면 목표를 설정해 추구하기 시작한 다음에는 어떤 일이 일어날까?

목표는 일단 설정되면 변하지 않는 대상이 된다. 즉, 다른 어떤 것을 나타내기 위해 사용한 대리 변수였던 목표가 그 다른 어떤 것 자체가 된다는 뜻이다. 목표는 우리가 처음에 설정했을 때 표현되고 균형이 맞춰진 가치들을 나타내는 대리 변수가 아니라, 우리가 이루려고 노력하는 대상이 된다.

목표는 그 목표를 선택하는 데 투입된 요소들이 진화할 때
도 변화하지 않는다. 세상은 변화한다. 우리의 지식도 변화한
다. 이득과 비용에 우리가 부여하는 가중치도 변화한다. 우리
의 가치관과 선호도 변한다.

이 모든 것이 변할 때 비용-이득 분석을 다시 한다면 결과는
확실히 달라질 것이다. 하지만 우리는 그렇게 하지 않는다.

우리가 이루고 싶은 것을 이루려면 세상의 변화 그리고 우
리 자신의 변화에 반응해야 한다. 목표를 변화시켜야 한다는
뜻이다. 하지만 우리는 대개 그렇게 하지 않는다.

성공과 실패의 두 차원만으로 목표 달성을 평가하는 문제
와 목표의 고정성 문제는 결승선이 통과할 가치가 없어졌을
때도 우리가 계속 그 결승선을 향해 달리도록 만든다.

유동적이지 않은 목표는 유동적인 세상에 어울리지 않
는다.

목표 설정에는 항상 "그렇지 않다면"이 필요하다

목표는 강력한 도구다. 목표는 가치 있는 일을 성취하게 만들
수 있다. 하지만 목표를 가지는 것만으로도 몰입상승이 일어

날 수 있다. 즉, 목표는 그 목표가 당신이 이루고 싶은 것들을 이룰 수 있는 최선의 방법이 아닐 때에도 거기에 집착하게 만들 수 있다는 뜻이다.

목표가 이런 부작용을 일으키는 이유 중 하나는 목표의 고정적인 속성에 있다. 우리는 목표를 설정한 후에도 새로운 정보를 얻을 수 있다. 세상은 변화한다. 우리도 변화한다. 원숭이를 훈련시키려면 목표를 유동적으로 만들어야 한다.

이때 필요한 것이 "그렇지 않다면"이다. 목표를 설정할 때 정교하게 생각해낸 "그렇지 않다면"을 포함시킨다면 목표를 유동적으로 만들 수 있으며, 변화하는 환경에 더 잘 대응할 수 있고, 손실을 일으키는 몰입상승을 줄일 수 있다. 예를 들면, 다음과 같은 생각을 하면서 목표를 설정할 수 있다.

"계속 일을 집에서까지 해야 하거나 하루가 시작되는 것이 두렵다는 생각을 하게 되지 않는 한 나는 계속 이 직장을 다닐 것이다."

"그만두기 코치와 함께 설정한 대로, 앞으로 두 달 안에 확실한 성과를 내는 데 실패하지 않는 한 계속 이 제품을 개발할 것이다."

"뼈가 부러지지 않는 한 계속 마라톤 대회에서 달릴 것이다."

중단 기준이 매우 중요한 이유가 바로 여기에 있다. 목표를 설정할 때 "그렇지 않다면"이 포함된 중단 기준을 설정하면 그만두어야 할 적절한 시점에 합리적인 결정을 할 수 있다.

이런 중단 기준은 세상이 당신에게 보내는 신호에 반응하기 위한 것이다. 상사가 당신에게 하는 못된 행동, 이자율 상승, 안개 발생, 팬데믹 발생 등이 이런 신호라고 할 수 있다.

중단 기준은 당신 자신의 변화에 반응하기 위한 것이기도 하다. 종아리뼈가 부러지기 전에 통증을 느끼게 되는 것이나 내 경우에서처럼 병에 걸리는 것이 그런 변화라고 할 수 있다.

또한 중단 기준은 당신의 선호나 가치관이 변화하는 것에 반응하기 위한 것이라고도 할 수 있다. 이전까지 일하던 서비스 분야가 자신과 맞지 않는다고 느낄 수도 있고, 이전까지 좋아하던 운동을 더 이상 좋아하지 않게 될 수도 있다.

이렇게 "그렇지 않다면"이 포함된 중단 기준으로 최대의 효과를 얻으려면 어떻게 그 중단 기준을 완벽하게 적용할지 미리 계획을 세워야 한다. 또한 우리가 하고 있는 일이 가치가 있는 일인지 가장 빠르게 답을 얻기 위해 "그렇지 않다면"을 중단 기준에 포함시키려면 원숭이와 받침대를 확실하게 구분해야 한다.

이때 이런 "그렇지 않다면"을 포함시키는 결정을 할 수 있게 해주는 그만두기 코치가 있으면 훨씬 더 유리하다.

"그렇지 않다면"이라는 말을 중단 기준에 포함시키려면 미리 계획을 짜야 한다. 발생할 수 있는 상황들을 최대한 많이 예측해야 한다는 뜻이다. 물론 어떤 상황에서 계속 버텨야 하고 어떤 상황에서 그만두어야 하는지 100% 정확하게 예측하는 것은 불가능하지만, 그래도 최대한 많은 예측을 하는 것이 좋다.

이는 목표가 대리 변수라는 점을 감안해 계속해서 비용-이득 분석을 해야 한다는 뜻이다. 당신이 우선순위에 배치한 가치들이 계속 그 우선순위에 있어야 하는지, 당신이 내고 있는 비용을 계속 치러야 하는지 정기적으로 계속 점검해야 한다. 이런 점검은 이전의 중단 기준을 재평가하고 새로운 중단 기준을 설정할 수 있는 기회를 제공하기도 한다.

"그렇지 않다면"을 중단 기준에 적절하게 포함시키면 장기적인 목표를 성취하는 데 도움이 되지 않는 단기적인 목표 성취의 유혹을 피할 수 있다.

사람들은 포커에서 계속 지고 있을 때 접고 일어나 더 이상의 손실을 피하는 일을 잘 못 한다. 한 판이라도 이겨보려고 하기 때문이다. 하지만 이런 단기적인 목표는 인생이 긴 게임이라는 현실을 인식하지 못하도록 방해한다. 인생 전체에 걸쳐 기대가치를 최대화하려면 때로 이런 단기적인 목표를 포기할 수 있어야 한다.

포커 게임에도 "그렇지 않다면"이 포함된 중단 기준을 적용할 수 있다. 일정한 양의 돈을 잃지 않는 한, 포커 판에서 일어선 사람들 자리에 강력한 플레이어들이 들어오지 않는 한, 일정 시간을 플레이하지 않는 한, 감정적으로 변하거나 피곤하거나 아프지 않는 한 계속 게임을 하겠다는 생각이 바로 "그렇지 않다면"이 포함된 중단 기준을 적용하기 위한 생각이다. "그렇지 않다면"은 단기적인 목표를 성취하게 만드는 요소들로부터 우리를 보호하며, 우리의 행동이 장기적인 이익에 더 많이 부합하도록 만들어준다.

더 이상 가치가 없는 일에 계속 집착한다면 처음에 목표를 설정했을 때 얻으려고 시도했던 이득을 얻을 수 없으며, 처음에 치르려고 생각했던 것보다 더 많은 비용을 치러야 한다.

목표는 변화해야 한다. 세상이 변하고 우리도 변하기 때문이다. 그 변화에 대처하려면 결승선까지 갈 수 있는 가장 빠른 길을 가고 있는지, 그 결승선이 적절한 결승선인지 주기적으로 점검해야 한다.

목표를 따라 계속 전진하기

결승선을 통과하는 것만이 성공이라고 생각하는 세계관은 매우 가혹한 세계관이다.

우리는 더 탄력적으로 목표를 설정해야 할 뿐만 아니라 우리 자신도 성공과 실패에 대해 더 탄력적으로 받아들여야 한다.

목표 달성에 대해 성공 아니면 실패라는 두 차원으로만 생각하는 방식은 탄력적이지 않은 방식이자 너무 경직된 방식이다. 이런 방식은 목표 달성을 위한 과정에서 우리가 이룬 진전을 폄하하거나 완전히 무시하는 방식이다. 이 문제는 결승점을 향해 가는 과정에서 우리가 이룬 진전들에 가치를 부여함으로써 해결할 수 있다.

정신적·육체적 도전에 가치를 두고 에베레스트산을 오른다면 캠프 1, 2, 3, 4까지만 오르거나 정상 100미터 밑까지만 오르는 것은 객관적으로 볼 때 절대 실패한 것이 아니다. 아예 처음부터 등반을 시도하지 않는 것과 비교하면 실패가 아닌 것이 확실해진다.

하지만 우리는 그렇게 생각하지 않는다. 그 생각을 바꿔야 한다.

결승선으로부터 얼마나 멀리 있는지에 의해서만 자신을 평가해서는 안 된다. 출발선에서 얼마나 멀리 전진했는지를 더 중요하게 생각해야 한다는 뜻이다.

그렇게 생각을 바꾸면 금메달을 따지 못하고 은메달에 그쳐도 실망이 덜할 것이다. 실제로 은메달 획득만 해도 웬만한 피겨스케이팅 선수들에게는 엄청난 성취다. 생각을 바꾸면, 결국 바이올린을 포기해야 했지만 마야 샹카르가 이츠하크 펄먼에게 개인레슨을 받을 수 있는 기회를 따낸 것도, 결국 교수가 되는 것을 포기해야 했지만 내가 대학원에서 5년 동안 공부해 학위를 딴 것도 엄청난 성취라는 것을 알 수 있다.

목표에 대해 성공 아니면 실패라는 생각을 더 적게 한다면 과정에서의 진전을 소중히 여기게 된다. 결승선을 통과하지 못하면 얻을 수 있는 것이 거의 없는 목표도 있지만, 결승선을 통과하지 못하더라도 그 과정에서 많은 것을 얻거나 배우게 해주는 목표도 있다.

우리가 그런 목표를 우선순위에 두어야 한다.

그런 목표를 잘 설정하는 사람이 에릭 탈러다. 에릭은 목표 달성을 위한 과정에서 개발할 수 있는 기술이 있거나 배울 것이 있는 목표를 우선시한다.

하이퍼루프 프로젝트는 성공 아니면 실패라는 두 차원으로

만 평가된 프로젝트의 전형적인 예다. 선로를 만드는 기술은 오래된 기술이다. 초고속으로 열차를 달리게 만드는 기술도 이미 개발된 기술이다. 따라서 이 두 기술은 새로운 어떤 것을 개발하지 않고도 구현할 수 있는 기술이다. 이 프로젝트에서 가장 어려운 부분, 즉 원숭이 훈련 부분은 승객을 안전하게 승하차시키기 위한 기술을 개발하는 것이었다. 문제는 원숭이 훈련이 가능한지 알기 위해서는 받침대를 먼저 만들어야 한다는 데 있었다. 또한 받침대를 먼저 만든 상태에서 원숭이 훈련이 불가능하다는 것이 확인될 수도 있다는 문제도 있었다.

이 프로젝트는 거대한 풍선을 이용해 오지에 인터넷을 제공하는 것이 목표였던 룬 프로젝트와 극명한 대조를 이룬다. 풍선에서 보내는 신호가 지상에 닿게 만드는 방법은 여러 가지가 있었다. 룬 프로젝트 팀이 처음에 시도한 방법 중 하나는 새로운 레이저 기술을 개발하는 것이었다. 하지만 그 방법은 최적이 아닌 것으로 판명됐고, 팀은 다른 방법을 강구하기 시작했다. 하지만 이들이 개발한 새로운 레이저 기술은 나중에 X의 다른 프로젝트에 매우 유용하게 쓰이게 됐다. 이 레이저 기술을 개발한 룬 프로젝트 팀원들은 그 후에 타라Taara 팀의 일원이 됐고, 타라는 이동통신 기술을 비약적으로 발전시켰다.

에릭은 과정에서의 진전을 중시하는 문화를 만들기 위해 넓은 차원에서 노력하는 사람이다. 에릭은 마라톤 대회에서 42.195킬로미터를 완주하지 못하고 5킬로미터를 뛰든, 10킬로미터를 뛰든 그 자체를 가치 있는 승리로 생각하는 문화를 만들고 있다.

리더들은 에릭의 사례에서 교훈을 얻어야 한다. 목표 달성은 성공 아니면 실패라는 생각을 가지고 목표를 고정시키는 리더는 상황을 악화시킬 수 있기 때문이다. 리더들은 목표 달성 여부로만 팀원들을 평가하는 덫에 쉽게 빠진다. 이 덫에 걸린 리더들은 몰입상승 오류를 범할 확률이 높아진다.

목표에 이르는 것만이 성공이라고 리더들이 생각한다면 팀원들은 어떤 희생을 치르더라도 결승선을 통과해야 한다고 생각하게 된다. 이런 생각을 하는 리더들은 목표가 더 이상 추구할 가치가 없어졌다고 생각해도 그 생각을 밖으로 드러내지 않는다. 이런 리더들은 그만두어야 하는 상황이 확실하게 발생해도 그만두려 하지 않는다. 그만두는 것은 실패라고 생각하기 때문이다.

"그렇지 않다면"을 중단 기준에 포함시킬 때 좋은 점 중 하나는 성공할 수 있는 다른 방법을 찾을 수 있는 기회가 생긴다는 것이다. 적절한 중단 기준을 설정하면 다른 목표를 발견해 성취하는 데에도 도움이 되지만, 그렇게 설정한 중단 기준을 잘 지키는 것 자체도 성공이라고 할 수 있다. 적절한 시점에 그만두는 것도 가치 있는 성취다. 이처럼 "그렇지 않다면"이 포함된 중단 기준을 설정하는 것은 성취를 이룰 수 있게 만드는 지름길이다.

목표 설정을 할 때 "그렇지 않다면"을 그 목표 내용에 포함시키면 "결과보다 과정이 중요하다"라는 생각을 하게 된다. 목표 자체만 생각하면 결과를 중시할 수밖에 없지만, "그렇지 않다면"이라는 생각을 하면 과정을 중시하게 되기 때문이다.

목표는 우리를 근시로 만든다

지금까지 우리는 목표 성취에만 집착해 외부에서 그만두어야 한다는 명확한 신호들을 보낼 때에도 그 신호들을 감지하지 못하는 사례들을 다뤘다.

하지만 목표는 과정에서 발생하는 변화들과 자신의 변화를 무시하게 만드는 데에서 그치지 않는다. 목표는 우리를 근시로 만들어 우리 주변에 있는 다른 길들, 다른 기회들을 볼 수 없게 만들기도 한다.

앞에서 다룬 기회비용 문제에 대해 언급했던 것이 기억날 것이다. 목표 설정은 바로 이 기회비용 문제를 악화시킬 수 있다. 결승선과 그 결승선까지의 경로를 일단 결정하면 우리는 근시가 돼 이용 가능성이 있는 다른 경로들을 탐색하거나 결승선까지 갈 수 있는 더 좋은 경로가 있는지 모색하지 않게 된다.

우리에게 그런 경로들이 보이지 않는 것은 주변을 보는 시각에 결함이 있기 때문만은 아니다.

목표를 추구하는 그 행동 자체가 바로 코앞에 있는 것들을 보지 못하게 만들 수 있다는 뜻이다. 스튜어트 버터필드는 슬랙이 코앞에 있었는데도 그 가능성을 인식하지 못했다. 버터필드는 글리치를 포기하고 나서야 슬랙의 가능성을 제대로 알아봤다. 내가 본격적으로 포커 게임을 시작할 때의 상황도 이와 비슷했다. 나는 어쩔 수 없이 대학원을 쉬어야 하는 상황이 닥칠 때까지 다른 진로를 모색하지 않았다.

이용할 수 있는 능력과 기회가 많아질수록 삶은 더 나아진다. 목표가 유발하는 근시안 때문에 우리는 대안을 탐색하지 않고, 그로 인해 우리의 능력과 기회의 수는 제한된다.

이 점에서 보면 개미들이 인간보다 낫다. 개미 군집은 서로 협력하는 개미 개체들로 이뤄지기 때문이다. 이런 협력은 개미들이 탐색과 활용을 동시에 쉽게 할 수 있도록 만든다. 개미 중 일부는 페로몬 경로를 따라가지만, 다른 일부는 새로운 먹이를 찾기 위한 탐색을 한다. 페로몬 경로를 따라 움직이는 개미들은 근시라고 해도 문제가 될 것이 없다. 항상 다른 일부 개미들이 탐색을 하기 때문이다.

하지만 우리 인간은 개미들처럼 군집 단위로 행동하지 않는다. 인간은 모두 개별적으로 움직인다. 우리는 경로를 개척한 후에 근시가 되고, 개미들과는 달리 다른 사람들이 탐색하고 있을지도 모르는 기회들을 보기 어렵게 된다.

사람들이 특정한 과제나 목표에 시각이 고정되면 바로 눈앞에서 일어나는 일도 인식하지 못한다는 것을 보여주는 유명한 실험이 있다. 1999년 하버드대학 심리학자 대니얼 사이먼스Daniel Simons와 크리스토퍼 차브리스Christopher Chabris가 진행한 "보이지 않는 고릴라 실험"이다. 이 실험에서 연구자들은 참가자들에게 농구경기 영상을 보여주면서 농구선수들이 패스를 모두 몇 번 하는지 세보라는 요청을 했다.

영상이 반쯤 재생됐을 때 고릴라 분장을 한 여성이 농구코트를 걸어서 가로지르는 장면이 있었다.

연구자들은 패스 횟수를 다 센 참가자들에게 영상에서 뭔가 특이한 것을 보지 않았느냐고 물었다. 연구자들은 못 봤다는 대답을 한 참가자들에게 농구선수들 여섯 명 외에 다른 사람이나 다른 물체를 보지 못했는지 물었다. 이 질문에도 "아니요"라고 대답한 참가자들에게는 "고릴라가 화면을 가로지르는 것을 보았습니까?"라는 질문이 주어졌다.

실험 참가자들의 반 이상은 이 모든 질문에 "아니요"라고 대답했다.

패스 횟수를 세라는 요청을 받지 않은 참가자들은 모두 영상에서 고릴라를 봤다는 대답을 했다. 연구자들은 고릴라를 보지 못했다고 대답한 참가자들에게 다시 영상을 보여줬고, 그들은 자신이 고릴라를 보지 못했다는 사실에 계속 놀라워했다.

이 참가자들이 패스 횟수를 세느라 바로 코앞에 있던 고릴라도 보지 못했던 것처럼 우리도 목표를 추구하고 있을 때 바로 코앞에 있는 것들을 보지 못한다.

이런 근시안적 시각은 정말 경계해야 한다. 근시안적 시각 때문에 우리는 주변의 기회를 보지 못하기 때문이다. 항상 탐색을 해야 하는 또 다른 이유가 바로 여기에 있다. 우리는 늘 주변 상황 전체를 잘 살펴보아야 한다. 항상 다른 회사 인사담당자들과 계속 관계를 유지하고, 다른 능력들을 개발하고, 새로운 것들을 눈여겨보아야 한다. 그래야 우리의 포트폴리오가 확장될 수 있다.

그만두기 코치는 이런 근시안적 시각을 완화하는 역할도 한다. 그들은 이용 가능한 기회들을 우리보다 더 잘 볼 수 있기 때문이다.

실패에 대한 생각을 멈춰라

'그만두기'를 어렵게 만드는 마음의 갈등이 어떤 것인지 이해하려면 목표 설정이 덩어리(카타마리)를 어떻게 불리는지 이해해야 한다. 실패하고 있을 때 사람들은 심리적인 계좌를 닫으려 하지 않는다. 하지만 목표를 설정하는 순간 우리는 실패하고 있다고 느낀다. 이런 실패감에 다양한 인지편향들이 더해지면 우리를 그만두지 못하게 만드는 덩어리는 더 커진다.

우리는 목표에 대한 소유감을 소유한다. 그 소유감은 쉽게 정체성의 일부가 될 수 있다. 또한 그 소유감은 현재 상태의 일부가 된다. 우리는 결승선을 향해 출발하는 순간부터 결승선에 도착하기 위해 투자하는 시간, 노력 그리고 돈으로 구성되는 매몰비용이 축적되기 시작한다.

이 책 전체의 내용을 요약해보자. 그만두기가 어려운 이유는 그만두는 결정을 해야 할 때 사람들이 두 가지 느낌을 두려워한다는 데 있다. 사람들은 실패했다는 느낌 그리고 시간, 노력 또는 돈을 낭비했다는 느낌을 두려워한다.

우리는 "실패"와 "낭비"의 뜻을 다시 정의해야 한다.

우리는 그만두는 것이 실패하는 것이라고 생각한다. 그렇다면 도대체 우리는 무엇에 실패한 것일까? 더 이상 가치가 없는 어떤 일을 그만둔다면 그건 실패가 아니라 성공이다.

우리는 목표를 달성하지 못하고 중간에 그만두는 것, 즉 결승선을 통과하지 못하는 것을 실패라고 생각한다. 하지만 더 이상 추구할 가치가 없는 일을 계속 추구하는 것이야말로 진짜 실패하는 것이다. 우리는 실패에 대한 생각을 바꿔야 한다. 적절한 결정 과정을 따르지 못하는 것을 실패라고 생각해야 한다.

성공은 적절한 결정 과정을 따르는 것이지 결승선을 통과하는 것이 아니다. 또한 결승선이 잘못된 것이라면 더더욱 통과해서는 안 된다. 그러기 위해서는 적절한 중단 기준을 설정하고, 그만두기 코치의 조언에 귀를 기울여야 하며, 과정에서 우리가 이룬 진전이 중요하다는 사실을 인식해야 한다.

낭비에 대해서도 새로운 정의를 내려야 한다. 시간이나 돈, 또는 노력을 낭비한다는 것은 무슨 뜻일까? 문제는 우리가 시간과 돈 그리고 노력에 대해 과거 지향적으로 생각한다는 데에 있다. 하던 일을 그만둘 때 우리는 그 일에 쏟아부은 모든 것이 낭비됐다고 느낀다.

하지만 그 모든 자원은 이미 우리가 사용한 자원이다. 다시 그 자원들을 가질 수는 없다.

우리는 그 자원에 대해 과거 지향적이 아닌 미래 지향적으로 생각해야 한다. 즉, 더 이상 추구할 가치가 없는 일에 시간과 돈과 노력을 조금이라도 더 쏟아붓는 행동이야말로 낭비라는 것을 깨달아야 한다.

이런 식으로 생각함으로써 우리는 그만두면 그때까지 투자한 시간이 아무 의미 없이 낭비될 것이라는 생각을 하는 시간이야말로 정말 낭비되고 있다는 것을 알게 될 것이다. 캘리포니아의 초고속열차시스템을 생각해보자. 이미 투입된 돈과 시간이 낭비될 것이라는 두려움 때문에 계속 추가 자금이 투입되고 있다.

우리는 실패와 낭비를 재정의해야 할 뿐만 아니라, 궁극적으로는 그만두기에 대한 생각에 대해 정당한 평가를 할 수 있어야 한다.

추구할 만한 가치가 있는 어려운 일은 수없이 많다. 끈기는 그런 일들을 계속하는 데 유용하다. 하지만 어려운 일이어도 추구할 가치가 없는 일도 많다. 적절한 시점에 이런 일을 그만두는 능력은 개발할 가치가 있는 능력이다. 이 책이 독자들에게 그런 능력을 개발할 수 있는 도구가 되길 바란다.

무엇을 목표로 하든 우리는 삶 전체에 걸쳐 가장 기대가치가 높을 수 있는 길을 선택해야 한다. 그 길을 가면서도 우리는 수없이 많이 그만두게 될 것이다.

일반적인 생각과는 달리, 이기는 사람은 많이 그만두는 사람이다. 그렇게 많이 그만두는 것이 그들을 승자로 만든다.

11장에서
이것만은 꼭 기억해두기!

- 목표는 가치 있는 일을 성취할 수 있게 만든다. 하지만 당신이 가치 없는 일을 그만두어야 할 때, 몰입상승의 위험을 높이는 악영향을 미치기도 한다.

- 목표의 근본적인 속성이 있다. 일을 성공과 실패로만 평가한다는 것이다. 목표는 우리가 결승점을 통과했느냐 아니면 중간에 그만뒀느냐만 중시하게 만든다. 그리고 목표까지 전진하는 과정에서 이룩한 것들을 과소평가하게 만든다.

- 목표 달성 여부만으로 판단하지 말라. 과정에서 어떤 것을 성취하고 배웠는지 생각하는 것이 중요하다.

- 최종적인 목표 달성이 불가능해지더라도 그 과정에서 가치 있는 것을 인식하게 만들거나 자신의 것으로 만들어야 한다. 그래서 목표를 설정할 때는 구체적인 세부 목표부터 우선적으로 설정해야 한다.

- 목표에 이르기까지 들어간 비용과 목표에 도달하여 얻을 이득 사이에서, 균형을 잡기 위한 기대가치 방정식을 준비하라. 우리가 설정하는 목표는 그 방정식을 풀기 위한 대리 변수이다.

- 목표란 불변의 법칙이 아니다. 유동적이지 않은 목표는 우리가 살아가는 유동적인 세상에 어울리지 않는다.

- 미리 계획을 세우고(원숭이, 받침대, 중단 기준을 인식하고) 훌륭한 그만두기 코치의 도움을 받는다면 목표를 더 유동적으로 만들 수 있다. 적어도 하나의 "그렇지 않다면 그만둔다"를 중단 기준에 포함시킨다. 그리고 처음에 목표 설정을 하게 만든 분석 결과를 정기적으로 점검해야 한다.

- 그만두기가 어려운 이유는 그만두는 결정을 해야 할 때 사람들이 두 가지를 두려워하기 때문이다. 첫 번째는 실패했다는 느낌이다. 두 번째는 시간,

노력 또는 돈을 낭비했다는 느낌이다.

- • '낭비'라는 개념은 과거지향적인 시각이 아니라 미래지향적인 시각에서 생각해야 한다.

* 본문의 주석과 참고문헌 등은 QR코드 또는 링크를 통해 전자파일로 내려받을 수 있습니다.
https://naver.me/Fyx13wWP

감사의 말

무엇보다도 먼저, '그만두기'와 '끊기'에 대한 논의를 함께해준 수많은 과학자, 작가, 혁신가, 기업가, 투자자, 지도자에게 감사의 마음을 전합니다. 이분들은 내게 아낌없이 시간을 내어주었고 이 책에 필요한 통찰력을 제공했습니다. 특히 스튜어트 베이저먼, 맥스 베이저먼, 콜린 캐머러, 키스 첸, 론 콘웨이, 데이비드 엡스타인, 셰인 프레더릭, 로렌스 곤잘레스, 톰 그리피스, 알렉스 이마스, 대니얼 카너먼, 켄 캠러, 제니퍼 쿠르코스키, 리비 리히, 케이드 매시, 마이클 모부신, 윌리엄 맥레이븐, 마이클 머보시, 케이티 밀크먼, 마크 모펫, 돈 무어, 스코트 페이지, 라일리 포스트, 댄 해프, 에릭 리스, 모스츠 슈바이처, 테드 세이즈, 마야 샹카르, 배리 스토, 핼 스턴, 캐스 선스타인,

조 스위니, 애스트로 탈러, 필립 테틀록, 리처드 탈러, 토니 토머스, 리처드 잭하우저, 케빈 졸먼에게 감사드립니다. 이 책을 쓰는 데 도움이 된 여러 이론을 제공하고 자신의 아버지 해럴드에 관한 이야기도 기꺼이 들려준 배리 스토에게도 다시 한 번 심심한 감사의 마음을 전합니다.

케이티 밀크먼, 테드 세이즈, 리처드 탈러에게도 감사드립니다. 케이티와 테드는 이 책의 초고를 모두 꼼꼼하게 읽고 통찰력 가득한 피드백 그리고 용기를 주었습니다. 리처드는 이 책이 완성되기까지 여러 버전의 원고를 읽어주었으며 내가 이 책에서 언급한 여러 개념을 명확하게 다듬는 데 큰 도움을 주었습니다. 이 책은 리처드의 연구에 상당히 많은 부분을 의존했음을 말씀드립니다. 또한 리처드가 협력함으로써 상당히 많은 부분이 개선되었습니다. 리처드에게 다시 한 번 깊은 감사의 마음을 전합니다.

이 책의 초안을 읽고 매우 중요한 여러 의견을 제시해준 알렉스 이마스, 대니얼 카너먼, 바브 멜러스, 돈 무어, 데이비드 너스봄, 오기 오거스, 브라이언 포트노이, 배리 스토, 필립 테트록에게도 감사드립니다. 친구들과 동료들(그리고 이 책을 쓰는 동안 나와 친구가 된 사람들)은 내게 놀라울 만큼 관대했습니다. 그 덕분에 집필에 큰 도움이 된 수많은 아이디어를 얻을 수 있었고 또 그 아이디어의 주인공들을 만날 수 있었습니다. 내게 스튜어트 버터필드와 론 콘웨이 그리고 앤드류 윌킨슨을 소개해준 조시 코펠먼, 셰인 프레더릭과 마야 샹커를 소개해준 리처드 탈러, 라일리 포스트를 소개해준 데이비드 엡스타인, 스튜어트 베이저먼을 소개해준 맥스 베이저먼, 제니퍼 커코스키를 소개해준 마야 샹커, 배리스토와 애스트로 델러를 소개해준 제니퍼 커코스키, 마이클 모보시를 소개해준 테드 세이즈, 켄 캠러를 소개해준 마크 모펫에게 감사의 마음을 전합니다.

이 책은 짐 레빈, 니카 파파도풀로스, 마이클 크레이그에게서 전문적인 도움을 받아 집필한 세 번째 책입니다. 예전에 두 권을 쓸 때와 마찬가지로 이 책도 짐, 니카, 마이클의 지원이 없었다면 완성되지 못했을 것입니다.

짐 레빈은 이 프로젝트를 처음부터 키웠습니다. 짐은 나의 대리인으로서 내 이익을 대변하면서 뛰어난 감각을 보여줬습니다. 짐은 이 책을 더 훌륭하게 만들기 위하여 모든 어려운 일을 마다하지 않았고, 항상 매의 눈으로 모든 일을 진행하면서 나에게 끊임없는 격려와 긍정적인 사고를 제공했습니다.

니키 파파도풀로스는 이 책의 편집자로서 모든 단계에서 이 책의 모양을 만들었습니다. 책에 관한 매우 세세한 부분에서도 니키는 놀라울 정도 집중했고 완성도를 높여줬습니다. 니키는 책의 흐름과 구성을 이해하고 조직하는 데 놀라운 능력을 가지고 있습니다. 나는 니키의 본능적인 감각과 판단을 전적으로 신뢰합니다. 니키는 나를 이해하는 사람이라고 할 수 있습니다. 니키의 이런 능력은 집필이라는 힘든 과정을 견뎌내는 데 매우 중요한 역할을 했습니다. 이 책이 더 나아진 것은 거의 전적으로 니키 덕분입니다.

열정적으로 응원해준 에이드리언 재크하임에게도 감사의 말을 전합니다. 포트폴리오와 펭귄 랜덤하우스의 모든 직원에게도 감사의 마음을 전합니다. 특히 킴벌리 메일런과 어맨다 랭에게 감사드립니다.

마이클 크레이그에게도 마음의 빚이 있습니다. 마이클은 이 책을 만드는 과정에서 핵심적인 역할을 했습니다. 마이클은 좋은 친구일 뿐만 아니라 편집자, 연구자, 테스트 독자, 아이디어 및 사례 제공자, 기획자로서 이 책의 탄생에 엄청난 기여를 했습니다. 마이클이 없었다면 이 책은 나오지 못했을 것입니다.

이 책을 쓰기 위한 연구를 도와준 안토니오 그럼서, 이 책을 시작할 때 내 연구에 도움을 준 메그나 스리니바스에게도 감사의 마음을 전합니다.

이 책은 내가 지금까지 참여했던 여러 전문가 그룹과 회의 참여자들이 제공한 것들 그리고 그에 대한 피드백에서 매우 큰 도움을 받아 만들어졌습니다. 또한 나를 고용했던 모든 기업의 경영진도 컨설팅, 코칭, 강의 등으로 내 아이디어를 널리 알리는 데 도움을 주었습니다. 엠파티클의 모든 직원에게도 감사드립니다. 그들의 사례를 통해 중단 기준과 관련된 이야기를 이 책에서 효율적으로 할 수 있었습니다.

이 책은 '결정 교육 협회'와 함께했던 수 년 간의 경험에 힘입어 만들어졌다고도 할 수 있습니다. 결정 교육 협회는 의무교육 연령의 학생에게 결정 관련 교육을 하는 비영리단체입니다. 이 협회의 상무이사 조 스위니를 비롯한 모든 직원, 이사, 자문위원회 위원, 이 협회의 팟캐스트인 〈결정 교육 팟캐스트〉에 출현한 모든 게스트 그리고 이 협회를 지원하는 모든 사람들에게 감사의 마음을 전합니다.

항상 내게 도움을 주는 제니퍼 사버, 매릴린 벡, 러즈 스테이블, 알리샤 맥클링, 짐 두건에게도 감사드립니다. 나는 이들 덕분에 경력을 유지하는 데 가장 필요했던 도움을 받을 수 있었습니다.

사랑하는 남편과 아이들, 아버지, 오빠, 여동생을 비롯한 가족에게도 감사의 마음을 전합니다. 이들이야말로 나를 세상에서 가장 행복하게 만드는 사람입니다. 이들은 내 삶의 모든 단계에서 나를 지원했습니다. 가족에 대한 감사한 마음은 말로 표현할 수 없을 정도로 큽니다.

마지막으로 나의 멘토이자 가장 친한 친구인 라일라 글라이트먼에게 감사드립니다. 라일라는 세상을 떠나기 바로 직전까지도 이 책에 응원과 조언을 아끼지 않았습니다. 멘토의 연구는 제자들로 이어집니다. 라일라가 완성된 이 책을 보고 뿌듯한 마음을 가질 수 있었다면 얼마나 좋았을지 생각해봅니다. 항상 라일라가 그립습니다.

퀏 QUIT

자주 그만두는 사람들은
어떻게 성공하는가

초판 1쇄 발행 2022년 12월 15일
3쇄 발행 2023년 3월 25일

지은이 애니 듀크 │ 옮긴이 고현석
펴낸이 오세인 │ 펴낸곳 세종서적(주)

주간 정소연 │ 편집 한진우 │ 디자인 thiscover
마케팅 임종호 │ 경영지원 홍성우
인쇄 천광인쇄 │ 종이 화인페이퍼

출판등록 1992년 3월 4일 제4-172호
주소 서울시 광진구 천호대로132길 15, 세종 SMS 빌딩 3층
전화 경영지원 (02)778-4179, 마케팅 (02)775-7011
팩스 (02)776-4013

홈페이지 www.sejongbooks.co.kr
네이버 포스트 post.naver.com/sejongbooks
페이스북 www.facebook.com/sejongbooks
원고 모집 sejong.edit@gmail.com

ISBN 978-89-8407-973-1 (03320)

•본문의 주석과 참고문헌 등은 QR코드 또는 링크를 통해 전자파일로
내려받을 수 있습니다.
https://naver.me/Fyx13wWP